JN188837

競争政策論

［第3版］

独占禁止法事例とともに学ぶ 産業組織論

Competition Policy

［Third edition］

小田切宏之＝著

Hiroyuki Odagiri

日本評論社

第1版へのはしがき

　談合やカルテル，合併や買収など，競争政策に関わる諸問題が毎日のように新聞紙上を賑わせている。こうした問題を経済学はどう分析し，評価し，政策提言すればよいのか。それを考えるのが競争政策論である。本書はその基礎を論じる。

　なぜ，どのような意味で，談合・カルテルは社会にとって不利益を生むのだろうか，企業の買収・合併が社会にとって望ましくないのはどのような場合だろうか，巨大企業の存在は社会的に問題を生むだろうか，メーカーの流通支配は消費者にどのような影響があるだろうか，小売店の廉価販売は問題だろうか，親会社の下請政策に政府は介入すべきだろうか，こうした問題を各章で考えていく。また，日本の独占禁止法はこれら諸問題についてどのように規定しているのか，独占禁止法をどのように執行していくのが望ましいのか，実例を交えつつ論じていく。さらに，技術革新がより一層重要となり，企業活動も国境を越えてグローバル化している今日において，競争政策はどうあるべきかについても考える。

　このように，競争政策論は経済理論の応用であると同時に，きわめて実践的な問題意識に立ち，さらには法律とも深い関わりを持つ。また，企業にとって，自社の経営戦略におけるどのような行動が独占禁止法の観点から問題になりうるのか，それはなぜかを考えるための基礎を与える。もちろん政策担当者・法曹担当者には，社会的厚生の観点からどのような政策をとるべきか，どのように法律を適用していくべきかの基礎を与える。各章で，単に経済理論を述べるだけではなく，法律規定や事例をあげて議論するのは，そうした現実問題との接点を明らかにし，読者自身にも，競争政策として何が望ましいのかを考えていただきたいからである。

　競争政策論の基本部分は，産業組織論あるいは産業経済学として多くの大

学で教えられている。本書は，競争政策への応用を前面においた産業組織論の入門教科書である。産業組織論，特にその理論の発展はこの四半世紀において急速であり，最新の理論を理解することは多くの学部生にとり難しくなってきている。また，これら理論の現実問題への応用性を理解することも難しくなってきている。それだけに，学部生諸君に産業組織論を理解し，関心を持ってもらうためには，競争政策への実際の応用を中心に学んでもらうのが近道であると筆者は考えている。このことを念頭におき，標準的な大学カリキュラムでの2単位講義（週1コマ×12〜13週プラス期末試験）を想定して，本書は12章構成となっている。

産業組織論はミクロ経済学の応用である。本書で第1に想定しているのは入門レベルのミクロ経済学を学習済みの読者で，例えば需要曲線はなぜ右下がりか，限界費用とは何かといった基礎的な知識を持っていれば理解が早いはずである。

一方で，現実に競争政策に直面しているのは，むしろ経済学を学んだことがない社会人，例えば企業で法務を担当している人や弁護士・裁判官であろう。また，法学部や法科大学院で経済法・独占禁止法を学ぶ学生諸君にも，競争政策の経済学についての基礎知識を持ってほしい。そこで，こうした読者諸君をも想定して，入門的なわかりやすい形で説明する。さらに，巻末に付録として経済学用語の解説を付した。したがって，基本的な経済学の諸概念に馴染みのない読者は，最初にざっと付録に目を通すか，本文中で理解できない経済学用語が出てきたときに付録を参照することによって，理解に努めてほしい。

逆に，入門レベルに飽き足らない読者には，本書を読んだうえで学部上級生・大学院初級生を念頭において執筆された筆者の『新しい産業組織論』（有斐閣，2001年）でさらに学習することを勧めたい。以下では，同書の該当部分から，経済学の前提知識を持たない読者諸君向けに平易に，あるいはその競争政策への応用に重点をおいて書き直すことが多い。また，同書で説明されている証明を本書では省略し，その基本的な命題のみを説明することも多い。そこで，同書を単に『新しい産業組織論』としてしばしば引用する。

本書は『経済セミナー』誌に2007年4月号〜2008年2・3月号に計11回連

載した「競争政策の経済学—産業組織論入門」をベースにしている。ただし，新しい章（第9章）や付録を加えたほか，いくつかの新しい事例を追加するなど，大幅に加筆修正している。同連載の間，経済学はもちろん，経済法を専門とする方々，また政策担当者の方々からも，多くの関心や激励をお寄せいただき，こうした形で産業組織論・競争政策論を解説することの意義を実感することができた。感謝したい。

なお以下では，独占禁止法やそれに関するガイドライン（指針）等を多く引用するが，これらはしばしば改定されている。本書執筆時点（2008年夏）でも，独占禁止法改正案が提案され国会審議が予定されている。また，いうまでもなく，多くの事例が毎日のように生まれている。このために，本書は，発売と同時に陳腐化が進む宿命にある。本書が幸いにも多くの読者に受け入れられるなら，本書も定期的に改訂すべく努力したいが，その間，読者も競争政策の新しい動きを注視されるよう，強く勧めたい。幸いにも，競争政策を担当する公正取引委員会のWEBサイト（http://www.jftc.go.jp/）は利用しやすいので，そのプレスリリース等を定期的に見ていただきたい。

日本の競争政策の執行においても，法的解釈にとどまらず経済学的な評価が必要になるケースが増えてきた。米国では，連邦取引委員会（FTC）と司法省反トラスト局が協力あるいは分担して競争政策を担当しているが，両者あわせて100名を優に超える経済学博士号保有者が在籍し，事件の経済分析に貢献している。欧州の競争政策当局でも同様に経済分析担当者が増えてきている。これに対し日本の公正取引委員会では，経済学博士号保有者は一部の例外にとどまり，経済分析よりも法律解釈が優先される傾向が懸念される。それでも，経済学的思考の重要性は強く認識されるようになってきた。その象徴が2003年の同委員会競争政策研究センターの設立であった。同センターは小組織ではあるが，政策担当者と学界の，また経済学と法学の接点の場として，競争政策の分析を進めてきている。

同センターの主任研究官である岡田羊祐氏（一橋大学大学院経済学研究科）・林秀弥氏（名古屋大学大学院法学研究科）が中心になって進めてきた独占禁止法審判決研究会では，これまでの日本における審決・判決事件を取

第1版へのはしがき　iii

り上げ，経済学的観点と法学的観点の双方から分析・討論してきており，筆者もそのメンバーとして多くを学ぶことができた。本書で取り上げた事例のいくつかも同研究会で議論されたものであり，両氏はじめ同研究会参加者には深く感謝したい。同研究会の成果は『独禁法審判決の経済学』（仮題）としてとりまとめ中で，東京大学出版会より2009年に出版予定であり，本書で説明する競争政策の事例について詳しく学びたい読者はぜひ同書を参考にしていただきたい＊。

　同研究会における仲間でもある後藤晃氏からは，これまでも多くの共同研究を通じて教えを受けることが多かったが，同氏は2007年2月より公正取引委員会委員に就任され，競争政策の最前線で経済学的考察をいかに生かすか腐心されている。そうした経験をも踏まえ，同氏からは教えていただくことが多かった（もちろん，守秘義務に関わる個々の案件について教えていただいたわけではない）。また，競争政策研究センター事務スタッフには，法律解釈や運用について不正確な点について御指摘いただいた。記して感謝したい。

　日本評論社第二編集部の小西ふき子さんには『経済セミナー』連載中からお世話になった。本書を多くの読者に読みやすいものにすることに成功しているとすれば，それは彼女との共同作業のおかげである。

　本書執筆中，2008年4月より，筆者は競争政策研究センター所長に任ぜられた。今後とも，本書で説明する競争政策への経済学的考察について，さらに発展させるとともに普及に努めていきたいと考えている。いうまでもなく，本書での意見にわたる部分は筆者個人のものであり，公正取引委員会あるいは競争政策研究センターのものでも，また上に名前をあげた諸氏のものでもない。

2008年盛夏，一橋大学国立キャンパスにて

小田切宏之

＊2009年に『独占禁止法の経済学—審判決の事例分析』（岡田羊祐・林秀弥編，東京大学出版会）としてまず1冊目が，2017年には，『独禁法審判決の法と経済学—事例で読み解く日本の競争政策』（岡田羊祐・川濵昇・林秀弥編，東京大学出版会）として2冊目が，同研究会の成果として出版されている。

第2版へのはしがき

　本書第1版が2008年に出版されてから9年を経た。この間にはいくつかの重要な変化があり，第1版はしがきで「本書は，発売と同時に陳腐化が進む宿命にある」と予見したことが現実となった。そして，第1版をお読みいただいた学生・研究者・実務家にわたる幅広い層の方々から，そろそろ改訂版は出ませんか，とお尋ねいただくことが増えた。そうした有り難いお言葉に後押しされてできたのがこの第2版である。

　この9年間に，5つの面で大きな変化があった。

　第1は，経済社会環境の変化である。この変化は，特に国際化，イノベーション・特許，インターネットという3つの面で顕著であった。もちろん，第1版の段階でもすでにこれらの問題は存在した。国際化は起きており，またインターネット上でのプラットフォームの重要性も認識されていた。しかし，ここ10年の変化はより一層大きなものとなり，競争政策上の大きな課題となった。第2版ではこのため，イノベーションと知的財産権に関する第11章（旧第10章），および国際化に関する第13章（旧第12章）を大きく書き改めるとともに，第12章を新たに加え，ネット取引とプラットフォームや双方向市場に関わる競争政策について解説した。

　第2は，新たな事例の蓄積である。上に述べたような新しい分野で新たな競争政策事例が生まれたのはもちろんであるが，カルテル・談合などの旧来からある分野においても，新たなケースが日本でも海外でも出てきている。本書では各章に設けたコラムで事例を取り上げているが，その多くは，今回の改訂において，新しいものと取り替えた。

　第3は，法制度およびその運用の改定である。独占禁止法については，2009年に課徴金制度が拡充される等の改正がなされ，2013年には審判制度が廃止されたため，公正取引委員会の手続も大きく変わった。その他，公正取引委員会がその運用方針を明らかにしているガイドラインや指針等にも改正

v

されたものが多い。そうした変化も，この第2版では反映させた。

　第4は，経済学活用の進展である。競争政策の現場において経済学の新しい考え方を適用し，あるいは，経済学や計量経済学の新しい手法を用いて分析することが増えてきた。このことは第1版へのはしがきでもすでに述べたが，その後さらに進み，ガイドラインの改訂で経済学の新しい考え方を取り入れたり，企業結合審査で経済学の新しい分析手法を取り入れたりするようになった。これらを反映させることで，経済学，特に産業組織論の競争政策実務へのつながりを理解していただけるよう努めた。

　第5は，個人的なことで恐縮であるが，この間，2012年から2016年にかけて，筆者は公正取引委員会委員を務めさせていただいた。いわば，競争政策を内部から見る機会に恵まれたのである。このことは，日本の競争政策がこれまで達成してきたこと，そして，これから達成しなければいけないことについての深い理解をもたらしてくれた。また，この間，経済協力開発機構（OECD）競争委員会の副議長を務めるなどして，各国の競争政策担当者と交わる機会を多く持つことにより，今や競争政策を国際的な視点から見なければならないこと，多くの新しい問題に各国とも模索しながらも取り組んでいることを実感することができた。こうした経験を踏まえて，本書での記述も，より正確でより豊かなものにすることができたものと確信している。

　これらの理由から，第1版からの改訂は大きなものになっている。それにより，多くの読者に，競争政策をより今日的な課題として関心を深めていただけるよう心から願っている。

　第1版へのはしがきでも記したが，本書は，一方では，経済学の基礎知識を持った上で産業組織論・産業経済学を学ぶ学生諸君，およびこの分野での研究者に，政策としての競争政策の実際や，独占禁止法という法制度との関わりを知っていただくことを狙いとしている。同時に，もう一方では，経済学の基礎知識をほとんど持たず，法学部や法科大学院で経済法・独占禁止法を学ぶ学生諸君，法学者，さらには政策担当者・弁護士・企業内法務担当者など実務家の方々に，競争政策のバックボーンとなる経済学的な考え方を理解していただくことを狙いとしている。公取委の命令・審決や企業結合審査，あるいは裁判所判決等で経済学的な概念や分析が繰り広げられることは珍し

くないからである。

　このことを改めて念頭に置いて，本書では経済学的な考え方や定理を平易な形で解説することに努めたつもりであるが，それでもなお，経済学的な概念が出てくるたびに読みにくさを感じる読者もおられるようである。本書の巻末に付した経済学用語解説は，こうした読者のために基礎知識を解説したものなので，経済学の基礎をお持ちでない読者は，まずこの経済学用語解説を読まれることを強くお勧めする。そのうえで本文を読み，理解しにくい経済学用語や概念が出てくるたびにまた経済学用語解説に戻っていただくのがベストな読み方である。

　今回もまた，日本評論社の小西ふき子さんには，育児と編集業の掛け持ちで大忙しの中をサポートしていただいた。また同社の武藤健介氏にも，本書が読みやすいものになるよう多くの努力をいただいた。感謝申し上げる。なお，言うまでもないことであるが，本書で引用した情報はすべて公開された情報に基づいており，また意見にわたる部分は私個人のものである。

2017年初夏

小田切宏之

【2022年3月，第3刷における補訂】

　本書（第2版）刊行より5年を経過し，この間に複数回の独占禁止法改正があったため，これらを反映させるための補訂をおこなった。また，統計数値の多くを更新した。

第3版へのはしがき

　市場と技術の変化は激しい。本書第1版が出た2008年はiPhoneが世に出た翌年であり，第2版が出た2017年は非営利法人としてのオープンAIが設立されて間も無く，後にChatGPTと名付けられるようになる人工知能（AI）モデルの開発に必死だった時代である。

　第1版では独立した章のなかったデジタル・プラットフォームについて，第2版で新たに1章を付け加えたのは，これに対応する変化であったが，第3版ではさらに拡張し2章分となった。しかも，最近では，アップル，グーグル，アマゾン，フェイスブック，そして（オープンAIへの出資者でもある）マイクロソフトのいわゆるGAFAMは巨大化して，それぞれに幅広い分野にわたるエコシステム（生態系）と呼ばれるようになった経済圏を構築し，経済だけではなく，社会生活全般にも大きな影響力を持つようになった。本版で新しく第12章として「プラットフォームが作るエコシステムと競争政策」を設けたのはこのためである。

　競争政策もそれに対応して新法を作るなど，活発化している。そうした動きを少しでも知ってほしいという思いから新設された章でもある。このため，新法が施行準備中であったり，訴訟が進行中であったりして，「本書執筆時点では」という但し書きを入れざるを得なかった箇所がある。それだけ最新の状況を反映させたためであるとして，ご容赦いただきたい。本書が出てから読者が目を通すまでには，さらなる発展が起きていることもあるであろう。事件名を入れて検索するなどして，その後の進展をフォローしていただくことも良い勉強になるはずである。

　デジタル分野以外にも，在来の分野でも新しい分野でも，競争政策は活発に執行された。また公正取引委員会の内部に新たに経済分析室が設けられるなど，経済学の活用も進んでいる。それだけに，本書のように経済学基礎に立って競争政策を考えることの重要性はより大きなものとなった。

本書は「独占禁止法事例とともに学ぶ産業組織論」の副題を持つ。読者にはぜひ新しい事例を知ってもらいたい。このため，コラムに紹介した事例は，いくつかの記念碑的事例を別として，多くを最近事例に入れ替えた。またこの間に独占禁止法改正もあり，それも反映させた。ただし，第1版，第2版では第2章として「競争政策の生い立ちと仕組み」を紹介していたが，本版では，第1章の補論で独占禁止法の手続きを，第2章第5節として，不当な取引制限を例にとって課徴金制度・課徴金減免制度を紹介することとした。よって全体として13章から成る点は第2版と変わらない。

　各章も，新しい経済上の，あるいは政策上，法律上の変化を取り入れて，相当部分を書き直した。また新しくコラムとして取り入れた事例に合わせて，本文を改訂した部分も多い。この結果，今回の改訂は単なる改訂というよりも，旧版を活かしつつ新たに執筆したというのが，筆者の気持ちである。それだけに，まさに今日の競争政策を本書で読者に知っていただくことができれば，と願っている。

　初版から一貫して，本書は，経済学の基礎知識を持って産業組織論・産業経済学を学ぶ学生諸君には競争政策の現場で何が起きているかを，経済学の基礎知識なしに経済法・独占禁止法を学ぶ法学部生や法科大学院生諸君には経済学の考え方が法律判断にどう生かされているかを，そして政策担当者・弁護士・企業内法務担当者など実務家の方々には競争政策のバックボーンとなる経済学的な考え方を，それぞれ理解していただきたいという願いから書かれている。巻末に経済学用語解説を付したので，経済学の基礎知識をお持ちでない読者はぜひ有効活用していただきたい。

　今回も日本評論社の小西ふき子さんにさまざまにサポートしていただいた。感謝とともに付記する。なお，本書で引用した情報はすべて公開された情報に基づいており，また意見にわたる部分は筆者個人のものである。

2024年秋

小田切宏之

第3版　目次

第1版へのはしがき　…i
第2版へのはしがき　…v
第3版へのはしがき　…viii
読者への手引き　…xv

第1章　序論 − 競争はなぜ重要か ————————— 1

1　カルテルによる不利益　…1
2　独占やカルテルによる厚生損失　…4
　[コラム1-1]　談合・カルテル等からの消費者の損失は
　　　　　　　年間1人あたり3000円？　…7
3　競争政策とは何か　…9
4　産業組織論と競争政策　…11
補論　独占禁止法違反事件処理の手続き　…14

第2章　共謀と協調 ——————————————— 19

1　カルテル・談合に参加することの利益，逸脱することの利益
　　…19
2　逸脱への報復　…22
3　暗黙の協調とプライスリーダーシップ・モデル　…26
4　共謀と協調に対する独占禁止法の規定　…29
　[コラム2-1]　事業者団体による情報提供（2016年相談事例など）　…30
　[コラム2-2]　東芝ケミカル事件（1995年東京高裁判決）　…33
5　ペナルティとしての課徴金と減免制度　…35

第3章　コンテスタブル市場理論と参入阻止戦略 ——— 41

1　コンテスタブル市場理論とその政策含意　…41
2　参入障壁の高さを決める要因　…46

xi

3　競争戦略としての参入障壁　　…50
　　4　参入阻止戦略の違法性　　…51
　　　コラム3-1　マイナミ空港サービス事件（2020年排除措置命令）　　…52
　　　コラム3-2　大分県大山農協による農産物直売所事件
　　　　（2009年排除措置命令）　　…55

第4章　経済集中と競争政策 ─────────────── 57

　　1　集中の測り方　　…57
　　2　市場とは何か　　…61
　　3　市場集中度を概観する　　…64
　　4　市場集中への競争政策　　…67
　　5　一般集中への競争政策　　…69
　　　コラム4-1　米国における企業分割事例　　…70
　　　コラム4-2　日立金属による三徳の株式取得（2017年度）　　…75

第5章　合併・買収（M&A）─────────────── 79

　　1　M&A とは何か　　…79
　　2　水平合併の経済効果　　…83
　　3　製品差別化と合併　　…88
　　4　企業結合の競争政策　　…91
　　　コラム5-1　ファミリーマートとユニーグループとの経営統合（2015年度）
　　　　…94
　　5　問題解消措置が必要な企業結合　　…95
　　　コラム5-2　新日鐵住金による山陽特殊製鋼の買収（2017年度）　　…98

第6章　垂直的取引制限 ─────────────────── 101

　　1　再販売価格維持行為とテリトリー制　　…102
　　2　再販売価格維持行為の正当化理由
　　　──二重の限界化とただ乗り問題　　…103
　　3　垂直的取引制限と独占禁止法　　…110
　　　コラム6-1　資生堂事件（1998年最高裁判決）　　…113
　　4　再販がもたらす協調促進効果　　…114
　　　コラム6-2　日清食品即席麺事件（2024年警告）　　…116

xii

第7章　競争手段としての廉売 ——————————— 119

1 合理的戦略としての廉売　…119
2 競争制限効果を持つ廉売——略奪的価格戦略　…124
3 独占禁止法における不当廉売　…128
　コラム7-1 ガソリン給油所における不当廉売（2007年排除措置命令ほか）
　　　…130
4 多角化した企業の不当廉売　…133
　コラム7-2 ヤマト運輸対日本郵政公社（2007年東京高裁判決）　…134
補論　不当廉売の基準とすべき費用概念は？
　　　——MC, AC, AVC, AIC, AAC　…137

第8章　下請取引と優越的地位 ——————————— 141

1 ホールドアップ問題　…143
2 評判効果　…145
3 優越的地位濫用の規制　…148
　コラム8-1 トイザらス事件（2015年審決）　…151
　コラム8-2 東京インテリア家具事件（2024年確約）　…153
4 下請法　…155

第9章　公益事業における競争 ——————————— 161

1 不可欠設備　…162
2 競争維持のための仕組み　…164
3 公益事業に対する競争政策　…169
　コラム9-1 NTT東日本事件（2007年審決）　…170
　コラム9-2 電力カルテル事件（2023年排除措置命令等）　…173
4 ユニバーサル・サービスの維持と市場参入　…174

第10章　イノベーション，特許制度と競争政策 ——————————— 179

1 研究開発と市場構造　…180
2 特許制度と競争政策　…185
3 集積型技術と標準規格　…189
　コラム10-1 ワン・ブルー事件（2016年審査終了）　…192
4 知的財産権と企業結合　…194

第3版　目次　xiii

コラム10-2　キリングループと協和発酵の統合（2008年度）　…196

第11章　ネット取引の競争政策 ────────── 201

　1　プラットフォームと2つの小売モデル　…202
　2　最恵待遇（MFN）と同等性条項（APPA）　…206
　　コラム11-1　楽天トラベル事件（2019年確約）　…209
　3　間接ネットワーク効果と最適価格構造　…211
　4　マルチサイド市場に対する競争政策　…214
　　コラム11-2　ユニクエスト事件（2021年審査終了）　…216

第12章　プラットフォームが作るエコシステムと競争政策

──────────────── 219

　1　市場集中の螺旋効果と事業拡大のメカニズム　…219
　2　ブラウズ型プラットフォーム　…222
　　コラム12-1　グーグル・ヤフー事件（2024年確約）　…225
　　コラム12-2　米国グーグル事件（2020年提訴）　…227
　3　プラットフォームが作るエコシステム　…228
　　コラム12-3　アップル社アプリストア事件（2021年審査終了）　…231
　4　エコシステムを巡る競争政策の新たな展開　…233
　5　ニュースポータルサイトと競争　…237

第13章　グローバル化する競争政策 ────────── 243

　1　管轄権とは何か　…243
　2　国際カルテル　…246
　　コラム13-1　マリンホース事件（2008年排除措置命令）　…249
　3　国際分業　…251
　　コラム13-2　テレビ用ブラウン管事件（2015年審決）　…252
　4　国際企業結合　…254
　　コラム13-3　マイクロソフトとアクティビジョン・ブリザードの統合
　　　　　　　　（2022年度）　…256

　付録：経済学用語解説　…263
　練習問題解答　…275
　索引　…281

xiv

読者への手引き

1. 各章には最後に「練習問題」と「議論のための問題」を付した。練習問題については巻末に解答あるいはそのための手引きをつけた。一方，議論のための問題については，正答があるわけではないため解答を付さない。ぜひ，読者自ら頭の体操として考えてみてほしい。関連記事・関連図書をインターネットや図書館で探したり，ゼミ仲間・教員・家族たちと議論したりすることも歓迎である。

2. 本書では，公正取引委員会（本書を通じて「公取委」と略している）の資料をしばしば引用する。これらは，特に記さない限り，すべて公正取引委員会のウェブサイトで見ることができる。同ウェブサイト（https://www.jftc.go.jp/）にアクセスしたうえで，資料名，事件名あるいは会社名を入れて検索するとよい。事件については同ウェブサイトの報道発表の欄から分野別あるいは発表年月日で探すこともできる。

3. 企業結合事例については公正取引委員会の「○○年度における主要な企業結合」（通称「企業結合事例集」）各年版（https://www.jftc.go.jp/dk/kiketsu/jirei/index.html），相談事例については「独占禁止法に関する相談事例集」（通称「相談事例集」）各年版（https://www.jftc.go.jp/dk/soudanjirei/index/index_nendo.html）による。

4. その他ウェブサイトを参照する場合には，2024年12月時点で確認している。

5. コラムでの事例紹介においては，判例や公取委発表文からそのまま引用した部分はカギ括弧で括り，その他では必要に応じ編集したが，これら元資料にできる限り忠実に記述したため，本文とは文章スタイル，漢字遣いや用語で異なる場合がある。なお，混乱がない限り，株式会社あるいは（株）など会社形態の表記を省略した。また，会社名は事件当時のもので，その後名称変更した場合がある。

6．以下の拙著を参照する場合は著書名のみを記した。

◆小田切宏之『新しい産業組織論』，有斐閣　2001年

◆小田切宏之『バイオテクノロジーの経済学―「越境するバイオ」のための制度と戦略』，東洋経済新報社，2006年

◆小田切宏之『企業経済学　第2版』，東洋経済新報社，2010年

◆小田切宏之『イノベーション時代の競争政策―研究・特許・プラットフォームの法と経済』，有斐閣，2016年

◆小田切宏之『産業組織論―理論・戦略・政策を学ぶ』，有斐閣　2019年

>>> **第1章**

序論
競争はなぜ重要か

本章では，序論として，競争の重要性を理解するために，独占やカルテルのもたらす不利益を示したうえで，競争政策とは何かを説明しよう。また，補論として，独占禁止法違反事件処理の手続きを簡略に示しておく。

1 | カルテルによる不利益

公共工事の入札等に絡んだ談合や競争者間での一斉値上げなどのカルテルは後を絶たない。談合やカルテルでは，受注者・販売者である企業がお互いの間での競争を制限し高い価格で販売するから，発注者である国・自治体・公益事業企業（談合の場合）や消費者（カルテルの場合）が高価格での購入を余儀なくされる。しかも，これにより生まれる不利益は高価格の支払いを強いられた購入者の不利益だけではない。実はより重要なものとして，高価格であるために購入をあきらめてしまった購入分からの逸失した利益がある。

単純な例を使って説明しよう。ある財があり，100人の消費者がいるとする[1]。各消費者はこの財を1個買うか買わないかを考えようとしている。この財に対する嗜好や必要度は消費者により異なっており，最も高くこの財を評価する消費者は99円の価値があると考えているので，99円以下の価格であれば購入する。次に高く評価する消費者は98円の価値があるとし，その次に

1）本書で財というとき，有形の財（リンゴ，自動車など）に限らず，サービス（レストランでの食事，教育，交通・通信など）を含む。

図 1-1 独占やカルテルにより発生する厚生損失

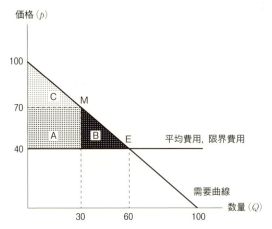

▶ 市場が競争的であれば均衡はE点となり、価格は40円で、A・B・Cを合わせた面積が消費者余剰として社会にもたらされる。ところが市場が独占されたりカルテルが結成されたりして価格が70円に設定されると、均衡はM点となり、消費者余剰はCのみとなる（証明は以下の数学注）。またAは利潤であるから社会にとどまるが、消費者余剰から企業の利潤へという移転が起きる。これに対しBは社会から失われてしまう。厚生損失あるいはデッドウェイトロスと呼ばれるのがこれである。

（数学注：価格を p、数量を Q とする。需要関数は $Q=100-p$ であり、利潤 $=(p-40)Q=(p-40)(100-p)=900-(p-70)^2$ なので、$p=70$ で 900 という最大値をとる。）

高く評価する消費者は97円、以下96円、95円などと、1円ずつ低く評価して、最後の100人目の消費者は0円（無価値）と評価しているとしよう[2]。

このとき、図1-1に見られるように、需要曲線は縦軸（価格を表す）、横軸（数量を表す）ともに100を切片とし、傾きがマイナス1（マイナス45°）の直線である（厳密には1単位ごとに階段状となるが連続的な直線で近似する）。

この財の生産費用は1単位あたり40円で、これは生産量にかかわりなく一

2）付録第6項で説明するように、これら各消費者の評価額は、限界効用を金額評価したものにあたる。

定であるとする。経済学的にいえば（付録第3項参照），固定費用がなく可変費用のみであり，平均費用（総費用÷生産量）が40円で一定で，限界費用（生産量を1単位追加するときの費用増分）も40円に一致する。

このとき，企業がカルテルを結び，70円の価格で販売することで合意したとしよう[3]。すると，評価が99円から70円の消費者はこの財を購入する（70円と評価する消費者は購入するかどうか無差別であるが，以下では購入するものと仮定する）。したがって30個の販売が実現する。これが図のM点で示されている。企業は（70－40）×30＝900円の利潤を得る。これは図における長方形の面積（A）にあたる。

この利潤は，カルテルを結んだことにより企業が得た不当な利潤である。カルテルがなく企業が自由に競争していたとすれば価格は40円だったはずだからである。40円を超える価格を付けていれば，その価格より少し低い価格で販売することで顧客を奪い，利潤をあげようとする企業が出てくる。こうした競争があれば，均衡では価格は40円にならなければならない[4]。

消費者は，カルテルの結果，1人あたり30円だけ余計に高い価格を支払って購入したことになり，購入した30人の消費者を合わせると900円余計な支出を強いられたことになる。この余計の支出は企業の利潤と一致する。いいかえれば，企業の不当なカルテル利潤は消費者から企業への所得の移転である。このことをまとめておく。

（キーワード）1-1 ──────── **競争制限による不当利潤**

　カルテル・談合等の競争制限行為により企業が得た利潤。これは，当該行為により消費者がより高い価格の支払を余儀なくされたことによる支出額増分に等しい。

3）ここでは消費財についてのカルテルについて説明しているが，公共事業における入札談合についても，発注される品目数や工事数が高価格のため削減される効果を考えれば，同様の議論ができる。

4）ここでは完全競争における均衡（完全競争均衡）か，寡占企業間での価格競争の結果生じる均衡（ベルトラン均衡）を想定する。これら均衡については付録第7項，第10項参照。

第1章　序論──競争はなぜ重要か　3

2 独占やカルテルによる厚生損失

　しかし，カルテルの弊害はそれにとどまらない。価格が40円であれば購入したのに，70円であったために購入を断念した人たちがいるからである。例えば，この財の価値を69円と考えている消費者は，70円の価格のもとでは購入しないが，40円の価格であれば購入する。69円の価値があると考えているものを40円で購入できたなら，この消費者は29円分だけ得をすることになる。これをこの消費者の得た「余剰」という。

　同じように68円と評価する消費者は，価格が40円であれば購入し，28円の余剰を享受できる。67円と評価する消費者，66円と評価する消費者などについても余剰は同様に計算され，最後に40円と評価する消費者は余剰がゼロになる。これらを合わせると，40円の価格のもとでこれら消費者（31番目の消費者から60番目の消費者まで）の余剰合計は29＋28＋…＋1＋0＝435円となる。図1-1の三角形の面積（B）がこれにあたる。

　この消費者余剰はカルテルにより失われた。企業の利潤として獲得されてもいない。この点は，カルテルにより企業に移転した900円の利潤（図でのAの面積）と異なる。99円と評価する1番目の消費者についても，価格が40円であれば99－40＝59円の余剰が得られたのに，価格が70円であったために99－70＝29円の余剰だけになってしまったという消費者余剰の損失がある。2番目から30番目の消費者についても同様に考え，1番目の消費者と合わせて考えれば，価格が40円であればこれら消費者の余剰は図1-1の三角形の面積（C）と長方形の面積（A）の合計であったのに対し，カルテルによりCのみに減少してしまい，Aは企業に移転してしまったことになる。

　それでも，企業への移転は，経済全体からみれば内部の移転であり，一方（消費者）の損失は他方（企業）の利得である。ゲーム理論の言葉を借りればゼロサムである。これに対しBの面積は純粋な損失で，経済から失われてしまっている。そこでこれを厚生損失（ウェルフェアロス）あるいはデッドウェイトロス（死荷重損失または死重的損失）と呼ぶ。以上のことを2つの

4

用語でまとめておこう。

（キーワード）1-2 ———— 消費者余剰

消費者がその財への評価額より低い価格で購入できたことで得られる余剰を，すべての消費者について総計したもの[5]。図では，購入分の，需要曲線の下で市場価格より上の部分の面積で表される。

（キーワード）1-3 ———— 厚生損失（またはデッドウェイトロス）

市場において達成可能な最大レベルに比べ，不完全競争など市場メカニズムの欠陥のために生じる厚生レベルの損失。ただし，厚生レベルは消費者余剰と利潤の和で計られる[6]。

コラム1-1では，談合やカルテルからの厚生損失および消費者から生産者への余剰の移転分が1年間に日本でどの程度発生しているかについて，大胆な仮定をいくつか置いて計算した結果を示している。そこで得られた概算値である消費者1人あたり年間3000円，うち厚生損失は1000円という数字を大きいと見るか小さいと見るかは意見が分かれるであろうが，決して無視してよい数字ではないと筆者は考える。

繰り返すが，消費者と企業双方を含む社会全体の立場から見ると，カルテル・談合の最大の弊害は厚生損失の発生にある。この厚生損失は，カルテルではなく，独占企業が独占価格（図1-1での70円）で販売したときにも成立する。逆にいえば，複数企業間で競争が十分に働けば，価格は平均費用・限界費用に等しい40円になるはずで，A・B・Cを合わせた社会的な余剰は最大になる。これが市場競争メカニズムの根本であり，経済学の父と呼ばれるアダム・スミスが「見えざる手」の働きと呼んだのはこのことをいう。また，経済全体の一般均衡のもとでこの原理を厳密に証明したのが，厚生経済学の

5）厳密にいえば，金銭評価した限界効用が価格を上回る部分の総計であり，金銭評価した総効用から支払額を引いたものでもある。付録第6項参照。

6）利潤を生産者余剰とも呼び（厳密には利潤に固定費用を加えたものをいう），消費者余剰と生産者余剰をあわせて社会的余剰と呼んで，社会が生み出す厚生レベルの指標とする。詳しくは付録第9項を参照。

第1章　序論——競争はなぜ重要か　5

基本定理と呼ばれるものである。

(定理) 1-1 ――――― 「見えざる手」の定理

人々が私利（自らの，そして，自らのみの効用や利潤）を追求し競争するとき，「見えざる手」に導かれるようにして，社会にとって有利な状況が達成される[7]。

(定理) 1-2 ――――― 厚生経済学の基本定理

すべての市場において完全競争均衡が存在すれば，それはパレート最適な資源配分を達成する。ただし，パレート最適な資源配分とは，どのように配分を変えても，他の誰の効用をも下げることなく誰か少なくとも1人の効用を上げることが，もはや不可能であるような資源配分をいう。

ところが，独占により競争が存在しないときや，複数企業であってもカルテルや談合により競争が制限されるときには，厚生損失が発生する。今からおよそ250年前，スミスは次のように述べている。

「独占は良好な経営の大敵であって，良好な経営は，自由で普遍的な競争による以外にはけっして普遍的に確立できないものであり，しかもこの自由で普遍的な競争こそ，あらゆる人を自衛上やむなく良好な経営にたよらせるようにするものなのである」[8]。

したがって，企業に効率的な経営を迫り，効率的な資源配分を達成することによって厚生損失を阻止するために，企業の競争制限的な行動を阻止し，独占的な市場構造が生まれないように監視・規制する必要がある。これこそが競争政策の基本的な考えである。

---

7) スミス自身の言葉によれば，「かれは自分自身の安全だけを意図し，また，その生産物が最大の価値をもちうるようなしかたでこの産業を方向づけることによって，かれは自分自身の利得だけを意図しているわけなのであるが，しかもかれは，このばあいでも，他の多くのばあいと同じように，見えない手に導かれ，自分が全然意図してもみなかった目的を促進するようになるのである」（アダム・スミス著，大内兵衛・松川七郎訳『諸国民の富』，第3巻，岩波文庫，1965年，56ページ）。原著初版出版は1776年。

8) 前注に同じ，第2巻，14ページ。

コラム1-1

談合・カルテル等からの消費者の損失は年間1人あたり3000円？

　談合やカルテルにより，私たち消費者はどれだけの不利益を被っているのか，乱暴な形ではあるが，推計してみよう。

　第2章で述べるように，公正取引委員会（公取委）は，談合・カルテルを含む一定の独占禁止法違反行為に対し，課徴金という名前の制裁金を課す。年間の課徴金総額は2022年度1020億円，2023年度2.2億円と年により大きく変動する（2022年度はコラム9-2で紹介する電力カルテル事件の課徴金が大きかった）。最近5年間（2019〜2023年）の平均は約350億円である[1]。

　課徴金は基本的には違反行為に関わる売上高（例えば，カルテルの対象となった商品の売上高）の10％として計算される。よって逆算すると，売上高は年間3500億円と推定される[2]。

　公取委は，価格カルテルにおける価格引上げ率，および談合事件における立入検査後の価格下落率からカルテル・談合による不当利得の率を推計したところ，平均13.7％であった[3]。これに3500億円を乗じると，不当利得の額は年間500億円強と推計される。人口（1億2500万人）で割れば1人あたり400円となる。これは，国民がカルテル・談合等により余計に払わされていた額である。

　ただし，これは公取委が摘発し，独占禁止法違反として法的措置をとった談合・カルテルについてだけ計算したものである。摘発されずに済んだ談合・カルテルがどれだけ存在したかは憶測でしかないが，仮に課徴金徴収に至ったのは5件に1件でしかないとすれば，年間2500億円，国民1人あたり2000円となる[4]。

　しかも，これは本文で述べた消費者から企業への移転分（図1-1でのA）のみである。それでは，厚生損失であるBはどれくらいだろうか。本文で示した数値例ではAが900万円，Bが435万円と，BがAのほぼ半分であったことに注目してほしい。実は，需要曲線が直線で，平均費用が一定，しかもカルテル企業が独占利潤最大化行動を取るとき，実際にBがAの半分の面積になることを容易に計算することができる[5]。

第1章　序論——競争はなぜ重要か　7

すると，厚生の損失は不当利益2500億円の半分で1250億円，国民1人あたり1000円と推計されることになる。AとBを合わせれば3750億円，1人あたり3000円であり，そのうち3分の2の2500億円は談合・カルテルにより消費者から企業へ移転した分（図でのA），3分の1の1250億円は談合・カルテルにより経済から失われた厚生損失（図でのB）である。

　もちろんこれは多くの仮定に基づいた数値であり，過小評価の可能性が大きいと思われるが，談合やカルテルによる不利益を実感させる数字といえよう。

＊1　公正取引委員会「令和5年度年次報告」。

＊2　過大評価の可能性も過小評価の可能性も存在する。過大評価になるのは，カルテル・談合以外の違反行為に課された課徴金が課徴金総額に含まれるからである。ただしカルテル・談合以外への課徴金率は10％より低く，また主要な違反事件はいずれもカルテル・談合であり，この過大評価は限定的と推定される。一方過小評価になるのは，中小企業に対しての課徴金率が10％より低いこと，課徴金額が100万円未満であれば課徴金を課すことができないこと，課徴金減免制度（第2章で説明）により課徴金を免除や減額されている企業があることなどによる。これらのバランスを考えれば，過大評価ではなく過小評価の可能性が高いと推定される。

＊3　2004〜2014年度に公取委が措置をとった案件のうち数字を得ることができた85件の平均。公取委独占禁止法研究会第7回会合参考資料集，参考3-1。独占禁止法改正時に調査された資料のためその後の調査はない。

＊4　きわめて大胆な仮定に基づく推定値ではあるが，カルテル・談合が摘発される確率を13〜17％と計算した研究が海外では存在する。米国について P. G. Bryant and E.W. Eckard, "Price Fixing: The Probability of Getting Caught," *The Review of Economics and Statistics*, 73, 1991, 531-536. EU について E. Combe, C. Monnier, and R. Legal, "Cartels: The Probability of Getting Caught in the European Union," Bruges European Economic Research Papers, No. 12, 2008.

＊5　図1-1ではAとBの底辺が同じ長さであり，Aは長方形，Bは三角形であることから直ちに理解できよう。

3 競争政策とは何か

競争政策とは以下の目的を持つ政策をいう。

(キーワード) 1-4 ———— 競争政策（competition policy）

競争的な市場環境を維持・促進することにより望ましい経済成果を実現
するための政策。

すべての市場で完全競争が維持されており，規模の経済性に基づく自然独
占がないなら，厚生経済学の基本定理が教えるように社会的に最適な資源配
分が実現されるから必要ないが，現実にはこうした仮定が成立していないた
め，競争政策が必要になっている[9]。

いいかえれば，最適資源配分が実現していないときに，企業行動を規制す
ることで効率性を実現しようとする（例えば図1-1で40円で販売するように
規制する）のではなく，競争的な環境を作り出すことにより（例えばカルテ
ル・談合を禁止することにより），企業間の競争を促進し，それによって最
適資源配分を回復させようとする政策である。競争メカニズムによる「見え
ざる手」への信頼が競争政策の背後にある。

競争政策のための法律を一般に競争法と呼ぶが，日本では独占禁止法がこ
れに当たる。正式名は「私的独占の禁止及び公正取引の確保に関する法律」
で，第2次大戦後まもなく1947年に成立した。このため，競争政策を独占禁
止政策とも呼ぶ。第2次大戦以前より同様の法律があったのは米国とカナダ
のみで，最初の法律（シャーマン法）を1890年に成立させた米国では，独占
禁止法にあたる法律を一般に反トラスト法（Antitrust Law）というため，
反トラスト政策と呼ぶ。しかし，国による呼び方の違いを避けるため，また，

9）自然独占については第9章で説明する。本書の範囲外であるが，厚生経済学の基本定
　理が成立するためには外部効果（外部性）がないことも必要条件で，環境問題や公共財
　の問題はこの条件が満たされないために起きている。

第1章　序論——競争はなぜ重要か　9

独占やトラストを禁止するという対症療法にとどまらず，より積極的に競争的な環境を作り出すべきだという観点から，競争政策の言葉を用いるのが一般的となった[10]。

独占禁止法は，その冒頭で，

(法律規定) 1-1 ──────── 独占禁止法第1条

この法律は，（中略），公正且つ自由な競争を促進し，事業者の創意を発揮させ，事業活動を盛んにし，雇傭及び国民実所得の水準を高め，以て，一般消費者の利益を確保するとともに，国民経済の民主的で健全な発達を促進することを目的とする。

と記しており，競争を促進することが消費者利益にも経済成長にもつながるという信念がその背後にあることがわかる。

それでは，競争政策はどのような行為を規制することにより，競争を促進しようとしているのだろうか。上の引用条文の中略部分は，「私的独占，不当な取引制限及び不公正な取引方法を禁止し，事業支配力の過度の集中を防止して，結合，協定等の方法による生産，販売，価格，技術等の不当な制限その他一切の事業活動の不当な拘束を排除することにより」となっており，

(1)私的独占の禁止
(2)不当な取引制限の禁止
(3)不公正な取引方法の禁止
(4)事業支配力の過度の集中の防止

が競争政策の4本柱になっていることがわかる。

本章の前半で述べた談合やカルテルは「不当な取引制限」であり，禁止されている。また，1社しか操業していない独占であれば，図1-1でいえば70円の価格を維持する力を持つから，厚生損失が発生する。よって，合併などにより独占となるおそれがあるのであれば「事業支配力の過度の集中」が予

---

10) トラストとは株式の信託を通じて支配権を統合する方式で，市場支配力確保の手段として米国で19世紀末頃に使われたため，米国では独占的な企業のことをトラストと呼ぶことが多かった。コラム4-1で取り上げるスタンダード石油もトラスト形式をとっていた。

測され，防止する必要がある。

　独占やカルテルであっても，その高利潤の分け前を得ようとして新規企業が参入しやすい状況であれば，独占的な価格の維持は困難である。これに対して参入を排除しようとする行動を企業がとれば，競争は制限されやすい。このため，こうした排除行為は「私的独占」の1つとして禁止されている。また，メーカーが小売店を系列化し自らが設定する定価での販売を強いれば，小売店間の競争が阻害される。これは再販売価格維持行為といわれるもので，「不公正な取引方法」の1つとして禁止されている。

　このように，独占禁止法はさまざまな形での競争制限行為を禁止・防止することにより競争を維持しようとするものである。独占禁止法に記述されている競争政策のこれら4本柱が経済学的にいえばどのような意味を持つのか，それを理解することは本書の大きな目的である。

4 産業組織論と競争政策

　経済学の分野で競争政策に密接に関わるのは産業組織論（industrial organization）あるいは産業経済学（industrial economics）と呼ばれる分野で，ミクロ経済学を個別の産業に応用することにより，企業の行動や経済的な成果を分析することを目的とする。また，計量経済学や事例分析の手法を用い現実の産業について分析する。その結果，競争を損ない厚生損失が生まれるような状況が発見されたり予測されたりすれば，競争政策としてとるべき政策を提言する。したがって，競争政策論は政策提言に重点を置いた産業組織論に他ならない。

　産業組織論では，伝統的に，市場を構造（structure），行動（conduct），成果（performance）の3つの観点から分析・評価することがおこなわれてきた。それぞれの頭文字をとってSCP分析と呼ばれる。

（キーワード）1-5 ─────── SCP分析

産業組織論で用いられる伝統的な市場分析方法で，市場を構造・行動・

第1章　序論——競争はなぜ重要か　11

成果の3つの観点から分析・評価し，それらの関係を考察する。

　市場構造とは，分析対象の市場がどのような構造であるかをいう。売り手（通常は企業）や買い手がどれだけいてどのように分布しているか，その市場に新たに参入しようとする企業にとってどのような障壁があるか，などが問題となる。買い手は通常は消費者で多数であるが，部品メーカーから購入する組立メーカーやメーカーから購入する卸小売店も買い手であり，こうした市場では買い手の数も多数とは限らない。市場行動とは，市場への参加者がどのような行動をとるかを意味する。価格と生産量の決定はもちろん，設備投資，広告，研究開発などさまざまな企業戦略が市場行動に含まれる。市場成果とは，その市場がどのような成果を実現しているかを意味し，経済学で最も重視されるのは資源配分上の効率性である。第2節で述べた厚生損失が発生していれば，資源配分が非効率で，望ましくない市場成果になっていることを意味する。この他，よりダイナミックな状況では，技術革新や経済成長も市場成果として問題にされる。

　SCP分析ではこれらの関係を重視する。資源配分に非効率性があるのであれば，それをもたらした構造や行動が何かを知る必要がある。図1-1で示したような厚生損失は，独占という市場構造のため，あるいは談合・カルテルという市場行動のために生まれていた。そうだとすれば，競争政策として，そうした市場構造を防止し，あるいはそうした市場行動を禁止することが望ましい。このようにSCP分析は，単純ながら，多くの場合に競争政策への有効な指針を提供する。

　しかしながら，ゲーム理論の産業組織論への応用，計量経済学手法と詳細なデータを利用した計量分析の蓄積を通じて，S・C・Pの関係は単純ではないことが明らかになってきた。例えば，独占→高価格→厚生損失という一方向の因果関係が常に成立するとは限らない。また1社しか操業していないという意味では独占であっても，独占的な高価格を維持することは困難な状況もある。

　さらに，イノベーションを通じた産業の成長が重要であることが広く認識されるようになったことにより，静学的な競争，つまり一時点での競争が，

長期的・動学的な競争につながるとは限らない場合があることも認識される
ようになってきた。他社に先駆けて新製品を発売することにより独占利潤を
確保できることが予想されているからこそ，企業は研究開発に投資する。そ
うだとすれば，一定期間の独占を容認することは短期的には厚生損失を生む
としても，長期的には新製品開発競争を活発化して厚生を高めるであろう。
特許制度はまさにこうした考察から生まれた制度である。

　このように，産業組織論はミクロ経済学を土台とするが，現実のさまざま
な市場の構造や行動を対象とする。また，多様で豊かな理論的・実証的成果
が蓄積されてきており，それらが競争政策に広く利用されるようになってき
ている。

　本書で論じていくのは，こうした産業組織論の基礎的な知識とその競争政
策への応用である。できるだけ新しい考え方も紹介しつつ，それらを平易な
言葉で解説することにつとめたい。

第 1 章　序論——競争はなぜ重要か　13

補論　独占禁止法違反事件処理の手続き

　競争政策を第一義的に担当するのは，独占禁止法の目的を達成することを任務として設置された公正取引委員会（公取委）である。委員会という名前が示すように委員長および4名の委員からなる委員会が合議によって決定する。その下には事務総局があり，1000名近くの職員が調査や審査にあたっている。

　公取委による独占禁止法違反事件処理手続きは基本的に3段階に分かれる。

(1)端緒
- 一般人からの申告，自らの職権探知，課徴金減免制度（第2章で説明）の申請に伴う情報提供など，さまざまな形で情報収集し，事件の端緒を得る。

(2)審査
- 事件関係人の営業所等への立入検査，報告命令の発出，関係人への事情聴取などにより事実を調査し，独占禁止法違反の有無を評価する。

(3)決定
- 違反なしと判断されれば，審査は打ち切りとなる（非公表で関係人に注意を与えることもある）。
- 違反ありと判断されれば，公取委は被疑事業者に対し排除措置命令を出す。排除措置命令とは，簡単にいえば「…の行為は独占禁止法第○条違反であるので，取り止めること」という命令である。ただし，こうした命令を出す前に，被疑事業者に対し事前通知し，証拠の閲覧・謄写の機会，また意見申述と証拠提出の機会を与える（事前手続という）。また，次章で述べるように課徴金を課す場合があり，そのときは課徴金納付命令も事前手続を経て発出される。

　以上を図示化したのが図1-2の上半分である。

　3点の補足がある。第1に，排除措置命令や課徴金納付命令に不服がある場合には，当該事業者は東京地方裁判所に対し取消訴訟を提起でき，さらに

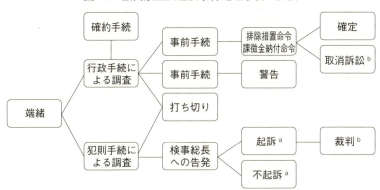

図1-2 独占禁止法違反事件処理手続の概要

（出所）公正取引委員会「公正取引委員会の最近の活動状況」等を参考に，簡略化して筆者作成。
（注）aは検察庁，bは裁判所，その他は公正取引委員会の所管。

上訴することも可能である。6カ月以内に取消訴訟の提起がなければ命令は確定する。

　第2に，違反が認定できないものの違反するおそれがある場合や，当該行為がすでに終了しており排除措置命令を出す必要性が認められない場合などには，事前手続を経て，当該事業者に対し当該行為を再びおこなわないよう警告することがある。警告も，排除措置命令等の発出と同じく公表される。

　第3に，2018年に導入された確約手続がある。これは，審査の途中で公取委が事業者に独占禁止法の規定に違反する疑いのある行為の概要・法令の条項を通知し，事業者が確約計画を自主的に作成・申請したときに，同計画が違反被疑行為を排除する（または排除された）ことを確保するために十分なものであり，また確約措置が確実に実施されると見込まれる場合に公取委が認定するもので，排除措置命令等を発出しないことで迅速な違反被疑行為の解消を目指すものである。ただし談合・カルテルには確約手続を適用しないことを公取委は明らかにしている。

　次に図の下半分に移ろう。公取委が悪質あるいは重大な違反事件と考える場合（独占禁止法の表現では「犯則の心証を得たとき」，「この法律の規定に違反する犯罪があると思料するとき」）には，公取委は検事総長に告発することとなっており，こうした告発を念頭に置いて調査する場合には，公取委

第1章　序論——競争はなぜ重要か　15

表1-1　公正取引委員会による法的措置件数の行為類型別推移

年度	2019	2020	2021	2022	2023
私的独占	1	1	0	0	0
不当な取引制限					
価格カルテル	6	6	0	1	1
その他のカルテル	0	0	0	3	0
入札談合（官公需）	3	1	3	4	2
受注調整（民需）	0	1	0	0	1
小計	9	8	3	8	4
不公正な取引方法					
再販売価格の拘束	2	0	0	1	0
その他の拘束・排他条件付き取引	1	3	1	1	3
取引妨害	0	0	1	1	0
優越的地位の濫用	0	3	0	0	2
その他	0	0	0	0	0
小計	3	6	2	3	5
その他	6	0	0	2	0
合計	13	15	5	11	9

（出所）公正取引委員会「令和5年度年次報告」
（注）法的措置とは，排除措置命令，課徴金納付命令および確約計画の認定のことである。1つの事件について，排除措置命令と課徴金納付命令が共におこなわれている場合には，法的措置件数を1件としている。私的独占と不公正な取引方法のいずれも関係法条となっている事件は，私的独占に分類している。

は臨検，差し押さえなどを含むより強力な手続である犯則調査をすることができる。検事総長は告発を受け，違反行為と判断すれば地方裁判所に起訴する。裁判で違反が確定すれば，刑事罰が法人および個人に科される。法人は5億円以下の罰金，個人は3年以下の懲役または500万円以下の罰金である。これに加え，公取委は排除措置命令・課徴金納付命令を発出する。

　表1-1に2019〜2023年度において公取委が排除措置命令その他の法的措置をとった件数を行為類型別に示す。2023年度に公取委が処理した案件は152件あるが，多くは打ち切りや注意にとどまり，排除措置命令を出したものは4件（対象事業者等数は18），確約計画を認定したものは5件（対象事業者数は5）にとどまっている。そのうち4件はカルテル・談合で，いずれも排除措置命令である。このほか3件の警告が出されている。

　表1-2は，最近12年間の日本における告発事件6件を一覧にしている。2023年時点で独占禁止法施行77年になるが，カルテル・談合に対する告発件

表1-2　2012年～2023年の告発事件一覧

（かっこ内は対象となった企業数，個人数）

通称	告発年	内容
ベアリングカルテル	2012	産業機械用軸受，一般軸受，自動車用軸受に関する価格カルテル（3社，7名）
北陸新幹線融雪基地等工事談合	2014	（独）鉄道建設・運輸施設整備支援機構が発注する北陸新幹線消融雪設備工事に関する談合（8社，8名）
NEXCO東日本舗装工事談合	2016	東日本高速道路㈱東北支社が発注する舗装災害復旧工事に関する談合（10社，11名）
中央新幹線建設工事受注調整	2018	JR東海が発注する中央新幹線（リニア新幹線）に係る建設工事の受注調整（4社，2名）
地域医療推進機構発注医薬品入札談合	2020	（独）地域医療推進機構が発注する医薬品の入札談合（3社，7名）
東京オリンピック関連入札談合	2023	東京2020オリンピック・パラリンピック競技大会に関するテストイベント計画立案等業務委託契約の入札談合（6社，7名）

（出所）公正取引委員会「年次報告」，新聞報道などより筆者作成。

（注）　1．2012年以前には，1974年に石油カルテル事件（事業者団体による生産調整および事業者による価格協定の2件），1991年～2008年に12件のカルテル・談合に関する告発がある。石油カルテル以前にも4件の告発があるが，いずれもカルテル・談合に係るものではない。
　　　　2．いずれも有罪判決。ただし中央新幹線事件は一部上告中，また東京オリンピック事件は裁判進行中。いずれも2024年末現在。

数は20件にとどまる。告発によって刑事罰を科せられるケースはむしろ例外的で，ほとんどのカルテル・談合が行政手続（排除措置命令・課徴金納付命令）によって対応されていることがわかる。

　消費者や従業員など，公取委以外の一般人が独占禁止法違反を知ったときにできることがある。第1に，図1-2の左端にある端緒としては一般人からの申告も重要であるから，公取委に知らせることである。第2に，独占禁止法違反により利益を侵害された者（または侵害されるおそれがある者）がとれる手段として，差止請求と損害賠償請求がある。差止請求とは，侵害の停止または予防を請求する訴訟を裁判所に起こすことである。損害賠償請求とは，独占禁止法違反をした事業者に対し，それにより被った損害を賠償することを求めて訴訟を起こすことである。同様の損害賠償請求は民法709条（「故意又は過失によって他人の権利又は法律上保護される利益を侵害した者は，これによって生じた損害を賠償する責任を負う」）によっておこなうことも可能であるが，民法では加害者の「故意又は過失」によって「利益を侵害」されたことを被害者が立証しなければならないのに対し，独占禁止法25

第1章　序論──競争はなぜ重要か　17

条による損害賠償請求では，排除措置命令などの法的措置が確定している場合には，違反企業は「故意又は過失がなかったことを証明して（中略）責任を免れることができない」と規定されており，被害者の立証責任が軽減する。

こうした手段により，一般人の参加をも尊重しつつ，また司法も利用しつつ，公取委が中心となって独占禁止法の運用がおこなわれている。

練習問題 ▶ ▶ ▶ ▶ ▶

1-1 独占企業やカルテルは，競争があるときに比べ生産量を減らそうとするが，これはなぜか

1-2 独占やカルテル・談合による厚生損失とは何を意味するか述べよ。また，図で示せ。

1-3 厚生レベルを消費者余剰と利潤の和で計るのはなぜか。

1-4 産業組織論における SCP 分析とはどのような考え方か。また，その限界は何か。

1-5 独占禁止法が禁止する４つの行為とは何か。

議論のための問題 ▶ ▶ ▶ ▶ ▶

独占価格（図1-1での70円）が発生している時には，価格そのものを下げることを政府が命じる規制政策と，独占を防止したり（あるいは分割したり），カルテルを禁止したりする競争政策とがあり得る。それぞれのメリット・デメリットを議論せよ。（後に第９章でこの問題について再考する。）

▶▶▶ 第2章

共謀と協調

前章でも例にあげたように，競争政策の代表はカルテルや談合の禁止である。これは，その弊害が最も明確だからである。それだけに，公正取引委員会も積極的に取り締まろうとしている。それでもなおカルテルや談合は跡を絶たない。なぜだろうか。本章では，この問題を中心に考えよう。

1 │ カルテル・談合に参加することの利益，逸脱することの利益

カルテル・談合は，独占禁止法でいう「不当な取引制限」にあたる。詳しくは第4節で述べる。経済学では共謀と呼ぶ。

キーワード 2-1 ───── 共謀
企業間で共同して戦略を決定し，それによって互いにその事業活動を拘束し合うこと。

企業間での意見交換などにより明示的な形で合意することから，明示的な共謀ともいう。これに対し，明示的な合意はないが，暗黙のうちに各社が同等の行動をとることがある。これを暗黙の協調という。

キーワード 2-2 ───── 暗黙の協調
企業間で明示的に共同決定するわけではないが，暗黙の了解により，各社が共謀と同等の行動をとること。

以下で単に協調というとき，この暗黙の協調を意味する。「暗黙の共謀」と

19

呼ぶ文献もあるが，混乱を避けるため，本書では，共謀は明示的なものに限っていう。

　なぜ協調が成立するかは，なぜ共謀が持続するかと共通の理由による。それにもかかわらず，現実問題として，競争政策上，これらを同様に扱うことには困難性がある。以下ではこの問題を説明しよう。

　共謀や協調の対象となる戦略には，価格決定の他にも，生産量決定，設備投資決定，販売地域決定などさまざまなものがありうる。また，カルテルと談合の違いは，カルテルでは複数企業が同時に事業活動を実施するのに対し，談合では，案件ごと（工事ごと，地域ごと，品目ごとなど）に，入札に落札した1つの企業（あるいは企業グループ）が事業活動を実施することにある[1]。

　ここでは簡単な例として，価格カルテルを考えよう。これは，販売価格を決定し，すべての参加企業がこの価格で販売することに合意するものである。この価格を p^*，例えば100円としよう。一方，カルテルがなければ寡占市場の均衡となるが，このときの価格を p^0，例えば80円であるとしよう。すると，カルテルに参加すれば，販売1個あたり p^*-p^0，つまり，この例では20円の追加的な利潤を得ることができる。p^* の価格のもとで市場の需要が1000個であるとし，この企業のマーケットシェアが10%だとすれば100個販売することができ，カルテルのないときに比べ2000円の利潤増である。これは図2-1の長方形Aの面積にあたる。

　この企業の製品1個あたり生産費用（平均費用）が70円で，生産量にかかわらず一定であり，固定費用はないものとしよう（このとき限界費用も70円である。付録第5項参照）。すると，カルテル下での利潤は図2-1のAとBの面積を合わせた3000円である。

　2000円の利潤増をもたらすから，カルテル参加は有利に見える。しかし，あなたがこの企業の経営者であるとして，この取り決めに完全に満足できる

1）談合を入札談合（政府やそれに準ずる機関が実施する入札における談合）と受注調整（民間企業が実施する入札や競争見積もりにおける談合）に分ける場合があるが，ここでは区別しない。

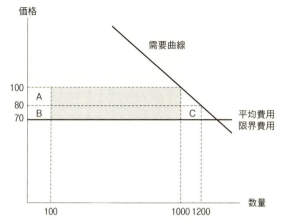

図2-1 カルテルで得られる利潤

▶ カルテルがないとき，寡占市場の均衡となって価格が80円であるとする。カルテルにより価格が100円に設定されると，販売量1個あたり20円の追加利潤が得られ，100円での市場需要が1000個であれば，マーケットシェア10％の企業にとり，2000円（＝20円×1000個×0.1）がカルテルによる追加利潤となる。これは長方形Aの面積で表されている。平均費用が70円であれば，総利潤は3000円（長方形AおよびBの面積）となる。しかし，他社がカルテル価格を守ると予想できるなら，この企業は少し値引きしてもマーケットシェアを拡大し，グレーの面積で示される部分をも利潤として獲得してしまおうとするインセンティブを持つ。

（注）厳密には，市場需要曲線が右下がりであるため，寡占均衡価格である80円のもとでは，市場シェア10％の企業の販売数量は120個（＝1200個×10％）に増え，利潤はBの面積より200円（長方形Cの面積の10％）だけ大きくなる。この部分の利潤はカルテルになると失われるので，カルテルによる利潤増は厳密には2000円－200円＝1800円である。

か考えてみてほしい。もっと利潤を上げる方法はないだろうか。

　図2-1をもう一度見よう。すべての他社が100円の価格で売っているのなら，あなたは，市場での総需要である1000個まで売りたいとは思わないだろうか。そうすれば，総利潤は灰色部分の面積を加えた30000円へと10倍に増加する。それなのになぜマーケットシェア10％を守らなければいけないのだろうか。

　10％という割り当ては，市場に10社あり，等分に分けられたからかもしれない。あるいは，カルテル結成前のシェアが何らかの理由で10％であり，そ

第2章　共謀と協調　21

れを踏襲したのかもしれない。しかし，カルテルにより他社がすべて100円のカルテル価格を守っているなら，あなたは，例えば99円に値引きして他社のシェアを奪って販売量を増加させようという誘惑に駆られないだろうか。あるいは，他社がカルテルを結成し100円のカルテル価格で販売することに同意したのを見届けたうえで，自分だけはカルテルへの参加をとりやめ，少し安く売ってしまう誘惑に駆られないだろうか。やや難しい言い方をすれば，あなたはカルテルから逸脱するインセンティブを持つはずである。

（キーワード）2-3 ──────── カルテルからの逸脱

他社がカルテルで合意した価格や生産量を守っているときに，自社のみがその合意から外れた行動をとることにより利潤をあげようとする行動。

談合の場合には1社のみが落札するから，この企業のみが利潤を獲得し他社の利潤はゼロである。そこで，他社を含めてこの利潤を配分する必要がある。こうした利潤配分ルールとして2つあり，第1は，入札案件ごとに，落札企業が他社に利潤の一部をいわば賄賂として支払うことである。第2は，ある入札案件でA社が落札企業になれば，他の入札案件ではB社が落札企業になるというように，複数の入札案件を企業間で配分することである。かつては第1の方法もとられていたというが，最近の事例では第2の方法が普通である。この第2の方法では，次に来るであろうと予測される入札案件をB社に割り当てることで今回はA社にするという，いわば時間を超えて利潤配分する場合もあれば，同一時点で実施される入札案件ながら，地域別あるいは工区別に，企業間で配分する場合もある。

こうした入札談合でも，カルテルの場合と同様に，企業は，談合で取り決めた落札価格を少しだけ下回る価格で入札することで，他社を出し抜いて全案件を落札してしまおうとするインセンティブを持つ。

2 ｜ 逸脱への報復

こうした逸脱行為を妨げるのは，逸脱への他社からの報復に対するおそれ

である。あるいは，他社も自社と同じように逸脱すれば，元の競争状態に戻ってしまい，いわば元の木阿弥になってしまうことへのおそれである。

あなたが，約束していた100個以上に販売を増やせば，そのうち他社はカルテルで想定されていただけの販売ができなくなっていることに気がつくだろう。あるいは，前からの顧客に売ろうとすると，その顧客がすでにあなたから（おそらくは少し値引きを受けて）買ってしまっていることに気がつくだろう。他社は，あなたのそうした行動に対して何らかの対応措置をとるはずである。

こうした対応措置として2つの戦略を考えよう。1つは，カルテル結成時に，逸脱者が出ればどう対応するかを決めておき，逸脱が発見されれば，直ちにこの対応策を実行するものである。報復のためのピストルの引き金（英語で trigger）を引くという意味で，これをトリガー戦略という。

(キーワード) 2-4 ──────── **トリガー戦略**

カルテルメンバーの少なくとも1社が逸脱行動をとれば，他メンバー企業が予定された対応策を報復措置としてとることを約束する戦略。

こうした対応策として考えられるのは，図2-1の例では，カルテル以前の均衡価格である80円に戻るという行動である。あるいは，逸脱者の利潤をゼロにしてしまうために70円で販売を始めるという行動である。後者では，平均費用が同じなら他企業の利潤もゼロになってしまうが，報復の脅威としては効果的であろう。また，逸脱企業より他企業が効率的で平均費用が70円未満であれば，70円以下，例えば69円で販売するという選択も考えられる。このとき，逸脱企業は損失を出してしまい市場から撤退せざるを得なくなるから，厳しい対応措置である。

もう1つの戦略は，逸脱企業の行動を他社も模倣するというものである。これはしっぺ返し戦略と呼ばれる。つまり逸脱企業が99円に値引きしたことが発見されれば，全企業が99円で販売し，また値引きして98円になれば，一斉に98円で販売する。逆に100円に戻せば，他社も100円に戻すというものである。

第2章 共謀と協調　23

キーワード 2-5 ──────── しっぺ返し戦略

カルテルメンバーの中に逸脱行動をとる企業があれば，報復措置として，他メンバー企業もその企業と全く同じ行動をとることを約束する戦略。

トリガー戦略はより強力な報復メカニズムであるが，あらかじめどのように引き金を引くかを決めておく必要があるから，事前の協定成立が難しい。またそれだけに，独占禁止法違反が明確となる。それに比べしっぺ返し戦略は，単に最も安い価格に追随することさえ決めておけばよいので，合意が成立しやすい。実際，何らの合意なしでも，各社がしっぺ返しの行動に出ることはありそうで，それだけに，競争政策当局を含めた外部から見ると，各社が自主的な行動をとっていることとの区別が難しい。

今，単純なトリガー戦略を考えよう。逸脱すると，カルテル利潤よりも大きい利潤を得られるが，引き金が引かれ報復されると，カルテル利潤よりも低い利潤しか得られなくなる。よって，カルテル逸脱から期待される利潤の将来にわたっての合計（現在価値）を

　　　逸脱者利潤＋β×報復後利潤　　　　　　　　　　　　　　　(2-1)

と書くことができる。βは報復前の利潤に対する報復後の利潤の比重を示す指標である。

一方，カルテルを維持すれば，他社も同様の行動をとる限り，今日も将来もカルテル利潤を獲得できるので，利潤の現在価値を

　　　カルテル利潤＋β×カルテル利潤　＝$(1+\beta)$×カルテル利潤　　　(2-2)

と書くことができる。このカルテル利潤は逸脱者利潤よりも小さく，報復後利潤よりも大きい。

(2-1) 式と (2-2) 式を比較すると，逸脱者利潤がカルテル利潤を上回る度合いが小さいほど（逸脱による利潤増が小さいほど），カルテル利潤が報復後利潤を上回る度合いが大きいほど（報復による利潤減が大きいほど），そして，βが大きいほど，(2-2) 式の値が (2-1) 式の値を上回りやすいことがわかる。すなわち，これらの条件が満たされているほど，企業がカルテルを逸脱するインセンティブは低く，この結果，カルテルは成立し維持されやすい，すなわち安定的なことになる。

βが大きいための条件は報復が素早くおこなわれることである。報復後の期間の方が相対的に長くなるからである。例えば，各社の価格や生産量に関する情報が完全であるほど，逸脱の事実に他社が気がつくのが早く，報復も早くおこなわれると予想され，カルテルは安定的である。また，今日の利潤に比べ将来の利潤の価値を割り引く度合い（割引率という）が小さいときにもβは大きくなる。このとき，将来の相対的な重要性が増すからである。

(定理) 2-1 ―――― **カルテルの安定性**

カルテルから逸脱するインセンティブが低く，よってカルテルが安定的であるための条件は，(1)逸脱による利潤増が小さいこと，(2)報復による利潤減が大きいこと，(3)素早く報復がおこなわれること，(4)将来利潤の割引率が小さいこと，である。

カルテル前のマーケットシェアの小さい企業ほど，カルテル利潤に比べ逸脱者利潤が大きいと予想できる。シェア10%の企業が逸脱すれば，最大で10倍に売上高を増やせるが，シェア50%の企業が逸脱しても2倍にしか増やせないからである。よって，逸脱へのインセンティブは，小さい企業ほど大きいであろう。実際に，逸脱者が業界トップ企業ではなく，アウトサイダー（外部者）とかマーベリック（一匹狼）と呼ばれるような2番手以下の企業であることが多いのはこのためである。

(定理) 2-2 ―――― **逸脱インセンティブと企業規模**

他の条件が同じであれば，マーケットシェアの小さい企業ほど，カルテルから逸脱するインセンティブを持ちやすい。

また，企業間で規模が類似していれば，企業数の小さい市場ほど各社マーケットシェアが平均的に高いので，逸脱してもシェア増加が限られ，逸脱による利潤増が小さいと予想される。さらに，企業数が小さいほどお互いの行動が見えやすく，逸脱行動への報復も早くなる可能性がある。このことから次のように予想される。

(定理) 2-3 ──────── **カルテルの安定性と企業数**

企業間で規模が類似しているなら，企業数の小さい市場ほど，カルテル
は安定的になりやすい。

しっぺ返し戦略の時には，前期の同業者価格の中の最低価格を各社が今期
の販売価格とする状況を考えたうえで，企業は，自分が逸脱の価格を付けれ
ば，それ以降の各期の各社の価格がどのようなものになるかを計算して，利
潤の現在価値を予測するという繰り返しゲームとなる。よって分析は複雑に
なるが，上に記したのと同様の条件のもとでは各社とも逸脱するインセンティ
ブを持たなくなる可能性が高くなる点で，上記定理は同様に成立する。

つまり，企業が今日の利潤のみを考えるとカルテル参加のメリットはない
としても，長期的な視点を持ち，報復されるという脅威のもとで将来にわた
る利潤の流れを計算するような企業にとって，カルテルは合理的な選択にな
りうることがわかる。

3 | 暗黙の協調とプライスリーダーシップ・モデル

以上の理論で重要なのは，実は，カルテルという形で企業間の共謀が起き
ているかどうかにかかわらず，(2-1) 式の値を (2-2) 式の値が上回る限り，
企業は現状を変更するインセンティブを持たないという事実である。

何らかの理由で，現在，市場は協調的な状況になっており，企業間で自由
に競争がおこなわれたときに得られるであろう「競争下での利潤」を上回る
利潤を得ているとしよう。ある企業がこの協調から離れた行動をとれば，少
なくとも短期的には市場シェアを拡大し，より大きな利潤（逸脱者利潤）を
得ることができる。しかし，他社がこれに気づき追随すれば競争状況になり，
「競争下での利潤」に落ち着いてしまう。

すると，(2-1) 式と (2-2) 式を

逸脱者利潤 $+\beta\times$ 競争下での利潤　　　　　　　　　　　　　　　　(2-1)′

現在の利潤 $+\beta\times$ 現在の利潤　　　　　　　　　　　　　　　　　　(2-2)′

と読みかえれば，(2-1)′式の値を (2-2)′式の値が上回る限り，企業は現状から戦略変更するインセンティブを持たないことがわかる。

このことは，共謀しなくても，何らかの理由で暗黙の協調と呼ぶべき状況が成立しているとき，それが持続する可能性があることを示す。すなわち，

(定理) 2-4 ──────── 暗黙の協調の持続性

何らかの理由で競争下におけるよりも高い利潤を得ているとき，(2-1)′式で示される利潤現在価値を (2-2)′式で示される利潤現在価値が上回るなら，どの企業も現在の行動から逸脱するインセンティブを持たない。このため，明示的に共謀していなくても暗黙の協調が持続する。

このとき，「企業間で共同」していないので，独占禁止法における「不当な取引制限」とみなすことは難しい。それにもかかわらず同様の市場状況が実現してしまう。もちろん高価格による社会厚生の損失も発生する。この問題については次節で議論する。

暗黙の協調としてありそうな行動の1つは，リーダーとみなされる企業の行動に他社が追随するというものである。誰がリーダーかを共謀して決めるわけではないが，暗黙にリーダーとみなされやすいのは，シェア最大の企業，あるいは最も高い技術を持ち費用の低い企業であろう。すると，こうしたリーダーが自社の販売価格を決め，他社もすべてこの価格に自社価格を合わせるという行動が考えられる。これをプライスリーダーシップ・モデルと呼ぶ。

(キーワード) 2-6 ──────── プライスリーダーシップ・モデル

ある1社がリーダーとなり，その設定する価格にすべての他社が追随する行動をとる寡占市場モデル。

リーダーは，他社が追随することを知っているので，そのことを考慮に入れたうえで，自社価格 (p) を決定する。ここで，リーダーが他社の行動に関し考慮しなければいけない条件が2つある。条件1は，すでに述べたように，p のもとで各社が計算する「現在の利潤」が，(2-1)′式の値を (2-2)′式の値が上回るという条件を満たすことである。それでなければ他社は追随しない。条件2は，p のもとで，各社が決定するであろう生産量を予測するこ

第2章　共謀と協調　27

とである。この予測される他社生産量合計を推定される市場需要量から引くことによって，リーダーは価格 p のときの自社への需要量を予測することができる。これによって予想利潤を計算できるから，それが最大になるように価格 p を決めればよい。もちろん，この p のもとでリーダー自身も条件1を満たさなければならないが，定理2-2により，この条件はリーダーほど満たしやすいと想定できるので，追随企業で満たされているのであれば，リーダーについても満たされると考えてよい。

　追随企業は p を与えられて利潤最大化生産量を決定するが，こうしたプライステーカー（価格受容者）としての行動は完全競争企業と同じであり，その利潤最大化行動は，p と限界費用が一致する生産量を生産することである（付録第7項参照）。限界費用とはもう1単位追加的に生産するために要する費用増であるから，これが追加的1単位から得られる収入増である p より小さい（大きい）限り，生産量を増やす（減らす）ことによって利潤を増やすことができるからである。この生産量決定行動を知りつつ，リーダーは追随企業の生産量を予測する（条件2）。

　このため，リーダーは追随企業の費用条件を知らなければ正確な予測ができない。費用条件を決めるのは，その企業の持つ技術，生産設備の能力，労働者の技能，原材料の調達費用などで，企業間で異なり得る。また，リーダーは追随企業の条件1が満たされることも確保しなければならないが，このためには，追随企業が逸脱行動をとったときにどれだけ利潤を増やしうるかを予測しなければならない。現実には，市場の中ではむしろ小さい存在であったり，アウトサイダー的存在であったりする追随企業がリーダーより価格を下げても直ちにすべての顧客を奪えるわけではないから，逸脱者利潤が現状での利潤をどれだけ上回るかは，追随企業の持つ販売チャネルや顧客への知名度，顧客の売り手への忠実度などにも依存することになる。

　このように，リーダーが正確な予測をするためには，すべての追随企業についての費用条件や市場条件を知っていなければならない。逆に，追随企業がリーダーに速やかに追随するためには，リーダーの行動についての情報が容易に入手可能でなければならない。これらの情報が不完全であれば，追随企業が追随行動をとっても予想していただけの販売量を確保できず，例えば，

その予測に基づいて投資した生産設備を十分に稼働できないことになりかねない。同様にリーダーも，追随企業が自分の予測していた行動をとらず，この結果思っていたほどの自社利潤を確保できないことになるかも知れない。これらの結果，協調の維持は困難となり，各社が自らの判断で価格と生産量を設定するという通常の寡占市場モデルが成立する市場状況に戻ってしまいやすい。

このことは，寡占市場で競争する企業間での情報の共有は協調行動を容易にする重要な要因であることを示唆している。競争政策当局が，寡占市場での企業間の情報交換について競争阻害のおそれがないか検討する必要があるのはこのためである。こうした事例をコラム2-1としてあげておく。

また近年のインターネットを通じた情報入手の迅速化・多様化，そしてコンピュータ・アルゴリズムさらには人工知能（AI）技術の進歩が協調を容易にすることも懸念されており，各国当局の重大な関心になっている[2]。

4 | 共謀と協調に対する独占禁止法の規定

独占禁止法は第3条で不当な取引制限を禁止しており，これは以下のように定義されている（第2条6項）。

(法律規定) 2-1 ———— 不当な取引制限
事業者が，契約，協定その他何らの名義をもつてするかを問わず，他の事業者と共同して対価を決定し，維持し，若しくは引上げ，又は数量，技術，製品，設備若しくは取引の相手方を制限する等相互にその事業活動を拘束し，又は遂行することにより，公共の利益に反して，一定の取引分野における競争を実質的に制限すること。

重要なのは，「他の事業者と共同し」，「相互にその事業活動を拘束し，又は

2）小田切宏之「アルゴリズムと共謀：経済分析のサーベイと競争政策への含意」，CPRC Discussion Paper CPDP-87-J，公正取引委員会競争政策研究センター，2022年。

コラム2-1

事業者団体による情報提供（2016年相談事例など）

公取委は，事業者からその行動が独占禁止法上の問題を生じるかどうか事前に相談を受けることがある。事前相談制度と呼び，2023年度には5911件の事前相談を受けた。これらは非公開を前提とするが，その中には他の事業者にも参考になると思われる案件もあり，毎年10～20件選び，相談者の承諾を得て，匿名で『独占禁止法に関する相談事例集』として公表している。以下は2016年度の相談事例集からのものである。

役務Aを提供するすべての事業者を会員とする事業者団体（協会X）が，会員の役務提供に係る料金に関する情報を収集し，料金情報を会員等に提供することを検討した。従来，役務Aについては，法律の規定により，役務Aを提供しようとする区域（「提供区域」という）ごとに国からの許可を受けることとされており，通常，提供区域ごとに1事業者が許可を受けていた。また，その料金は，国からの認可を受けることとされていた。X協会は，各会員の情報公開等の観点から，会員の認可料金に関する情報を会員から収集して取りまとめ，会員の提供区域ごとの具体的な料金を公表し，情報として会員等に提供していた。

ところが，法改正により，提供区域については，国からの許可を要することなく任意の区域において自由に提供することが可能となり，また，役務Aの料金については，国からの認可を要することなく自由に設定できることとなることが予定されていた。X協会は，この自由化後にも，従来同様，会員の料金に関する情報を収集し，会員の提供区域ごとの料金を会員等に提供することを検討していたものである。

これに対し公取委は，「法改正後は，役務Aの料金は，会員が需要者ごとに自由に決定，変更することができるものとなることから，会員ごとの料金が具体的に分かるような形で会員等に提供することは，各会員に現在又は将来の料金決定について共通の目安を与えることとなり，独占禁止法上問題となるおそれがある」と回答した。

事業と料金の認可制という規制の下では提供区域ごとの料金公表は問題な

しとしても，規制が撤廃され価格競争が期待される下では，料金公表は共謀・協調を容易にするおそれがあると判断されたものである。

　事業者団体によるすべての情報提供が禁止されているわけではない。公取委は「事業者団体の活動に関する独占禁止法上の指針」（通称「事業者団体ガイドライン」）を公表しており，その中で「需要者，構成事業者等に対して過去の価格に関する情報を提供するため，構成事業者から価格に係る過去の事実に関する概括的な情報を任意に収集して，客観的に統計処理し，価格の高低の分布や動向を正しく示し，かつ，個々の構成事業者の価格を明示することなく，概括的に，需要者を含めて提供する」場合で，「事業者間に現在又は将来の価格についての共通の目安を与えるようなことのないもの」であれば，「競争制限的な効果を持つものではなく，原則として違反とならない」としている。

　ただし，統計処理された情報であっても個々の事業者についての値が容易に推定される場合もある。1999年度相談事例集にあるスポンジチタン（チタン鉱石から塩化・蒸留・還元のプロセスを経て生産される製品で，各種チタン材料を作るための原料）の例は典型的である。国内生産者は2社しかなかったからである。このため，事業者団体が合計生産量しか情報提供しないとしても，各社は直ちに他社の生産量を計算することができる。公取委は「独占禁止法上問題となるおそれがある」と回答している。

遂行する」としていることで，キーワード2-1で述べた共謀は明らかにこれにあたる。

　また，事業者団体が同様に競争制限の行動をとることも禁止されている（第8条）。事業者団体とは（第2条2項）

（法律規定）2-2 ─────── 事業者団体
　事業者としての共通の利益を増進することを主たる目的とする二以上の事業者の結合体又はその連合体。

であり，いわゆる業界団体が中心である。コラム2-1はこうした事業者団体に関するものであった。

第2章　共謀と協調　31

法律規定2-1にある「他の事業者と共同して」には，キーワード2-2で述べた「暗黙の協調」，すなわち，暗黙の了解により各社が共謀と同等の行動をとることも含まれると考えることができるだろうか。一般的には，これを違法とするのは難しい。各社が，他社の行動を観察しながら自主的に価格等を決定している結果として協調的な状況になっているのだとすれば，それを違法とすることは，企業の自由な活動を促進するという独占禁止法の本来の趣旨に反してしまうともいえるからである。

　しかし，同業者が会合したりメールや電話連絡しあったりして，順番に，「我が社では○月○日より10%値上げする予定」といった意思表示をしている事実があるとすれば，「○月○日より全員で10%値上げしましょう」と明確に合意して約束したわけではないとしても，共謀に限りなく近いというべきであろう。

　裁判所がこの立場を明確にした有名な事例が東芝ケミカル事件で，1995年とやや古くなったものの今でもよく引用される事件なので，その判決の一部をコラム2-2に引用しよう。

　裁判所は，共同しているというためには「意思の連絡」があったことが必要だとし，このためには，事業者間相互で拘束し合うことを明示して合意することまでは必要でないとした。さらに，「もともと『不当な取引制限』とされるような合意については，これを外部に明らかになるような形で形成することは避けようとの配慮が働くのがむしろ通常であり（以下略）」とも述べている。すなわち，同業者が集まって値上げ等の情報交換をすること自体が不当な取引制限に該当すると疑われても仕方のないものであり，いかにお互いを拘束する合意まではしていないとしても，それは「意思の連絡」があったのであり，不当な取引制限の禁止に違反すると裁判所は認定したと考えられる。

　1890年のシャーマン法成立以来カルテル・談合に厳しい立場を維持してきた米国では，弁護士は事業者に対し，同業者の会合で価格に関する話題が出れば直ちに自分はその議論には加わらないことを明言して退出すべきこと，また，そこでの議論や自己の行動を社内あるいは社外の弁護士に通報すべきこと，さらに，そうした話題が出る可能性が事前に予想されるのであれば会

コラム 2-2

東芝ケミカル事件（1995年東京高裁判決）

　紙基材フェノール樹脂銅張積層板の製造販売業を営んでいた東芝ケミカル（以下「原告」）と，同製品または同等製品の紙基材ポリエステル樹脂銅張積層板の製造販売業を営んでいた7社（以下「同業7社」）が，1987年に意見交換をしたうえで一斉に販売価格の引き上げに関する決定をおこなったのは不当な取引制限の禁止に違反するとして，公取委はその破棄等を勧告した。同業7社がこの勧告を応諾したのに対し，原告は応諾せず審判となったが，審決でふたたび違反を認定されたため，審決取消を求めて原告が東京高裁に提訴したものである[1]。

　原告は，「複数事業者の価格引上げ行為が類似した態様のものとなった場合においても，各事業者が互いに他の事業者の価格引上げ行為の内容を単に認識していたにとどまる限りは，これらは相互に関連なく併存するというにすぎず」と述べ，不当な取引制限を認定する実質的証拠がないと主張した。

　これに対し判決は，不当な取引制限にいう「『共同して』に該当するというためには，複数事業者が対価を引き上げるに当たって，相互の間に『意思の連絡』があったと認められることが必要であると解される」と述べたうえで，「しかし，ここにいう『意思の連絡』とは，複数事業者間で相互に同内容又は同種の対価の引上げを実施することを認識ないし予測し，これと歩調をそろえる意思があることを意味し，一方の対価の引上げを他方が単に認識，認容するのみでは足りないが，事業者間相互で拘束し合うことを明示して合意することまでは必要でなく，相互に他の事業者の対価の引上げ行為を認識して，暗黙のうちに認容することで足りると解するのが相当である（黙示による『意思の連絡』といわれるのがこれに当たる。）」とした。

　さらに，この観点から，「特定の事業者が，他の事業者との間で対価引上げ行為に関する情報交換をして，同一又はこれに準ずる行動に出たような場合には，右行動が他の事業者の行動と無関係に，取引市場における対価の競争に耐え得るとの独自の判断によって行われたことを示す特段の事情が認め

第2章　共謀と協調　33

られない限り，これら事業者との間に，協調的行動を取ることを期待し合う関係があり，右の『意思の連絡』があるものと推認されるのもやむを得ないというべきである。」と述べて，8社が情報交換をしていたことを認定した上で，「原告は，同業7社に追随する意思で右価格引上げを行い，同業7社も原告の追随を予想していたものと推認されるから，本件の本件商品価格の協調的価格引上げに付き『意思の連絡』による共同行為が存在したというべきである。」と結論した。これにより，裁判所は審決取消の請求を棄却した。

---

*1　2006年独占禁止法改正以前は，現在とは異なり，公取委が，違反行為を排除するために適正な措置をとることとする勧告を該当企業・団体に出し，後者がそれを応諾すると勧告と同趣旨の審決（勧告審決）が下された。勧告を拒絶する場合には，公取委で審判が開かれ，審決が下された。審決に不服であれば東京高裁に審決取消を求めて提訴できた。

合に弁護士を同伴すべきこと，を繰り返し指導していると聞く。東芝ケミカル事件判決は，まさに，そうした会合での参加や発言だけで「意思の連絡」が起きたものと解釈され，独占禁止法違反行為と判断される危険性を含むものであることを明らかにしたものである。

　残念ながら，日本では米国に比しコンプライアンス（法令遵守）の意識が不十分な企業が多く見られる。公取委は「企業における独占禁止法コンプライアンスに関する取り組み状況について」（2012年）調査しており，そのアンケート結果によれば，同業他社との会合等に関するルールを定めていないと回答した企業は46.4％と半数近くに上る。このため公取委は，「同業他社との接触や業界団体の会合等への出席は，カルテルや入札談合といった独占禁止法違反行為につながるリスクを伴うものである。特に，営業担当者による同業他社との接触はそのリスクが高いことから，具体的な留意事項等を定め，周知することが必要である。」と提言している。企業人の読者諸氏，特に営業担当や法務担当の読者諸氏は，このことに注意するとともに，全社的な体制と意識を作るよう働きかけることが重要である。

34

5 ペナルティとしての課徴金と減免制度

　独占禁止法による不当な取引制限（カルテル，談合）の禁止が実効性を持つためには，違反を摘発されたときに課されるペナルティ（罰則，不利益）が十分に高く，事業者が違反行為を回避するインセンティブが十分であることが重要である。

　カルテル（以下，談合も同じ）は，本来は競争すべき複数企業が共謀することで高価格を維持し，企業に不当な利得をもたらす。一方，カルテルを摘発されれば何らかのペナルティを課される。すると，摘発されペナルティを課される確率をペナルティ賦課確率と呼べば，期待損失は

　　　（ペナルティ賦課確率）×（ペナルティ）　　　　　　　　　　　　　　　　(2-3)

である。よって，

　　　（ペナルティ賦課確率）×（ペナルティ）＞（不当利得）　　　　　　　　　(2-4)

の関係が成立することが，企業にカルテル結成を不利にさせるための条件であることがわかる。すなわち

> **定理 2-5 ─── インセンティブ・メカニズムとしての十分条件**
> ペナルティが（不当利得）÷（ペナルティ賦課確率）を超えるほど十分に大きければ，カルテル防止のためのインセンティブ・メカニズムとして有効である。

　こうしたペナルティとして中心的なものが刑事罰と課徴金である。公取委が独占禁止法違反で告発し，裁判で違反が確定すれば，刑事罰が法人および個人に科される（前章補論の図1-2の下半分を見よ）。法人は5億円以下の罰金，個人は3年以下の懲役または500万円以下の罰金である。ただし前章補論で述べたように告発される事件は少数にとどまる。

　多くの違反（告発を受けたものを含む）は図1-2の上半分に示した行政的手続きで処理され，課徴金納付命令が発出される。課徴金はカルテル期間中の当該商品の売上高の一定割合として計算され，この割合は10％である[3]。

第2章　共謀と協調　35

こうした罰金や課徴金はカルテル・談合防止のためのインセンティブ・メカニズムとして十分機能するだろうか。「法人企業統計」（財務省，2023年度）によれば，売上高営業利益率は全産業で4.6％である。このことを考えれば，売上高に対して10％という課徴金は企業経営に大きな影響があると予想される。

　しかし残念ながら，すべてのカルテルが摘発され課徴金・罰金を課されるわけではない。仮に課徴金の賦課確率が20％だとしよう（コラム1-1参照）。すなわち，カルテルの5件に1件しか摘発されないとしよう。すると，定理2-5により，10％×20％＝2％より大きな不当利得が期待されるのであれば，企業にとりカルテルに参加する方が有利となってしまう。売上高営業利益率平均4.6％はこの2％という課徴金期待値を上回る。

　また，売上の2％の不当利得を得るということは，販売量に変わりがないなら，価格が2％上がることを意味する。ところがコラム1-1で引用したように，公取委が2014年時点でそれまで11年間の談合・カルテル事件を調査し，摘発後に同様の工事や品目の価格がどれだけ低下したかを調査したところ，平均13.7％であった。2％を大きく上回っており，摘発される可能性があってもカルテルに参加した方が有利になってしまう。実際，13.7％は10％を上回るから，すべてのカルテルが必ず摘発され課徴金を賦課されるのであっても，カルテル参加が有利である。このため，カルテル抑止のためのインセンティブ・メカニズムとしては現行の課徴金制度は不十分であると予想される。もちろん，告発され有罪となればさらに罰金が加わるが，その確率は上述のように低い。

　ただし，課徴金・罰金以外にもペナルティはあり得る。告発された場合の担当者の懲役刑の可能性についてはすでに述べた。公共事業・調達に係る入

3）2024年時点。なお中小企業に対しては4％と低い率が適用される。一方，違反行為を10年以内に繰り返した企業や主導的役割を果たした企業には15％（繰り返しと主導的役割の双方に当てはまれば20％）が課される。以上は不当な取引制限に対してのもので，それ以外の違反行為では，支配的私的独占に10％，排除型私的独占に6％，共同の取引制限・差別対価・不当廉売・再販売価格の拘束に3％（ただし10年以内に繰り返しがあった時のみ），優越的地位の濫用に1％の課徴金が課される。

札談合の場合，企業にとって影響が大きいものとして指名停止がある。これは，入札談合が発覚した場合に数カ月といった期間にわたり指名停止を受け，入札への参加を禁じられることである。土木・建設工事会社のような場合，公共工事の受注が売上高の大きな比率を占める。それだけに，指名停止を受け，その分の売上がなくなることの影響は大きい。

　さらに，発注者による損害賠償請求の可能性もある（発注者が自治体の場合には，その住民による場合もある）。1970年代に，石油カルテル事件で消費者が灯油値上げによる損害を被ったとして，民法に基づいて賠償請求したときには，最高裁は，カルテルがなかったとしたときの想定小売価格よりも購入価格が高かったことを消費者が立証しなければならないとして，請求を棄却した。このように立証責任を消費者に負わせることは，消費者が入手できる情報には限りがあるという消費者・企業間の情報の非対称性が大きいことを考えれば不合理である。

　これに対し，より最近の入札談合事件に係る損害賠償訴訟では，契約額の5％〜10％として裁判所が損害額を認定するケースが増えてきている。例えば，公取委が2010年に5社に対し総額約270億円の課徴金の納付を命じたごみ処理施設入札談合事件では，さらに発注者の地方公共団体等が独占禁止法あるいは民法に基づいて20件以上の損害賠償請求を提起し，総額約315億円の賠償金が認められている[4]。よってこの例では，課徴金を上回る賠償金を5社は支払っていることになる。また地方公共団体等による指名停止も起きているから，それによるダメージもあったはずである。

　この他，経営者に対するペナルティの可能性もある。その1つは独占禁止法上の罰則で，個人に対する懲役刑または罰金，企業に対する罰金に加え，法人の代表者に対しても罰金（500万円以下）が科される可能性がある。また経営者は，その監督怠慢により会社に不利益をもたらしたとして，株主から会社に代わり損害賠償請求されるという，いわゆる株主代表訴訟を受ける

4）公正取引委員会事務総長定例会見記録（2013年1月23日）。なお，賠償金の数字はこの総長定例会見時点までに判決が出ていたものの総計であり，この他に和解が成立して支払われたものがある。また，会見時点以降に確定したものがある可能性もあり，これらを合わせると315億円を上回ったとみられる。

可能性もある。もちろん，これらに対しては，経営者は会社より支払をすることができないから，個人的な負担となる。

　このように，ペナルティとしては，課徴金・罰金以外にもいくつかのものがある。これらを合わせれば，賦課確率を考慮しても，インセンティブ・メカニズムとして十分に機能する可能性がある。ただし，公取委の審査に加え告発，損害賠償，株主代表訴訟を要するとなれば，執行の社会的コストは大きい。こうしたコストを抑えつつインセンティブ・メカニズムの有効性を高めるには，賦課確率を高めること，すなわち，違法行為が摘発され，ペナルティを賦課される確率を高めることが欠かせない。

　そのためにまず必要なのは，公取委の情報収集能力を高めることである。しかし公取委と企業の間では情報の非対称性があり，それを克服するため，個人や企業が申告し，公取委に情報提供するためのインセンティブ・メカニズムを作ることが望ましい。このことを目的として2006年に導入され，その後拡充されたのが課徴金減免制度である。この制度を最初に導入した米国で有効性が確認され，日本でも取り入れられたため，英語でリニエンシー（leniency）制度ともいう。

> **（キーワード）2-7 ──────── 課徴金減免制度（リニエンシー制度）**
> カルテルや談合に参加している企業が自ら公正取引委員会にこの事実を報告し情報提供することで課徴金減免を申請した場合に，課徴金を減免する制度。

　この制度の重要なポイントは，減免の程度が申請の順位により異なることである。調査開始前（通常は立入検査前を意味する）であれば，最初の申請者（1位）は全額免除，2位は20％減額，3～5位は10％減額，6位以下は5％減額，調査開始後でも（調査開始前を含め）最大3社まで10％減額，それ以外は5％減額となっている。さらに公取委の調査に協力したことが認められれば，最大で40％（調査開始前）～20％（調査開始後）の減額が付加されるから，2位であれば最大60％の減額を受けられる。しかも，公取委は調査開始前で第1番目の申請者を告発の対象者としないことも明らかにしている[5]。さらに，指名停止についてもその期間が2分の1に短縮されることが

38

期待されるから，効果は大きい[6]。

　この制度により，カルテル・談合への参加者は，他社よりも先に申請し情報提供しようとするインセンティブを持つ。いいかえれば，他社に先を越されてしまうおそれを持たざるを得ない。こうした心理を利用して作られた制度が課徴金減免制度である。

　実際に，課徴金減免制度には毎年100件前後の申請がある。また公取委が摘発に至った近年の事件の多くは課徴金減免制度への申請によって端緒を得たものである。前節でコンプライアンス（法令遵守）の重要性を述べたが，独占禁止法での罰則の強化，課徴金減免制度の導入は，こうしたコンプライアンスの重要性を，企業にとり，経営者にとり，さらには従業員や顧客にとっても，さらに高めるものである。

　独占禁止法をはじめとする法律体系は，インセンティブ・メカニズムとして機能するときにこそ，その効果を発揮することが理解されよう。

練習問題 ▶ ▶ ▶ ▶ ▶

2-1 企業がカルテルから逸脱せず，このためカルテルが永続するのはどのようなときか，述べよ。

2-2 プライスリーダーシップ・モデルとはどのようなモデルか，また，そのもとではどのようにして価格が決められるか，述べよ。

2-3 企業間で情報が共有されるとき暗黙の協調が維持されやすいのはなぜか。

2-4 課徴金や罰金がカルテル・談合を予防するのに効果的であるための条件を述べよ。

2-5 課徴金減免制度を説明せよ。この制度がカルテルや談合の防止に効果的と思われているのはなぜか。

議論のための問題 ▶ ▶ ▶ ▶ ▶

　温暖化対策，地球環境保全，SDG（持続可能な開発）といった言葉で環境対

5）公正取引委員会「独占禁止法違反に対する刑事告発及び犯則事件の調査に関する公正取引委員会の方針」（2009年改正）。

6）中央公共工事契約制度運用連絡協議会「工事請負契約に係る指名停止等の措置要領中央公共工事契約制度運用連絡協議会モデルの運用申合せ」（2012年改正）。

第2章　共謀と協調　39

策の重要性が認識されるようになった。このために，企業は共同配送や共同設備利用など共同行為をとることがある。これは「他の事業者と共同して……数量，技術，製品，設備若しくは取引の相手方を制限する等相互にその事業活動を拘束し，又は遂行すること」にあたり，不当な取引制限（法律規定2-1）とみなされる場合があり得る。ただし「公共の利益に反して，一定の取引分野における競争を実質的に制限」しているのでなければ違反にはならない。新聞記事などでどのような共同の取り組みが環境保全のためになされているかを調べ，それが不当な取引制限にあたるかどうか議論しよう。（公取委は「グリーン社会の実現に向けた事業者等の活動に関する独占禁止法上の考え方」と題するガイドラインを発表している。参考にするとよい。）

>>> 第3章

コンテスタブル市場理論と
参入阻止戦略

本章では，競争における「参入」の重要性と，それにまつわる競争政策について述べる。まず，参入とは何か，定義しておこう。

(キーワード) 3-1 ―――― 参入
その市場において新しい企業が事業活動を開始し製品やサービスを供給すること。

参入には開業による参入（新規企業を設立しての参入）と多角化による参入（他産業ですでに事業活動をおこなってきた企業が当該産業に進出し事業活動を開始すること）があるが，いずれも当該市場から見れば新規企業の参入であり，以下では区別しない。

1 | コンテスタブル市場理論とその政策含意

あなたは素晴らしい新製品のアイデアを思いつき，それを製品化して発売しようとしている。これまで誰もこの製品を発売していないから，発売すれば市場を独占することができる。この製品に対する需要は，図1-1と同じく，図3-1の右下がりの需要曲線で表される形で予測されているとする。また，この製品を生産するのに要する費用は単位あたり40円で，生産量にかかわらず一定であるから，平均費用であると同時に限界費用でもある。

あなたは，このとき，この製品をどの価格で販売すべきだろうか。ほとんどの読者は，独占価格の70円という答えを直ちに思いつくだろう（図のM

41

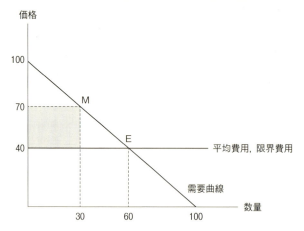

図3-1 参入の脅威があるときの最適価格

▶ 独占企業としての行動をとるとき、図のM点で示されるように、価格を70円とすれば利潤は (70−40)×30＝900円（グレーの正方形の面積）となり、最大化される（証明は図1-1の数学注を見よ）。しかし、参入の脅威がきわめて高ければ、企業は参入を防ぐために、平均費用（40円）にほぼ等しい価格を付けざるをえなくなる（E点）。これをコンテスタブル市場理論という。

点）。

　製品販売時点に限定して考える限り、この答えはもちろん正しい。しかし、あなたが70円の価格で新製品を発売し、900円の利潤をあげたことはおそらくすぐに世間に知られるだろう。すると、他社もその利潤を求めて参入し、模倣するので、競争が始まってしまう。きわめて単純化した例として、70円の価格を付けると翌日には参入が起き、競争で価格は40円に低下してしまうとしよう。すると、長期的な利潤は1日分の900円のみで終わってしまう。一方、50円の価格を付けると需要量は50個で、今日の利潤は500円（＝(50−40)×50）と低いが、この利潤は気付かれにくいため、参入は2日後であるとしよう。すると、長期的な利潤は500円×2日＝1000円となり、900円を上回る[1]。

　そうだとすれば、あなたは価格を50円にした方がよい。さらに、41円というほとんど原価に等しい価格を付けると、需要量は59個で、今日の利潤は59円（＝(41−40)×59）に過ぎないため他社に気が付かれず、1カ月間参入

が起きないと予想されているとしよう。そうであれば，いかに短期的な利潤が低くても，長期的な利潤は59円×30日＝1770円となって，70円や50円の価格を付けるよりも有利である。

　つまり，あなたの企業はたしかに独占ではあるものの，それでも，価格を低くし，他社にとって参入を魅力的なものでないようにする戦略をとった方が，独占価格を付けて短期的な利潤を最大化するよりも有利である。実際，少しでもプラスの利潤が生じている限り直ちに参入が起きるような状況を考えれば，平均費用である40円に限りなく近い価格を付けない限り参入を防ぐことはできない。価格が平均費用・限界費用に等しいというのは完全競争均衡と同じであるから，あなたは独占企業であるにもかかわらず競争価格を付けざるを得ないことになる！　これはパラドックス（逆説的）に見える定理であるが，参入の可能性が与える競争効果の強さをはっきりと示している。

　このような市場をコンテスタブル市場という。

（キーワード）3-2 ─────── **コンテスタブル市場**

参入がきわめて容易なため，参入により利潤が見込まれるかぎり直ちに
参入が起きるような市場。

コンテスタブル（contestable）という英語はコンテスト（contest）にable（…できる，…され得る）が加わってできた言葉で，コンテストとは競争を意味するが，多数企業が市場で競争するという通常の市場競争（competition）と区別するため，コンテスタブル市場という言葉が用いられている。また市場がコンテスタブルであるための条件をコンテスタビリティ（contestability）と呼ぶ。

　上の例が示唆したのは次の定理である。

1）厳密には，利子を考えれば，明日の1円は今日の1/(1＋利子率)円（＜1円）としか同価値にならない。このため，将来利潤については(1＋利子率)で除して割引する必要がある。この割引の問題について前章第2節でも述べたが，ここでは単純化のために無視する。

第3章　コンテスタブル市場理論と参入阻止戦略　43

(定理) 3-1 ―――――― コンテスタブル市場の均衡

市場が完全にコンテスタブルであれば（完全にコンテスタビリティが成立すれば），均衡では価格は平均費用に等しい[2]。

　この定理が重要なのは，実際に事業をおこなっているのが何社かを問わないことである。上の例でも，事業をしていたのは新製品を開発したあなたの会社だけであった。すなわち独占である。それにもかかわらず，あなたは独占価格（参入の可能性を考慮せずに独占企業として利潤を最大化する価格）を付けることができず，完全競争企業と同じ価格に設定する。いいかえれば，市場の集中度と市場均衡価格とは関係がなくなってしまう。

　さらに，参入が実際に起こるかどうかも重要ではない。上の例で，41円というほぼ平均費用に等しい価格を付ければ，少なくともしばらくの間参入が起きないとした。よって，この間は独占のままで参入は実際に起きていない。それにもかかわらず，価格をあげれば参入がすぐに起きるであろうという潜在的参入の脅威があり，そのために，既存企業であるあなたは低い価格を付けざるを得ない。よって，実際に起きた参入の頻度を観察しても，潜在的参入の脅威の程度を測ることはできない。

　この理論は規制政策に対して，そして競争政策に対して大きな影響を与えた。

　公益事業（交通，通信，電力，ガス，水道など）を中心として，価格が規制されてきた。第9章で詳しく述べるように，その基本的な論拠は，これら事業には規模の経済性があるため独占にならざるを得ず，市場メカニズムに任せておくと高い独占価格が設定されて消費者にとって不利益である，というものである。よって，事業者に価格を申請させ規制官庁が認可するという形での規制が多くとられてきた。しかし，1980年代頃から，これら産業でも

2）図の例のように平均費用が一定で限界費用に等しいとき，均衡での価格は限界費用にも等しい。平均費用が一定でなければ価格は限界費用と異なる可能性があるが，均衡で操業する企業が2社以上であれば，価格は限界費用にも等しくなることを示すことができる。ただしこのときには，長期的に均衡が存在しなくなる可能性を排除できない。詳しくは拙著『新しい産業組織論』，第5章参照。

規制緩和が進められた。この理論的背景となったのがコンテスタブル市場理論である。独占であっても、参入の脅威が十分であれば、価格規制なしに平均費用に近い価格が実現する。このことをコンテスタブル市場理論は教える。よって、価格を規制するよりもむしろ、参入が自由に起こりうる環境を整備する方がよい。それによって独占が続いたとしても、潜在的参入の脅威のもとで、企業は生産性を高め、競争的な価格を維持し、顧客を維持するために良好なサービスを提供せざるを得ない。

コンテスタブル市場理論は1980年代前半にボーモル、パンザー、ウィリグ、ベイリーといった経済学者を中心として展開されたが、それがすぐに応用された例が米国航空業界での自由化である[3]。この結果、低料金の新規企業（低費用輸送業者（low-cost carrier）の頭文字をとって LCC と呼ぶ）の参入、不人気あるいは非効率な企業の淘汰といったダイナミックな競争が起きた。

競争政策に与える基本的な含意は2点ある。1つは、現在観察される市場集中のみによって競争の程度を判断してはならないことである。複数企業がいるが参入の脅威のない産業よりも、1社しか事業をしていないが参入の脅威が強い産業の方がより競争的でありうる。したがって、独占だから分割すべきだとも、合併すれば独占になるから禁止すべきだとも単純に結論することはできない。

もう1つは、参入を容易にするような市場環境を維持すべきことである。また、参入を人為的に困難にするような行動は規制すべきことである。それでは、参入が容易であったり困難であったりするのは、どのような状況だろうか。次にそれを考えよう。

---

3) 代表的には W. J. Baumol, J. C. Panzar, and R. D. Willig, *Contestable Markets and the Theory of Industry Structure*, Harcourt Brace Jovanovich, 1982. ベイリーは経済学者として関連論文を多く発表するとともに、実際に米国民間航空委員会（CAB）委員として航空業界の規制緩和に携わった。

2 参入障壁の高さを決める要因

あなたが新製品を発売する例に戻ろう。この発売に潜在的参入企業が追随しにくいのはどのような場合だろうか。

1つは技術である。あなたがこの新製品についての技術を持ち，特許を取っているのであれば，この技術を他社にライセンスしない限り，特許有効期間内（原則として特許出願から20年間）は，他社は同じ製品を発売することができない。ただし，同様の製品を特許に抵触しないように異なった技術を使って生産するようにできることがある（迂回発明と呼ぶことを第10章で学ぶ）。このときには，特許によって他社を排除できる効果が限られるから，参入を防ぐことが困難になる。それでも，迂回発明のために多額の研究開発費を要するのであれば，この費用をかけても参入することを他社は不利に感じるはずである。

第2は原材料である。あなたがその新製品を生産するのに要する原材料を排他的に持っていれば，他社は生産できない。特殊の金属が必要であり，その金属の鉱山採掘権をあなたが独占しているような場合である。第3は流通チャネルである。あなたは流通チャネルをすでに持っているが，他社は流通チャネルを持たないか，新しく流通チャネルを整備するには大きな費用がかかる場合，他社はそうした費用を新たに負担しないと参入できない。第4はブランドである。流通チャネルの場合と同じように，あなたはよく知られたブランドをすでに持っているが，他社は多額の広告費用をかけないと同じだけの消費者認知を得られないのであれば，参入は不利になる。第5は生産設備である。あなたはすでに生産設備を持っているが，他社は新たに建設しなければいけないのであれば，参入は不利になる。

これらいずれにせよ，あなたがもはや支払わなくてもよい費用を，参入しようとする他社は負担しなければならない。これが参入を不利にする。このことを参入に対する障壁があるという。

キーワード 3-3 ―――― 参入障壁

既存企業は支払う必要がないが，新規企業がその市場に参入するために
は支払わなければならない費用があるとき，参入障壁があるという。

よって，参入障壁が存在しないことは，市場がコンテスタブルであるため
の条件である。参入障壁が高ければ，既存企業であるあなたに比較して潜在
的参入企業は高い費用を要することになり，参入は起きにくい。あなたが平
均費用よりも高い価格を付けてもその利潤を長く享受できることになる。

ここで重要なのは，技術にせよ，鉱山にせよ，流通チャネルにせよ，ブラ
ンドにせよ，生産設備にせよ，あなたは過去に投資をしたが，もはや支払い
済みであり，その投資支出を今から取り返すことができないということであ
る。このように回収不能であるような費用をサンクコスト，つまり沈没・埋
没してしまった費用という。

キーワード 3-4 ―――― サンクコスト（埋没費用）

生産活動に不可欠な投資のための費用で，いったん投資すると，生産活
動を停止してももはや回収することができないような費用。

サンクコストは固定費用と類似するが異なる。固定費用は生産量にかかわ
らずかかる費用である（付録第3項参照）。その中には，生産を止めて市場
から撤退するときには回収できるものも，できないものもある。例えば，事
業活動に必要な自動車やコンピューターは中古業者に売ってしまえば，その
費用の大部分を回収できる。このような費用は，キーワード3-4の後半の要
件を満たさず，サンクコストではない。これに対し，社名の入った看板は誰
も買おうとしないだろうから，（屑鉄としての価値を除けば）回収不能であ
る。よってサンクコストとなる。つまり，固定費用の中には，サンクコスト
でもあるものと，サンクコストではないもののいずれも含まれる。同様に，
サンクコストの中には，生産量にかかわらず要するので固定費用でもあるも
のも，そうではないものもある。例にあげた社名入り看板は，事業開始のた
めには，生産量にかかわらず少なくとも1枚必要であろうから，固定費用で
もありサンクコストでもある。しかし，事業規模が拡大するにつれ，2枚目，

第3章　コンテスタブル市場理論と参入阻止戦略　47

3枚目とより多くの看板を要するようになる。これらの費用は，生産量に応じて必要になるという意味で固定費用ではないが，回収できないのであればサンクコストである。

サンクコストと固定費用のこうした違いはわかりにくいかも知れないが，以下の議論はサンクコストではない固定費用にはあてはまらないから，明確に区別することが必要である。

上の例が示唆するように，中古市場で売買されるようなものについては，汎用性も高く，回収しやすいので，サンクコストになりにくい。一方，名前入りのもののように，その企業やその持ち主にしか価値を生み出さないという意味で特殊性の高いものについては，回収が難しく，サンクコストになることが多い。

サンクコストは支払い済みで回収できない費用であるから，あなたの今の意思決定には影響しない。「せっかく買ったのにもったいない」といって消費する行動は合理的でない。返品して購入費用を取り返せるわけではないのなら，そのことは忘れて，現時点で消費したいかしたくないかだけに基づいて意思決定すべきである。

(定理) 3-2 ———— 既存企業の意思決定のサンクコストからの独立性

すでに事業活動をおこなっている企業にとり，その支払い済みの費用のうち，サンクコストは，事業活動を継続すべきか，また，生産量をどう決めるかの意思決定に影響しない。

学生諸君に身近な例として，大学への入学金を考えよう。いったん入学金を払って入学すれば，退学しても返済されないから，これはサンクコストである。入学後に，どれだけの科目を受講すべきか，あるいは退学すべきかを決めるときには，もはや入学金のことは気にするべきではない。退学しようが，在学し続けようが，入学金は返ってこないのだから，その選択に影響してはならないのである。これに対し授業料は，在学するなら払わなければならず，退学するなら払わなくてもよいので，意思決定に影響を与える。同じことを企業について述べたのが定理3-2である。

いいかえれば，既存企業にとって，サンクされたコストはもはや費用では

ない。一方，新たに参入する企業にとっては，これから投資や研究開発や広告に支出しなければならないから費用である。つまり，サンクコストは，既存の企業にとってはもはや支払う必要がないが，参入を考えている企業にとっては支払わなければならない費用である。よって，キーワード3-3での条件に該当するから，次のことがわかる。

(定理) 3-3 ―――― **参入障壁としてのサンクコスト**
サンクコストの存在は参入障壁を形成する。

このため，サンクコストが存在すれば市場はコンテスタブルでなく，価格が平均費用に一致して決まるというコンテスタブル市場均衡（定理3-1）も実現しない。既存企業はサンクされた投資費用をもはや支払い済みであるのに対し，参入企業は，参入後に事業を継続せず退出するとしても費用回収できなくなるような資産に，新たに投資する必要がある。このため，既存企業の価格がその平均費用を上回っていても，参入によって利潤をあげられない可能性があるからである。

このことを前節で述べた議論と合わせて考えると，規制緩和を進め，また競争を促進するためには，サンクコストが少ないような状況を作り出すことが望ましいことがわかる。航空業界で規制緩和が先行したのは，サンクコストが少ないと考えられたからである。航空機はレンタルすればよいし，空港は公共的に建設され，使用料を払えば誰でも利用できる。実際に参入がよく起きるのはこのためである。電気通信の場合，NTTは各家庭・各事業所への電話網を有しているが，この電話網建設のための費用がサンクコストであることが参入障壁となった。規制緩和にあたり，新規事業者にもこの電話網を有料で利用（アクセス）できるように命じたのは，この参入障壁を取り除くためである。さらに携帯電話が一般化し，有線電話網が不要になったことで，参入障壁はさらに低下した。このように，政策的措置によっても，技術革新によっても，参入障壁は減少しうる。こうした公益事業と規制緩和や競争政策との関係については，第9章で詳しく議論する。

第3章 コンテスタブル市場理論と参入阻止戦略 49

3 競争戦略としての参入障壁

しかし，以上に述べたことを逆の立場からいえば，企業にとっては，参入障壁をいかに高く維持するかが重要な戦略であることを意味する。あなたの会社が売り出した新製品の場合でも，参入障壁を高くするように何らかの手段をとることができれば，長期間にわたり，平均費用を上回る価格を付けて利潤をあげることができる。こうした戦略を一般に参入阻止戦略という。

キーワード 3-5 ―――― 参入阻止戦略
自社が事業活動をおこなう市場への他社の参入を阻止することを目的として既存企業のとる戦略。

実は，経営学で競争戦略論として教えられることの中心は，いかに参入障壁を作り維持するかである。また最近では，サンクコストへの投資を戦略的におこなうことによって競争上の優位性を作り出す可能性について，ゲーム理論による分析も進んでいる[4]。

参入阻止戦略が直ちに反競争的で社会的にマイナスだというわけではない。研究開発投資によって技術革新し，それを特許その他によって専有化しようとするのは，確かに一方では，発明された技術の広範な利用を妨げ競争を制限する。しかし一方で，このために起きる技術革新競争は新製品や新製法を通じて社会に貢献する（より詳しくは第10章参照）。広告はブランドへの顧客忠誠度を高めることにより参入障壁を高めるが，消費者に対する情報提供に貢献する。サンクコストとしての生産設備の存在は，先行して設備投資しようとする企業間の競争を活発化させる。

4）こうした競争戦略論として有名になったのはM. E. ポーター『競争の戦略』（土岐坤ほか訳，ダイヤモンド社，1982年）である。より最近の理論的発展を取り入れたものとして，D. Besanko, et al., *Economics of Strategy* (7th edition, John Wiley, 2017) がある。日本語訳（D. ベサンコほか，奥村昭博ほか訳，『戦略の経済学』，ダイヤモンド社，2002年）は原書第2版に基づいているため，現行版とは多く異なる。

競争政策の観点から見ると，企業がこうした戦略をとることが，短期的のみならず長期的にどのような影響を競争にもたらすのか，どの程度の参入阻止行動は許容されるべきなのかという，難しい判断を求められることになる。

4 参入阻止戦略の違法性

参入を阻止あるいは妨害するために企業がとる戦略的行動について違法とされるのは，それが「排除行為」とみなされるときである。独占禁止法は第3条で「私的独占」を禁止しているが，私的独占とは以下をいう（第2条5項）。

（法律規定）3-1 ―――― 私的独占
事業者が，単独に，又は他の事業者と結合し，若しくは通謀し，その他いかなる方法をもつてするかを問わず，他の事業者の事業活動を排除し，又は支配することにより，公共の利益に反して，一定の取引分野における競争を実質的に制限すること。

参入阻止戦略は，参入しようとする他の事業者の事業活動を排除しようとするものであるから，排除行為として私的独占にあたり，違法とされる可能性がある。ただし，これによって「競争を実質的に制限する」のでなければ，問題とはされない。

前節で述べたように，企業の競争戦略手段として競争相手の事業活動を押さえ込もうとするのはいわば当然であるから，あまりに多くの行為を排除行為とみなして禁止すれば，企業の自由な活動を束縛することによって活力を失わせてしまう可能性も存在する。このために，排除行為に対する判断は慎重におこなう必要がある。

私的独占の禁止に違反する事件は多くはない（表1-1参照）。その中でも最新の事件であるマイナミ空港サービス事件をコラム3-1に示した。

ここで重要なのは，マイナミがある程度独占的な力を持っていることである。対象となった八尾空港において長らく独占であっただけではない。マイ

第3章 コンテスタブル市場理論と参入阻止戦略 51

コラム 3-1

マイナミ空港サービス事件
（2020年排除措置命令）

　マイナミ空港サービス（以下「マイナミ」）は，八尾空港（大阪府）を含む国内11空港において，石油元売会社から仕入れた航空燃料を機上渡し給油（航空燃料を航空機の燃料タンクに給油することにより引き渡す販売方法）する事業をしている。

　マイナミは八尾空港における唯一の供給者であったが，2015年頃，エス・ジー・シー佐賀航空（以下「SGC 佐賀航空」）が八尾空港における航空燃料の販売事業に参入するとの情報に接したことから，同空港の主要ユーザーに対し，参入は自社との間で過当競争を引き起こすとして反対である旨伝えていた。

　2016年，実際に SGC 佐賀航空が八尾空港における航空燃料の販売を開始したところ，マイナミは主要ユーザーに対して，SGC 佐賀航空から機上渡し給油を受けた場合，自社からの給油の継続はできない旨および提携先給油会社（11空港以外の空港等に所在し，マイナミが自社取引先需要者への機上渡し給油に係る業務を委託する給油会社）からの給油の継続は困難になる旨などを通知した。

　マイナミは，この理由として，SGC 佐賀航空のように国内の石油元売会社から航空燃料を仕入れていない給油会社はその取扱いに係る知識および理解が不足していることが多いこと，その航空燃料は国内石油元売会社から仕入れている航空燃料と同等の品質管理を経ているとはいえないこと，SGC 佐賀航空の航空燃料と自社の航空燃料が混合した場合事故が発生した際の原因の追究が困難になることなどをあげた。

　ところが航空燃料には国際的な標準規格等が存在し，航空法等には同油種・同等級の航空燃料の混合を禁止または制限する規定は存在しない。また運輸安全委員会が公表した事故調査報告書を見ても，異なる給油会社からの同油種・同等級の航空燃料が混合したことに起因した航空事故等に係る記載はなかった。

　このため公取委は，上記行為は競争者（SGC 佐賀航空）を排除するため

のものであり私的独占の禁止に違反しているとして、「自社の取引先需要者に SGC 佐賀航空から機上渡し給油を受けないようにさせている行為を取りやめなければならない」などとする排除措置命令を出した。また課徴金612万円の支払いを命じた。

マイナミは同命令を不満とし、取消訴訟を起こし上告もしたが、2023年最高裁により棄却された。

ナミは多数の他の空港でも自社が販売したり、提携先給油会社が販売したりしていた。八尾空港を出発した航空機は到着した他空港でも給油の必要性が生ずるであろうことを考えれば、マイナミによる主要ユーザーへの通知はいわば効果的な脅しであったと推測される。これに対し参入者である SGC 佐賀航空が持つサービス拠点は多くなかった。もちろん、八尾空港に参入すると同時に他空港にも参入したり、他空港の事業者と提携関係を結んだりできればマイナミに対抗できたであろうと予想されるが、それにはサンクコストを伴う投資が必要であり、参入障壁は高い。

コラムに記したように、マイナミは品質の違いに基づく安全上の懸念を述べてその行為の正当性を主張したが、いずれも国際標準規格に適合していることから公取委はこの主張を斥け、参入を排除するための行為であったと結論づけたもので、裁判所もこの判断を支持した。

私的独占の事例は少ないが、同様の排除行為を不公正な取引方法にあたるとして摘発した事例は少なくない。不公正な取引方法は独占禁止法第19条で禁止されており、いくつかの行為類型が該当するが、その中で排除行為に関連するものとして、次の3つが重要で、いずれも公正な競争を阻害するおそれがある場合に禁止される[5]。

5）公正取引委員会告示第18号（2009年10月28日）。通称「一般指定」。全体で15項からなるが、ここでは排除行為に適用されることが多い3項のみ抜粋する。なお本書第6章以降に出てくる再販売価格維持行為、不当廉売、優越的地位の濫用も不公正な取引方法であり、これらは一般指定ではなく独占禁止法（第2条9項）で規定されているという違いがあるが、それによる法運用上の違いはない。

(法律規定) 3-2 ──────── 不公正な取引方法として指定された行為（抜粋）

排他条件付取引

　不当に，相手方が競争者と取引しないことを条件として当該相手方と
取引し，競争者の取引の機会を減少させるおそれがあること。

拘束条件付取引

　相手方とその取引の相手方との取引その他相手方の事業活動を不当に
拘束する条件をつけて，当該相手方と取引すること。

競争者に対する取引妨害

　自己又は自己が株主若しくは役員である会社と国内において競争関係
にある他の事業者とその取引の相手方との取引について，契約の成立
の阻止，契約の不履行の誘引その他いかなる方法をもつてするかを問
わず，その取引を不当に妨害すること。

　コラム3-1のマイナミ空港サービス事件も排他条件付取引や取引妨害の要
素を持つが，それだけにとどまらない要素を含むため，私的独占事件として
処理したものと見られる[6]。

　一方，コラム3-2は拘束条件付取引であるとして独占禁止法違反とされた
事件である。

　大山農協の取引先である出荷登録者（農産物出荷者）に対し，競争業者へ
の出荷を不当に拘束したと判断された。ここでも重要なのは，大山農協の運
営する直売所が競争者の直売所より人気があり大きい集客効果を持っていた
ことから，独占的な力を持っていたといえることである。それでなければ農
業者は大山農協から離れ，むしろ競争業者への出荷を選択しただろう。

　実はこの点は第11章で議論するプラットフォームと共通する。そこでの議
論を先取りすれば，プラットフォームは複数のサイドにサービス提供してい
る事業者であり，農産物直売所も一方では農産物供給者（売り手）に，もう
一方では消費者（買い手）にサービス提供しているからプラットフォームで
ある。しかも，この両サイドの間では，多くの売り手が参加するほど買い手

---

6) 例えば，燃料混合時の事故発生時に自社の責任を求めないことを記載した文書への署
　名を顧客に求めていた。

コラム 3-2

大分県大山農協による農産物直売所事件
(2009年排除措置命令)

　大分県大山町農業協同組合（以下「大山農協」）は，大分県日田市等において農産物直売所「木の花ガルテン」を計8店舗運営し，登録農業者が出荷した直売用農産物の販売を受託していた。ところが同市内に別の事業者が農産物直売所「日田天領水の里元氣の駅」（以下「元氣の駅」）を開店し，より安い委託手数料で出店勧誘を始めたことから，大山農協は競合する木の花ガルテン大山店の販売金額の減少を防ぐため，（1）木の花ガルテンへの出荷登録者に対し，元氣の駅に直売用農産物を出荷しないようにさせること，（2）その手段として，出荷登録者に対し，元氣の駅に直売用農産物を出荷した場合には木の花ガルテンへの直売用農産物の出荷を取りやめるよう申し入れること，の2点を中心とする基本方針を決定した。これに基づき実際に，出荷登録者に対して元氣の駅に直売用農産物を出荷した場合には木の花ガルテンへの直売用農産物の出荷を取りやめるよう申し入れるとともに，上記基本方針を周知すること等により，木の花ガルテンの出荷登録者に対し，元氣の駅に直売用農産物を出荷しないようにさせていた。

　公取委は，この行為は不公正な取引方法である拘束条件付取引に該当するとして，大山農協に対し，「大山農協は，木の花ガルテンの出荷登録者に対し，元氣の駅に直売用農産物を出荷しないようにさせている行為を取りやめなければならない」等とする排除措置命令を出した。

にとり魅力的であり，多くの買い手が参加するほど売り手にとり魅力的という効果が双方向に働いている。これを間接ネットワーク効果と呼ぶ。それだけに参入者は不利な立場に立ちやすく，そこでの排除行為・参入阻止行為は競争阻害効果を持ちやすい。

　プラットフォームというと読者の多くはオンライン事業者をイメージするであろう。しかしオフラインの農産物直売所，あるいは同様にショッピングモールや市場もプラットフォームである。このため多くの消費者が集まる直

売所は売り手に対し強い力を持ち，売り手は拘束条件の付いた契約を受け入れざるをえない。しかし新規参入した直売所にとってみれば，多くの売り手を既存直売所に囲い込まれてしまっては，品揃えで直売所としての魅力を消費者にアピールすることができず，参入が困難になる。つまり，市場のコンテスタビリティが失われ，既存企業による独占的な価格設定（出荷事業者への高い手数料，消費者への高い販売価格）を許してしまう。

それだけに，排除行為を取り締まることによってプラットフォーム間の競争，特にコンテスタビリティを維持することが競争政策として重要である。このことは第11章，第12章で詳しく議論する。

練習問題 ▶ ▶ ▶ ▶ ▶

3-1 コンテスタブル市場とはどのような市場か。

3-2 1社しか事業活動をおこなっていない独占市場でも，市場がコンテスタブルであれば，完全競争市場と同じように，均衡では価格が平均費用に等しくなる。これはなぜか述べよ。

3-3 サンクコストがあれば市場はコンテスタブルにならないが，サンクコストでない固定費用があっても市場はコンテスタブルでありうる。これはなぜか述べよ。

3-4 大きな投資をして機械を買ってしまったが，状況が変わって，この機械を使って製造・販売しても，材料費も出ない。それでもせっかくの機械がもったいないから，製造・販売しよう。この考え方が間違いなのはなぜか。

3-5 参入を阻止するための企業行動が独占禁止法違反とみなされるのはどのような場合か，述べよ。

議論のための問題 ▶ ▶ ▶ ▶ ▶

最初に製品やサービスを市場に導入した企業がその後もその市場でトップの地位を守ることが多い。先行者の優位性とかパイオニアの優位性と呼ばれる。いくつかの市場を例に挙げ，こうした優位性が成立しているか検討しよう。そうした優位性はサンクコストとなっている何らかの投資によっていることが多い。その市場では何がそうした投資にあたるか議論してみよう。

>>> **第4章**

経済集中と競争政策

　独占資本という言葉がある。「少数企業が資本力を集中し，さらに生産と市場を支配すると独占資本となる」とされる。また，「今日の先進国では，国家と独占体または金融資本が相互に依存しあう現象が目立ち，国家と独占体が一体化して国民経済を支配する体制が定着している」と論じられる[1]。こうした議論はいわゆるマルクス経済学者によってなされることが多く，支配的な大規模企業の存在を望ましくないとするニュアンスで論じられることが多い。

　これとは逆に，産業界を中心に，規模の経済性や経営の健全性のために企業規模の拡大を図るべしという声も聞かれる。

　どちらが一体正しいのだろうか。企業規模が大きいことは，そして少数企業への集中が進むことは，社会にとって良いことなのだろうか悪いことなのだろうか。この問題を本章では考えよう。

1 ｜ 集中の測り方

　この疑問に答えるためには，2つの集中の概念，一般集中と市場集中を区別して考える必要がある。一般集中とは，経済全体のレベルでの集中である。

---

1 ）金森久雄，荒憲治郎，森口親司編『経済辞典』（第4版，有斐閣，2002年）のそれぞれ「独占資本」，「国家独占資本主義」の項による。

(キーワード) 4-1 ——————— 一般集中

経済全体において，少数の大企業に資産や経済活動が集中している程度。

　一般集中を測る指標が一般集中度で，典型的には，日本国内全企業の資産合計に占めるトップ100社（または50社等）の資産合計の比率や，同じく売上高についての比率が用いられる。

　これに対し，個々の市場における集中を考えるのが市場集中である。

(キーワード) 4-2 ——————— 市場集中

特定の市場において，上位企業に生産や販売活動が集中している程度。

　市場集中を測る指標が市場集中度で，よく用いられるのは，当該産業全体に占める上位3社の生産量や売上高の比率である上位3社集中度（略して3社集中度）や，同様に上位4社集中度（4社集中度）などである。もう1つ広く使われる市場集中度の指標としてハーフィンダール指数がある。

(キーワード) 4-3 ——————— ハーフィンダール指数（*HHI*）

市場内の全企業のマーケットシェアの二乗和。ただし，マーケットシェア（市場占有率，しばしばシェアと略す）とは各社生産量や売上高の産業全体の値に占める比率をいう。ハーフィンダール・ハーシュマン指数とも呼ばれ，*HHI* あるいは *H* と略される。

　マーケットシェアは，比率そのものでいう場合も，100をかけて％でいうこともある。表4-1に数値例を示す。(1)から，同じ4社寡占市場でも4社間での規模の分散が大きいほど，いいかえれば一部企業へのマーケットシェアの集中が起きているほど，ハーフィンダール指数は大きくなることがわかる。また(2)から，企業間で規模が均等であれば，ハーフィンダール指数は企業数の逆数になることがわかる。これらの例でわかるように，ハーフィンダール指数は次の特性を持つ。

(定理) 4-1 ——————— ハーフィンダール指数の特性

ハーフィンダール指数（*HHI*）は，企業数が小さいほど，また，企業間の規模の分散が大きいほど，大きな値をとる。$0 \leq HHI \leq 1$であり，

表4-1 ハーフィンダール指数（*HHI*）数値例（かっこ内は％表示の場合）

(1) 4 社寡占市場，各社マーケットシェアは以下の通り

① 0.25, 0.25, 0.25, 0.25（25％，25％，25％，25％）

$HHI = 0.25^2 + 0.25^2 + 0.25^2 + 0.25^2 = 0.25$（2500）

② 0.4, 0.3, 0.2, 0.1（40％，30％，20％，10％）

$HHI = 0.4^2 + 0.3^2 + 0.2^2 + 0.1^2 = 0.3$（3000）

③ 0.9, 0.05, 0.03, 0.02（90％，5 ％，3 ％，2 ％）

$HHI = 0.9^2 + 0.05^2 + 0.03^2 + 0.02^2 = 0.8138$（8138）

(2) *n* 社寡占市場，各社規模均等，マーケットシェア 1 /*n*（100/*n*％）

$HHI = n \times (1/n)^2 = 1/n$（10000/*n*）

最大値は独占の場合に成立する 1，最小値は完全競争の場合，すなわち多数企業間にシェアが分散している場合に成立する 0 である。

独占の場合には 1 社のみで，そのマーケットシェアは 1（すなわち100％）であるから，二乗しても 1（％表示では10,000）である。一方，多数の企業が存在しいずれも微小のマーケットシェアしか持たない場合，0 に近いマーケットシェアを二乗すればますます 0 に近くなり，それをすべての企業について総和しても 0 となる。

一般集中と市場集中とは明確に区別される必要がある。第 1 章キーワード 1-3で独占による厚生損失として説明したのは，個別市場における独占である。独占でなく寡占であっても，市場がコンテスタブルでない限り，市場集中度が高いほど厚生損失が生まれやすい。それは 1 つには，市場集中度が高いときには企業数が少ない，あるいは，マーケットシェアの大きいリーダー企業が存在するから，明示的なカルテルや談合，あるいは暗黙の協調が生まれやすいからである（第 2 章，特に定理2-3参照）。

もう 1 つには，共謀や協調がなくても，市場集中度の高い産業では，各社が，自らの供給量増加が価格低下につながることをより強く認識するため，供給量を控え気味にし，この結果，産業としての供給量が少なくなって価格が高まるからである。このことは寡占市場均衡モデルとして代表的なクールノー・モデルで明らかにされている[2]。

---

2 ）クールノー・モデルについては付録第10項参照。より詳しくは拙著『新しい産業組織論』，第 3 章，または『産業組織論』，第 3 章。

第 4 章　経済集中と競争政策　59

これに対し一般集中については，それが市場集中も伴うのでない限り，独占による厚生損失につながるわけではない。極端な例をあげよう。

　経済全体に100社しかなければ一般集中度はきわめて高い。上位100社集中度で測れば100％である。しかし，これら100社が同規模であり，すべて全産業で事業活動をしているのであれば，個々の市場における各社のマーケットシェアは0.01（1％）でしかないから，3社集中度は0.03（3％），ハーフィンダール指数は0.01（＝100×0.01^2）と低く，厚生損失は小さいであろう。一般集中が高くても，個々の市場での集中も高いのでないかぎり，厚生損失をもたらすわけではない。

　第2次大戦前の日本では，限られた数の財閥への資本集中が起きていた。4大財閥（三井，三菱，住友，安田）の払込資本金が日本経済に占める比率は1937年に10.4％で，第2次大戦中に政府による集中政策がとられたため，終戦時には24.5％に達した[3]。しかし個々の市場でみれば，多くで活発な競争があり，これが技術のキャッチアップ（追いつき）と産業発展に貢献した[4]。

　戦後は，財閥解体政策により持株会社の解散・持株没収や役員追放がおこなわれたから，財閥のような巨大企業グループはなくなった。現在でも三菱グループのような集まりはあるが，独立企業間の緩やかな連携でしかない[5]。

　繰り返すが，市場集中も同時に起きているのでなければ，一般集中そのものを悪とするのは正しくない。よって，本章冒頭に引用した「少数企業が資本力を集中」するという独占資本の概念が市場における独占にもつながるかどうかを議論するためには，市場ごとの詳細な分析が必要である。本書の目的はまさにこうした市場分析のための基礎を用意することにある。

3）持株会社整理委員会資料。E. M. ハードレー『日本財閥の解体と再編成』（東洋経済新報社，1973年）より引用。

4）小田切宏之・後藤晃『日本の企業進化』（東洋経済新報社，1998年）。

5）小田切宏之『企業経済学』（第2版，東洋経済新報社，2010年），第11章。

2 │ 市場とは何か

ここまで市場という言葉を繰り返し使ってきた。しかし，「市場」とは何だろうか。例えば『広辞苑』（第5版）は市場を「一定の場所・時間に関係なく相互に競合する無数の需要・供給間に存在する交換関係をいう」としている。「一定の場所・時間に関係なく」とはリアルな取引の場である市場などと区別して，抽象的な場として考えるための表現であろう。より難しいのは「相互に競合する」という表現である。競争政策論的には「競争関係にある」という表現の方が馴染みやすいだろう。

しかし競争関係にある商品をリストアップするのも単純ではない。例としてミネラルウォーターを考えてみよう。読者がよく買うブランドを W^1 とする。W^1 が店頭になければ，あるいは W^1 が値上がりしたら，別のブランド W^2 に切り替える（スイッチする）だろう。W^1 も W^2 も値上がりすれば，W^3 にスイッチするだろう。仮にミネラルウォーターがこの3ブランドしかないとして，どれもが値上がりしたら，読者は茶飲料 T^1 にスイッチする。ミネラルウォーターも茶もすべてのブランドが値上がりすれば，ジュース J^1 にスイッチする。

つまり，競争関係とは実は，強い競争関係から弱い競争関係まで重層的なものと考えるのが正確である。その中でどこまでを1つの市場として含むべきか。これを市場画定の問題と呼び，競争政策上の重要な論点になっている。法律規定2-1や3-1にあるように，独占禁止法の違反行為の認定には「一定の取引分野における競争を実質的に制限する」ことが求められており，「一定の取引分野」が何かを決める必要がある。これも市場画定である。

上の例でわかるように，買い手は，近い商品，すなわち類似した商品には少しの価格上昇でもスイッチするが，遠い商品にはかなりの値上がりでないとスイッチしない。この程度は需要の交差（交叉）弾力性で測ることができる。

キーワード 4-4 ―――― 需要の交差弾力性

2つの商品，AとB，の間での代替性の強さを表す指標。Aの価格が
1％上昇したときにBへの需要が何％増加するかで測られる。

多くの消費者にとり，同一商品カテゴリーの中の別ブランド間，例えば
W^1とW^2の間の需要の交差弾力性は別カテゴリー間，例えばW^1とJ^1の間での需要の交差弾力性よりも大きいだろう。よって$W^1 \cdot W^2$間の競争は$W^1 \cdot J^1$間の競争よりも強いと考えてよい。このためW^1とW^2の方が，W^1とJ^1よりも同じ市場にあると考えやすい。

とはいえ，需要の交差弾力性がどの値以上であれば同一市場内と考えるべきかの境界値を決めるのも難しい。そこで，この境界値を利潤への影響という観点から考えよう。例えば，W^1を値上げしてもW^2やW^3の価格が変わらないなら，多くの買い手はW^2やW^3にスイッチし，W^1への需要は大きく減少するだろう。その結果，需要減の利潤低下効果が値上げの利潤上昇効果を上回り，生産者の利潤は減少するだろう。しかし，すべてのミネラルウォーター生産者が一斉にW^1，W^2，W^3等の価格を上げれば，他商品（茶，ジュース等）への需要切り替えは起きにくい。例えば，茶へはスイッチしやすいがジュースへのスイッチはより難しいとしよう。すると，ミネラルウォーター全ブランドが値上がりすれば茶へのスイッチが多いためにミネラルウォーター全生産者の利潤合計は減少してしまうが，ミネラルウォーターと茶の全ブランドが値上がりしてもジュースへのスイッチは少ないため，ミネラルウォーターおよび茶の全生産者の利潤合計は増加するだろう。そうであるとすれば，ミネラルウォーターと茶は同一市場内にあるが，それらとジュースは別市場にあると考えた方がよい。この考え方を仮想的独占テストと呼ぶ。

キーワード 4-5 ―――― 市場画定における仮想的独占テスト

ある商品群に含まれる全商品について一定率の値上げをした時に，それら商品からの利潤合計が減少するなら，それは他に有力な競争相手があるからであり，この競争相手を含む形で商品群を作り直す。このプロセスを繰り返し，次の競争相手を含む形で一斉値上げをすれば今度は利潤合計が増加するようになるまで商品群の範囲を広げる。この境界値の商

品群が取引される場を1つの市場とする。

　その商品群をすべて生産する生産者が仮に独占であって一斉値上げできれ
ば，というテストなので，仮想的独占テストと呼ぶ。また一定率の値上げを，
「小幅ではあるが，実質的，かつ一時的ではない価格引き上げ」（Small but
Significant and Non-transitory Increase in Price）で考えるべきとされるの
で，その頭文字をとってスニップ（SSNIP）テストとも呼ぶ。

　上記したように，独占禁止法の適用には「一定の取引分野」を画定する必
要があり，そのためにこのスニップテストを用いるべきとされている。

　もし需要の交差弾力性をすべての商品間で推定でき，これら商品の生産に
要する限界費用も推定できるのであれば，推定値を用いて，一定の商品群に
ついて一斉値上げした時の利潤への影響をシミュレーション分析できるから，
それによって市場を画定することができる。交差弾力性の高い商品群で全価
格を例えば5％上昇した時の利潤変化を推定し，これがマイナスであれば，
次に交差弾力性の高い商品を加え，再度利潤変化の効果を推定し，というプ
ロセスを利潤変化がプラスになるところまで続けるのである。

　実際には，全商品間での需要の交差弾力性を推定することは困難である。
データの制約（商品ごとの価格と販売量のデータをすべて入手することは困
難）と統計手法上の困難性（類似している商品間では価格も販売量も並行し
て動きやすく，多重共線性などの問題が発生する）の双方の理由による。こ
のため現実的には，「商品の効用等の同質性」を商品の内容・品質等や需要
者の認識・行動あるいは価格・数量等の動きから推測し，仮想的独占テスト
の趣旨に従って一斉値上げの効果をイメージしながら市場画定していること
が多い[6]。後にコラム4-2で紹介する事例でもこうした方法で市場画定され
ている。

6）公正取引委員会「企業結合審査に関する独占禁止法の運用指針」，2019年改定，第2。

第4章　経済集中と競争政策　63

表4-2　日本標準産業分類の例

分類レベル	記号	ミネラルウォーター　対　茶系飲料			
		ミネラルウォーター		茶系飲料	
大分類	アルファベット	E	製造業	E	製造業
中分類	2桁	10	飲料・たばこ・飼料 製造業	10	飲料・たばこ・飼料 製造業
小分類	3桁	101	清涼飲料製造業	101	清涼飲料製造業
細分類	4桁	1011	清涼飲料製造業	1011	清涼飲料製造業
商品分類	6桁	101115	ミネラルウォーター	101114	茶系飲料

（出所）総務省「日本標準産業分類」2023年改定，経済産業省「工業統計調査　商品分類表」から筆者作

3 ｜ 市場集中度を概観する

　市場集中度を計測するには，こうして画定された市場における売り手のマーケットシェアを求め，3社集中度やハーフィンダール指数（*HHI*）を計算すればよい。実際，公正取引委員会の実務，典型的には次章で述べる企業結合審査では，対象となる市場をこのように画定してそこでの集中度を計算している。

　しかし，日本経済における市場集中度の分布や傾向を概観するためには，一つ一つの市場を仮想的独占テストで画定したのでは，その手間はもちろん，データとしての統一性を確保することも難しい。そこで，包括的かつ組織的に集計された統計データを用いることになる。工業統計調査，経済センサスなどの産業に関するデータである。「産業」とは競争関係にある企業の集まりであるから，供給サイドからみた市場である。

　前節で，競争関係の強い商品群から弱い商品群まで重層的に考える必要があるとしたが，同様に，産業も重層的に考える必要がある。統計上，これを整理分類したのが日本標準産業分類である。表4-2にその例を示す。ここでは製造業（大分類）に限定して，同じ中分類（2桁）の中でスマホとパソコ

64

スマホ（スマートフォン）　対　パソコン（パーソナルコンピュータ）	
スマホ	パソコン
E　製造業	E　製造業
30　情報通信機械器具製造業	30　情報通信機械器具製造業
301　通信機械器具・同関連機械器具製造業	303　電子計算機・同付属装置製造業
3012　スマートフォン・携帯電話機・PHS電話機製造業	3032　パーソナルコンピュータ製造業
301211　スマートフォン・携帯電話機・PHS電話機	303211　パーソナルコンピュータ

成。なおこの他に総務省「日本標準商品分類」があり，工業統計調査での商品分類とは一致していない。

表4-3　製造業の集中度分布

3社集中度			ハーフィンダール指数		
区分（%）	産業数	分布（%）	区分（%計算）	産業数	分布（%）
90～100	229	12.6	5000～	142	7.8
80～90	135	7.5	2500～5000	322	17.8
70～80	164	9.1	1800～2500	225	12.4
60～70	218	12.0	1000～1800	403	22.3
50～60	230	12.7	500～1000	368	20.3
40～50	233	12.9	0 ～500	351	19.4
30～40	249	13.7			
20～30	186	10.3			
10～20	128	7.1			
0 ～10	39	2.2			
計	1811	100.0	計	1811	100.0

（出所）経済産業省「平成19年工業統計調査企業統計編　概況」。
（注）80～90は80％以上90％未満を表す。他も同じ。ただし，90～100は90％以上100％以下。

ンでは小分類（3桁）から異なるが，ミネラルウォーターと茶系飲料では細分類（4桁）までは同じだが商品分類（6桁）で異なるという2組の例を示している。こうした分類が仮想的独占テストの考え方とどれだけ整合的かの評価は難しいが，すべての市場・産業を統一的に分類するという統計上の要求を満たすためには合理的なものと考えるべきだろう。

　商品分類（6桁分類）に基づいて計算した2007年製造業1811産業の3社集中度とハーフィンダール指数の分布を示したのが表4-3である[7]。3社集

第4章　経済集中と競争政策　65

図4-1　日本の製造業：ハーフィンダール指数（*HHI*）の推移

（A）細分類（4桁分類）レベル

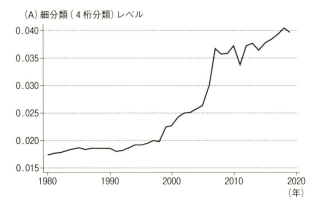

（B）商品分類（6桁分類）レベル

（出所）S. Kikuchi "Trends in National and Local Market Concentration in Japan, 1980-2020," 経済産業研究所 RIETI Discussion Paper Series 24-E-049, 2024.
（注）各年の値は，それぞれの分類レベルでのHHIを出荷額で加重した平均である。

7）工業統計調査結果。表4-3の形で分布が公表されたのは2007年（平成19年）が最後で，2008〜2010年は品目別集中度のみで分布は示されていない。2011年以降は集中度が公表されていない。次の図4-1に紹介する集中度変化は，分析者が統計官庁と秘密保持の契約を結んで利用した個別データに基づく。

中度で見ると50％未満の産業が全体の46％，70％未満が71％となっている。ハーフィンダール指数（HHI）では0.18（％で計算して1800）未満が62％，0.25（同じく2500）未満が74％である。HHIが0.25すなわち1/4というのは，表4-1の(1)①や(2)でわかるように，4社が同規模のときの値であるが，それ以上の集中が起きているのは4産業に1つ程度でしかないことになる。

こうした値そのものを評価することは難しいが，懸念されるのは上昇傾向が見られることである。図4-1を見よう。1980年からの40年間のハーフィンダール指数（HHI）の製造業における加重平均の推移が示されている（4社集中度でも傾向は同様である）。明らかに上昇傾向があり，特に2000年を挟む約10年間における上昇が顕著である。こうした上昇傾向は米国などでも指摘されており，これが競争の弱化を意味しているのではないかと各国の競争当局は懸念している[8]。

4 市場集中への競争政策

集中度が上昇するのは，上位企業が下位企業よりも売上を伸ばしシェアを高めたためか，上位企業が下位企業を合併・買収したためか，のいずれかの理由による。後者であるなら，そしてそれが競争制限をもたらしているなら，合併や買収を禁止すべきである。これは次章でのテーマである。

前者であるなら，政策的対応はより微妙である。上位企業の成長がその販売努力，投資や研究開発などによるのであれば，集中度が高まるのは競争の結果であり，競争を制限したためではない。消費者にとっても望ましい結果である。これに対し，上位企業が下位企業を不利にするための何らかの手段をとったことによるなら，競争政策として問題にすべきである。例えば，上位企業が組立メーカーとして，川上企業（素材や部品の供給者など）や川下

8）米国については D. Autor et al. "Concentrating on the Fall of the Labor Share," *American Economic Review, Papers & Proceedings*, 107 (5), 2017, 180-185. また OECD における市場集中に関する以下のラウンドテーブルでの議論を参照。https://web-archive.oecd.org/temp/2022-03-02/473895-market-concentration.htm

第4章　経済集中と競争政策　67

企業（販売店や物流事業者など）に対する影響力を行使して，競合する下位企業のこれらへのアクセスを困難にしたためなら，排除行為を禁止する法律規定3-1（私的独占の禁止）や3-2（排他条件付取引などの禁止）を適用して，下位企業も均等の立場で競争できる環境を維持することが重要となる。

それでは，そうした排除行為は確認されていないが，トップ企業が拡大し圧倒的なシェアを得てしまったら，そのまま問題にしなくてよいのだろうか。

独占禁止法第8条の4には「独占的状態」への規制という規定がある。

（法律規定）4-1 ──────── 独占的状態の規制

独占的状態があるときは，公正取引委員会は，（中略），事業者に対し，事業の一部の譲渡その他当該商品又は役務について競争を回復させるために必要な措置を命ずることができる（以下略）。

独占的状態とは，同法第2条7項で，(1)市場規模が1000億円超，(2)1社集中度が50％超または2社集中度が75％超，(3)参入障壁が高い，(4)価格上昇が著しく，利益率が著しく高い（または販売費及び一般管理費が過大），という4条件を満たす状態とされている。

公取委は「必要な措置を命ずることができる」から，トップ企業の分割や資産譲渡を命じることも可能である。ただし，この規定が1977年改正で設けられてから半世紀近く経過するが，未だ適用された事例はない。

筆者の私見になるが，これは同規定の適用が及ぼしかねない負の影響を懸念するからである。上で述べたように，トップ企業がシェアを伸ばすのは，競争を阻害したからではなく，競争の結果の可能性がある。品質の高い製品を手頃な価格で販売し他社との競争に勝ったために，独占的とみなされて分割されかねないのであれば，企業は効率性を高めたり優れた商品を開発したりするインセンティブを失うだろう。この規定が設けられた当時，ビール業界で60％を超えるシェアを得ていたK社は，分割を恐れて営業努力を控えているという噂が流れた。その真偽は別としても，これではイノベーションやマーケティングへのインセンティブをなくし，市場におけるダイナミックな競争をむしろ損なう。よって，独占的状態の法律規定を現実に適用するには，十分すぎるほど十分な慎重さを持ち，その妥当さに消費者も他社も納得

できるようなものに限られなければならないだろう。

　一方，米国では，1890年に最初の反トラスト法（シャーマン法）が制定されて以来，企業分割を命じた数件の事例がある。初期を代表する事例と，戦後の事例をコラム4-1にあげておく。より最近では，アルファベット（グーグルを含む企業グループ）とメタ（フェイスブック，インスタグラムなどを含む企業グループ）に対して反トラスト法違反の疑いで米国当局が訴訟を起こしており，本書執筆時点では継続中で，違反と認定されれば是正措置として分割が命じられる可能性があると報じられている。これらのプラットフォームに関する問題については第12章で議論する。

5 一般集中への競争政策

　最後に今一度，一般集中のもたらしうる問題を考えてみよう。個々の市場においてではなく，経済全体において少数の企業が大きな影響力を持つことが懸念されるものとして，社会的あるいは政治的なものがある。巨大企業グループが資金力を生かして巨額の政治献金をすれば，政治家がその影響から自由であるとは考えにくい。多くの公務員を天下りで受け入れれば，官庁もその施策に中立性を保てるか怪しい。巨額の広告支出がなされ，それが新聞社や放送局の主要収入になれば，その企業グループに対する批判的な報道は自粛されかねない。人気就職先として宣伝されれば，優秀な人材の社会的配分にマイナスかも知れない。例えばスタートアップ企業や中堅企業における人材確保を一層難しいものにしよう。こうした広範な社会的・政治的な影響が心配されるほど巨大な企業グループが形成されることは望ましくないだろう。本章冒頭に引用した国家独占資本主義論はこのことを問題にしているとも理解できる。

　企業グループが多角化して，単一市場ではなく複数市場で事業をおこなうことで市場競争に悪影響があるとする理論もある。72ページに示した図4-2の3ケースがそれを示す。

　(1)は，複数市場における同業者との接触が協調を促進するというもので，

第4章　経済集中と競争政策　69

コラム 4-1

米国における企業分割事例

（1）スタンダード石油事件（1911年米国最高裁判決）

　スタンダード石油は J. D. ロックフェラーらにより1859年に設立された企業である。同社は次第に成長し，ライバル企業120社以上を傘下におさめ，1890年前後には石油精製・販売市場（自動車普及以前の時代であり，主要製品は灯油や潤滑油）での90%のマーケットシェアを獲得するに至った。このために同社がとった戦略は，主要輸送手段である鉄道やパイプラインの企業を買収したり，それらと包括契約したりすることであった。その上で，買収した場合には他の石油会社に高い輸送料を要求し，包括契約した場合には他社より安い輸送料で石油を運送することを得て，他社にもグループ入りして輸送料節減できるように勧誘したりした。これは第5節で述べる囲い込みにあたる。また，一部地区では略奪的価格戦略（第7章第2節参照）として，他社が対抗できない低価格で販売したともいわれる。これらの戦略を通じて他社の経営を悪化させ，安く買収していったのである。

　米国最高裁は，「他社を排除しようとする意図と目的は明確であり，しかもそのために用いられた手法は，通常の方法によって企業力の発達を促進する目的だけでおこなわれたという理論とは整合的でなく，その逆に，他者を事業活動の権利から排除し自社の地位を確立しようとする意図を持つものであった」と判決文で述べて，シャーマン法違反とし，州別に34社への分割を命じた。

　よって本事件では，シェアが大きいことのみを問題としたのではなく，そのために用いられた手法をも問題にしたことになる。この後，1941年にはアルコア事件（アルミニウム精錬のアルコア社に対する事件）があり，そこでは，独占的な存在そのもの，またそれを維持しようとしたことそのものが違法であることを示唆する判決が生まれている。

（2）アメリカ電話電信会社（AT&T）事件（1982年和解）

　AT&T は民間企業であるが，日本電信電話公社（分割民営化された NTT

の前身）と同様に，独占的に米国内の電信・電話サービスを供給していた企業である。創立者の1人は電話発明者として有名なベルであり，このため，AT&Tの電話網をベル・システムと呼んだ。

1974年に，米国司法省はAT&Tをシャーマン法違反で提訴した。裁判は長期化したが，1982年に和解が成立し，AT&Tは長距離電話網に特化し，地域電話網を分離することとなった。後者は地域別の7社に分割された。この見返りに，AT&Tが電信・電話以外の事業に進出することを制限していた規制が緩和され，特に，AT&Tが以前より機をうかがっていたコンピューター事業への進出ができるようになった（ただし，結局，このコンピューター事業は失敗している）。

本事件の場合，長距離・地域という形での分割が合理的であったことと，マイクロ波を利用してAT&Tの固定電話網を利用せずに長距離電話サービスを提供する企業が現れ始めていた事実とが，AT&Tの合意を可能にした。技術進歩により参入障壁が低下しつつあり，AT&Tはその脅威を予見できたので，分割を受け入れても自らの自由を確保することを選択したことになる。政策としては，電話事業の規模の経済性を理由に独占を認めながらAT&Tの行動を規制するという考え方から，分割により競争的な状況を作り出した上で規制緩和するという考え方に転換したといえる（詳しくは第9章）。日本の電気通信においても同様の規制緩和がNTT民営化・分割（ただし持株会社が統括）に合わせてなされたが，AT&T事件はその先例となったのである。ただし日本での民営化・分割はそのための特別法によるもので，独占禁止法に基づくものではない。

マルチマーケット・コンタクト（複数市場接触）理論と呼ばれる。第2章で，協調から逸脱した場合には同業他社から報復を受けるおそれがあるため，各企業が協調を維持するインセンティブを持つことを説明した。もし，同業他社と他市場でも同業関係にあるとすれば，A社がX市場で低価格を提示してB社から顧客を奪おうとすれば，B社はX市場で報復するのみならずY市場でも価格を下げて報復するだろう。このように複数市場で報復されれば，それによる長期的利潤へのダメージは大きく，協調から逸脱するインセンティ

第4章　経済集中と競争政策　**71**

図4-2 一般集中が市場競争に影響する3つのケース

(1) 複数市場における協調

▶ A社がX市場で協調から逸脱しB社から顧客を奪おうとすれば、B社はX市場だけではなくY市場でも価格を下げて報復する。これを恐れるから、協調は維持されやすい。

(2) 内部補助

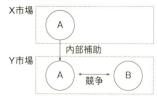

▶ A社がX市場で得た利潤でY市場での損失を内部補助すれば、内部補助がないB社はY市場で競争上不利になる。

(3) 囲い込み（市場閉鎖）

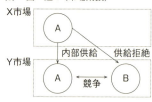

▶ XはYの生産や販売に必要な機器や原材料を供給する産業である。A社はX,Yをともに生産しXをYの生産のために内部供給している。A社がX市場を独占（囲い込み）または閉鎖し、B社への販売を拒否すれば、B社はYを生産できなくなる。

ブは小さくなる。このために、複数市場における同業関係が個々の市場における協調を促進する可能性がある[9]。

(2)は、内部補助の可能性である。A社がX事業で得た利潤でY事業の損失を補填するとき、XからYへの内部補助があるという（詳しくはキーワード7-5で説明する）。このとき、こうした内部補助を受けられないB社がY市場で競争上不利になり退出に追い込まれるとすれば、Y市場での集中が高まって市場競争への悪影響が懸念される。ここで重要なのは、A社がX市場で

---

9) ただし、A社にとってはX,Yの両市場で逸脱してしまえば利潤増も大きいこと、B社にとっては、両市場に報復を拡大すれば（少なくとも短期的には）利潤減が大きいため報復をためらう可能性があることから、カルテルがより安定的になるとは限らない。
B. D. Bernheim and M. D. Whinston "Multimarket contact and collusive behavior," *The Rand Journal of Economics*, 21 (1), 1990, 1-26.

超過利潤をあげているのに，B社はX市場に参入できないことである。すなわちコンテスタブルでない。内部補助によりB社のような競争業者に排除効果が及ぶとして実際に問題になったことがあるのは，かつてのNTTや日本郵政公社など，規制産業で独占的な地位を得ている企業が他のサービスや市場に進出したものが多いのはこのためである[10]。

　以上の2つのケースは，多角化した複数事業間にまたがるものであった。これに対し(3)は，垂直的関係にある事業間に関するものである。XはYの生産に必要な機器あるいは原材料を生産する産業であるとしよう。A社は垂直統合してX，Yともに生産している。B社はYを生産するが，それに必要なXを外部から調達している。このとき，A社がX市場を独占し，B社への販売を拒否すれば（あるいは高価格でしか販売しないとすれば），B社はY市場から退出せざるを得ず，A社はY市場も独占できる。これは，X市場における囲い込みと呼ばれる行為である。囲い込んで外部に出さないようにするという意味である。B社に対しX市場へのアクセスを閉鎖するという意味で，市場閉鎖ともいう。市場閉鎖には川下企業への投入物（原材料など）の供給を拒絶する投入物閉鎖と，川上企業からの購入を拒絶する顧客閉鎖があるが，図に示したのは投入物閉鎖である。

　この場合も，市場閉鎖（囲い込み）が有効な戦略であるためには，X市場での参入障壁が高いことが必要である。それでなければ，A社から購入できなくても，B社が自らXを内製するか，B社からの注文を見込んで新規参入する企業が出てくるはずだからである。このようなときに，A社が囲い込み行動をとるとすれば，それは前章で説明した排除行為に当たるから，法律規定3-1や3-2により独占禁止法違反と認定できる。また，もしA社がX事業を合併（あるいは買収）することでB社が調達できなくなるおそれがあるのであれば，その合併を禁止するか，Xを他社にも合理的な価格で販売を継続することを条件としてのみ合併を許容することができる。そうした事例をコラム4-2に示しておく。

---

10) NTTについてはコラム9-1で，日本郵政公社についてはコラム7-2で関連事例を取り上げる。

第4章　経済集中と競争政策　73

このように協調促進，内部補助，囲い込み（市場閉鎖）のいずれについて
も，確かに競争制限の効果を持つ可能性があるが，いずれも独占禁止法で対
応可能である。競争政策について，独占そのものを悪とせず，独占力の行使
による競争制限行為を悪とする，という表現がしばしば用いられるが，この
ことを示している。

それに加え，独占禁止法には巨大な企業あるいは企業グループの存在その
ものを規制できる条項も存在する。第9条である。

（法律規定）4-2 ─────── 事業支配力の過度の集中の規制

他の国内の会社の株式を所有することにより事業支配力が過度に集中す
ることとなる会社は，これを設立してはならない。

「事業支配力が過度に集中すること」の判断基準は，同条3項で規定され，
さらに公正取引委員会の「事業支配力が過度に集中することとなる会社の考
え方」（2002年制定，2010年改正）で明らかにされている。まず規模基準と
して，会社グループ（国内の子会社および実質子会社を含む）の総資産が15
兆円を超えることが挙げられており，有価証券報告書で公表されている連結
総資産（ただし海外子会社の総資産も含む）で見るかぎり，三大メガバンク
やトヨタグループなどはこの基準を上回る。しかし第9条3項は「国民経済
に大きな影響を及ぼし，公正かつ自由な競争の促進の妨げとなること」も求
めており，規模だけを問題にしているわけではない。実際にこの規制が適用
された事例はない。

この第9条は，第2次大戦後に制定された独占禁止法において，戦前財閥
の復活を防ぐため持株会社設立を禁止した規定が設けられたことに始まって
いる。しかし会社経営組織の自由化という観点から持株会社の解禁を求める
産業界の要望に応える形で，2002年に上記法律規定の形に改定されたもので
ある。本章第1節で述べたが，筆者自身は戦前の財閥の存在下でも個別市場
では多く競争が起きていたと考えており，法律規定4-2の形になっても未だ
適用事例がないのは同じ理由によるものであろう。

コラム4-2

日立金属による三徳の株式取得
（2017年度）

　ネオジム磁石は，希土類を原材料として製造される永久磁石であり，現在製造される磁石の中で最も磁力が強い磁石である。その磁力の強さから，自動車駆動用モーター，ハードディスクドライブ，エアコンのモーター，エレベーターの巻上機等に用いられている。数社が生産しており，また若干の輸入もある。日立金属は約30％のシェアを持つ2位企業で，約40％のシェアを持つB社などと競争している。永久磁石には，ネオジム磁石以外の磁石も存在するが，ネオジム磁石と同程度の磁力を有する磁石は存在せず，他の磁石との間に需要の代替性は認められない。このため，市場はネオジム磁石のみとして画定された。

　ネオジム磁石合金は，レア・アースと呼ばれる希土類元素であるネオジム（Nd），プラセオジム（Pr）およびジスプロジウム（Dy）に鉄やホウ素等を加えた合金であり，ネオジム磁石の材料として使用されている。ネオジム磁石合金は，ネオジム磁石の原料としてのみ用いられるものである。ネオジム磁石の原料として他に代替することができる合金は存在しないことから，他の合金との間に需要の代替性は認められず，ネオジム磁石合金のみで市場は画定された。三徳は約75％のシェアを持つトップ企業であり，この他に約20％のシェアを持つA社がいる。また5％以下のシェアで輸入もある。

　日立金属は三徳およびA社からネオジム磁石合金を購入し，三徳は日立金属およびB社等に販売する関係にあったが，日立金属が三徳の株式を50％を超えて買収することを計画した。両社の関係は下図（次ページ）に示される。

　公取委が懸念したのは①三徳が販売先のB社から得た秘密情報を日立金属に伝えることにより，B社が日立金属との競争上不利になるおそれ，②日立金属が購入先であるA社から得た秘密情報をA社の競争相手である三徳に伝えるおそれ，③三徳がB社への販売を拒否することでB社が材料入手に不利となり退出に追い込まれるおそれ，④日立金属がA社からの購入を拒否することでA社が有力販売先を失い退出に追い込まれるおそれ，の

第4章　経済集中と競争政策　75

4点である。下図で①～④で示したのがそれである。このうち，図4-2の(3)で示した川上企業による囲い込み（市場閉鎖），すなわち供給拒絶（投入物閉鎖）の例と同じ③についてのみ説明する。他については公取委資料を参照してほしい。

　公取委は「ネオジム磁石合金は，磁石メーカーからの仕様に基づき，オーダーメイドで製造される製品であり，新たなネオジム磁石合金の製造には一定期間が必要になる。磁石メーカーが三徳グループのみから調達しているネオジム磁石合金も一定数あり，当該ネオジム磁石合金については，容易に調達先を切り替えることができない状況にあると認められる」として投入物閉鎖による競争への悪影響があると判断した。この懸念を当事会社に伝えたところ，当事会社から「三徳は，磁石メーカーに対し，本件行為実行日から5年間，原材料費（本件問題解消措置申出時点において各磁石メーカーとの間の取引に適用される価格）及び加工費（各磁石メーカーとの間でそれぞれ合意する金額）の合計額にて，三徳が平成26年度ないし平成28年度の各年度において供給した数量の平均値を上限とする数量のネオジム磁石合金の供給を行う」という問題解消措置の提案があった。公取委はこれにより「競争事業者の競争力が維持され」，必要に応じ「取引先を切り替えられるだけの十分な準備期間が与えられるため」，「市場の閉鎖性・排他性の問題は生じない」と評価し，買収が認められた。

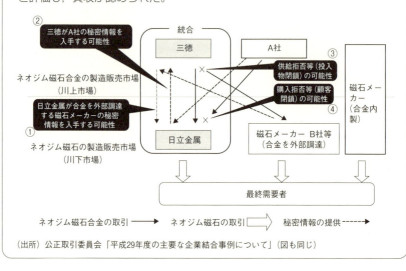

（出所）公正取引委員会「平成29年度の主要な企業結合事例について」（図も同じ）

練習問題 ▶▶▶▶▶▷

4-1 一般集中と市場集中とはそれぞれ何を意味するかを述べ，一般集中も市場集中も高いケース，一般集中は高いが市場集中は低いケース，一般集中は低いが市場集中は高いケース，一般集中も市場集中も低いケースそれぞれの例をあげよ。

4-2 ハーフィンダール指数はどのように計算されるか述べよ。また，企業数や企業間のマーケットシェアの不均等さとハーフィンダール指数がどのように関係するか述べよ。

4-3 需要の交差弾力性を説明せよ。また，需要の交差弾力性が高い商品同士は同じ市場に含めた方が良いのはなぜか。

4-4 多数市場で同じ企業同士が競合する場合には協調が起きやすいといわれるのはなぜか。

4-5 「独占的状態」と「事業支配力の過度の集中」とはそれぞれ何を意味するか，どう異なるか，述べよ。

議論のための問題 ▶▶▶▶▶▷

本章第1節で筆者は，日本では，第2次大戦前には財閥の存在により一般集中度は高かったが，市場レベルでは活発な競争が起きたケースが多いと述べた。日本以外のアジア諸国では，現在，財閥と呼ぶべき少数企業が大きな力を持ち，一般集中でも，また多くの産業での市場集中でも，支配的な存在になっている国が多い（社会主義諸国を除く）。いずれかの国についての書籍や記事を読んで，その実態を調べ，その貢献と弊害を評価せよ。

第4章　経済集中と競争政策　77

>>> **第5章**

合併・買収（M&A）

　経営戦略としてM&Aが人気である。海外企業に対抗するために日本企業もM&Aにより規模を拡大しなければならないと論じられたり，産業再編を促進するためにM&Aが必要だと論じられたりする。この産業再編という言葉が何を意味するかははっきりしないが，どうやら，供給力が過剰であるので再編により供給力を減少させようという趣旨らしい。一体何に比較して過剰なのだろうか。このことが明確にされたことはほとんどない。しかし，産業全体での生産能力が縮小されれば均衡価格が上昇するであろうことは十分に予想できる。逆にいえば，価格が上昇することを期待するからこそ，企業はM&Aをしようとするに違いない。ところが価格が上昇すれば，消費者は高い商品をより少なくしか買えないことになり，必然的に消費者余剰は減少する。つまり，M&Aは多くの場合，消費者にとってマイナス効果を持つ。

　しかも，実は，企業自身にとってすらM&Aはマイナス効果を持ちうる。このこともよく理解されていない。そこで，このことも含めて，今回はM&Aについての経済分析を説明し，競争政策のとるべきアプローチについて述べよう。

1 | M&A とは何か

　M&AとはMergers（合併）and Acquisitions（買収）の略である。合併では2社以上の会社が法的に1社になる。買収では，複数の会社がそのまま

図5-1　M&A件数の推移

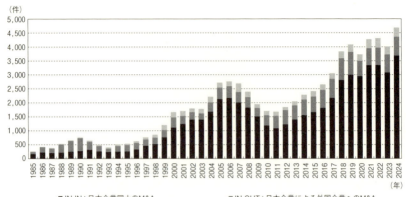

（出所）MARR Online（https://www.marr.jp/menu/ma_statistics/ma_graphdemiru/entry/35326）

法的には別会社として存続するが、一方が他方に株式保有されその支配下に入る。1つの会社になるにせよ、別会社として残るにせよ、単独の意思決定のもとで経営されるようになるので、経済的な効果は共通する。そこで併せてM&Aという。このほかにも、事業譲受け（売り手からみれば事業譲渡）や吸収分割、さらには持株会社を用いての統合なども同一効果を持つ。公取委ではこれらを企業結合と総称する[1]。

法律規定 5-1 ──── 企業結合

複数の企業が株式保有、合併等により一定程度又は完全に一体化して事業活動を行う関係が形成・維持・強化されること。

図5-1は民間調査会社レコフデータによるM&A件数の32年間の推移を示している。これによれば、2008年のリーマン・ショックの影響で件数はいったん減少したものの、2011年からはふたたび増加傾向となり、2021年以降は4000件を超えている。これには日本企業による外国企業の買収（レコフデー

1）公正取引委員会「企業結合審査に関する独占禁止法の運用指針」（2004年制定、2019年改定）より引用。この指針を以下では「企業結合ガイドライン」と呼ぶ。

表5-1　形態別・態様別企業結合届出受理件数　2023年度

形態別／態様別	水平関係	垂直関係		混合関係			届出件数
		前進	後進	地域拡大	商品拡大	純粋	
株式取得	182	85	79	49	49	38	290
合併	4	2	3	2	0	6	12
共同新設分割	2	0	0	0	0	0	2
吸収分割	11	3	3	3	2	1	15
共同株式移転	5	0	0	1	0	0	5
事業譲受け	15	8	3	3	1	1	21
計	219	98	88	58	52	46	345

（出所）　公正取引委員会　「令和5年度における企業結合関係届出の状況」
（注）　態様の区別は以下のとおり。株式取得では，会社が他の会社の株式を保有することにより，株式を所有する会社と株式を所有される会社との間に結合関係が形成・維持・強化される。ただし，届出を要するのは議決権保有割合が20%又は50%を超えることとなる場合である。合併では，複数の会社が一つの法人として一体となる。共同新設分割・吸収分割では，事業を承継させようとする会社の分割対象部分（事業の全部又は重要部分）が，事業を承継しようとする会社（共同新設分割では新設会社，吸収分割では既存会社）に包括的に承継される。共同株式移転では，新たに設立される会社が複数の会社の株式の全部を取得する。事業譲受けでは，譲受会社が譲渡会社の事業又は事業上の固定資産の全部又は重要部分を譲り受ける。以上は，独占禁止法および企業結合ガイドラインより筆者抜粋。形態の区別については本文キーワード5-1を見よ（出所は上記の出所と同じ）。なお，形態別の件数については，複数の形態に該当する企業結合の場合，該当する形態をすべて集計している。そのため，件数の合計は届出件数と必ずしも一致しない。

タ社は IN-OUT と呼ぶ）と外国企業による日本企業の買収（OUT-IN）も含まれるが，多くは日本企業間の合併・買収（IN-IN）である。

　企業結合については，一定規模以上のもの（国内売上高200億円超の会社が同50億円超の会社を合併したり株式取得したりする場合等）につき，公取委への届出が義務付けられており，2023年度には345件の届出があった。その内訳は表5-1のとおりである。レコフデータ調査では同年（暦年）に4015件のM&Aがあったから，そのうち届出対象となったのは1割に満たなかったことになる。公取委の届出基準に満たないものが多かったためであろう。また株式取得については，公取委へは株式保有比率が20%および50%を超える時にのみ届出義務が発生するのに対し，レコフデータ調査ではすべての株式取得が含まれているためではないかと推測される。

　表5-1は，企業結合をおこなう当事会社（または当事会社グループ）間の関係により，水平，垂直，混合という形態別の分布も示している。これらの区分は次による。

キーワード 5-1 ──────── 水平型，垂直型，混合型の企業結合

水平型：同一の一定の取引分野において競争関係にある場合

垂直型：取引段階を異にする場合

・前進：株式取得会社，存続会社，被承継会社または譲受会社が最終需
　要者の方向にある会社と企業結合をおこなう場合

・後進：前進とは反対方向にある会社と企業結合をおこなう場合

混合型：「水平型」，「垂直型」のいずれにも該当しない場合

・地域拡大：同種の商品または役務を異なる地域市場へ供給している場
　合

・商品拡大：生産あるいは販売面での関連性のある異種の商品または役
　務を供給している場合

・純粋：「地域拡大」および「商品拡大」のいずれにも該当しない場合

　混合型は一般的に多角化のための企業結合とみなすことができるが，純粋
な多角化の他に，地域的な多角化（地域拡大）も関連分野への多角化（商品
拡大）も含む。

　独占禁止法はその第15条において，次のように規定している。

法律規定 5-2 ──────── 合併の制限

　会社は，次の各号のいずれかに該当する場合には，合併をしてはならな
い。

一　当該合併によつて一定の取引分野における競争を実質的に制限する
　こととなる場合

二　当該合併が不公正な取引方法によるものである場合

　同様の規定が株式保有（第10条），分割（第15条の二），事業譲受け（第16
条），役員兼任（第13条）などすべての態様の企業結合についてなされてい
る。いずれも「一定の取引分野における競争を実質的に制限することとなる
場合」および「不公正な取引方法によるものである場合」に禁止されており，
上記の合併に関する制限の場合と共通する。このため，以下では合併を例に
とって議論するが，他の態様による企業結合においても同様である。

82

この2つの場合のうち，以下では第一，すなわち「一定の取引分野における競争を実質的に制限する」企業結合に焦点を当てる。競争政策上問題になることが多いのは，これに該当する事例だからである。前章のコラム4-2で例示した垂直型の企業結合でも，公取委が懸念したのはこの競争制限の可能性であった。こうした可能性がより直接的に起きやすいのは水平型の企業結合で，同一市場内で結合により企業数が減少するから競争制限効果が起きやすい。表5-1が示すように，2023年度に345件の届出があったうち約3分の2が水平型の結合で，件数的にも多い。そこで，以下では水平型企業結合，そしてその代表として水平合併を念頭に置いて，その経済効果を説明しよう[2]。

2 | 水平合併の経済効果

企業間で技術や費用条件が同一であり（つまり費用関数が同一であり），合併してもこのことに変わりはないような単純な状況を考えよう。また，第3章で考慮したような参入の可能性もないものとしよう。すると，企業が対称的なので，均衡では企業間で生産量が同じになるはずである。よって，企業数が n であれば，各社のマーケットシェア（以下単にシェアという）は $1/n$ になる。4社あるとすれば各社シェアは25％である。

このうちの2社が合併すれば，企業数は $n-1$ となる。合併によっても他の条件が変わらないとの想定のもとでは，ふたたび企業は対称的であり，各社のシェアは $1/(n-1)$ になる。これは，n が3以上である限り（すなわち $n=2$ のため合併後に独占になるのでない限り），合併前の2社のシェア合計である $2/n$ より小さい。よって，合併により企業はシェアを減少させる。

合併により企業数が減ったので，より独占状態に近づき，市場均衡の価格は上がり，産業生産量は減少する。すると，産業生産量が減ったうえにシェ

2）垂直型や混合型の企業結合についても，コラム4-2で例示したように，市場閉鎖などの望ましくない効果が予想されるのであれば問題となる。第5節で述べる問題解消措置がとられることもある。

第5章 合併・買収（M&A） 83

アを減らすので，合併企業の生産量はいわば二重に減少する。価格が上がるので生産量1単位あたりの利幅は増加するものの，生産量が減少する効果の方が大きく，合併後の企業の利潤を合併前両社の利潤合計と比較すると減少する。つまり，合併は，他の条件を変えない限り，シェアを減らし，利潤を減らす。価格が上がったので，消費者余剰も減少する。合併によって当該企業も消費者も損失を被ることになり，喜ぶのは，競争相手が減って価格が上昇したことで利潤を増加させる他企業だけである。すなわち[3]

定理 5-1 ──── 水平合併の効果

企業間で技術や費用条件が同一で，合併しても変わらないとき，合併後の均衡（クールノー均衡）を合併前と比較すると，以下が成立する。

(1) 価格は上昇する。

(2) 産業生産量，消費量は減少する。

(3) 合併企業の生産量，マーケットシェア，利潤は減少する。

(4) 合併しなかった企業の利潤は増加する。

(5) 消費者余剰は減少する。

これはなぜだろうか。合併しても合併以前と同様に行動していれば，少なくとも合併前と同じ利潤を確保できないのだろうか。

図5-2を見よう。四つ角に4つの商店がある。Aが値引きや販売促進活動などのキャンペーンをすることによって新規の顧客獲得を期待できるのは，2つの理由による。1つは，今までどの店からも購入していない新規の消費者の獲得である。これは産業全体を拡大する効果である。もう1つは，いままで他店（B，C，D）から購入していた顧客を奪うことである。これを顧客奪取効果という。図の矢印がこれを示す。

キーワード 5-2 ──── 顧客奪取効果

企業が他社から顧客を奪取することにより事業を拡大する効果。

3）この定理は寡占のクールノー・モデル（付録第10項参照）を用いれば容易に証明できる。拙著『新しい産業組織論』，第11章または『産業組織論』，第12章参照。次の定理5-2についても同様である。

図5-2 合併企業はマーケットシェアを減らす

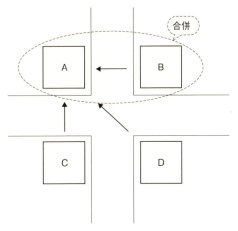

▶ Aは，矢印のように，他店から顧客を奪うことにより販売量を拡大できる。この顧客奪取効果はAとBが合併すると内部化される，すなわち，AによるBからの顧客奪取はBにとっての顧客損失となり，合併企業全体にとっての販売拡大効果が生まれない。このため合併企業の販売拡大へのインセンティブは弱くなり，徐々にマーケットシェアを失う。このシェア低下は，合併企業のシェアがCやDと同じ3分の1になるまで続く。

　顧客奪取効果は1社にとってはプラス効果でも，奪取される他社にとってはマイナス効果であるため，産業全体としての効果はない。しかし，奪取する企業は自社への効果のみを考えるため，顧客奪取のインセンティブを持つ。図では，他の3店からの顧客奪取によりAが売上を伸ばしうることを示している。

　次に，AとBが合併したとしよう。すると，Aが販売キャンペーンをおこなうと，他社の店（C，D）だけではなく，今や社内の他店であるBからも顧客を奪うことになる。このBから顧客を奪取するプラス効果は，BがAに顧客奪取されることにより生じるマイナス効果と相殺するから，AとBの間では，顧客奪取効果がいわば内部化されることになり，企業全体にとっては利潤を生まない。このため，合併企業（A＋B）の販売キャンペーンへの意欲は薄れる。相対的にCやDの方が活発に販売キャンペーンを実施することになり，次第にCやDがシェアを増やし，AとBはシェアを下げて，長期的

第5章　合併・買収（M&A）　85

には，A＋Bのシェア合計がCやDそれぞれのシェアと一致する。つまり，合併後企業はCやDと同じ3分の1のシェアを得ることになる。これが，定理5-1の基本的理由である。

それでは，合併が利潤を減らすにもかかわらず企業が合併しようとするのはなぜだろうか。4つの答えを考えることができる。

第1に，経営者が，利潤を減らしても企業規模の拡大を追求しようとしている可能性である。これを「帝国建設の夢」と呼び，多くのM&Aにおいてこれが真の動機であるとする議論がある。利潤を減らすことは株主利益を損なうから，この議論の背景には，経営者が株主利益を損なってもみずからの野望である帝国建設の夢を追求できる裁量権を持っているとの認識がある[4]。

第2に，企業数を減少し市場集中度を高めれば，あるいは合併によって明確なリーダーが生まれれば，企業間の協調が成立しやすくなる可能性がある。こうした状況のもとで暗黙の協調が生まれやすいことは，定理2-3やプライスリーダーシップ・モデル（キーワード2-6）で説明したとおりである。

第3に，合併によって効率性を高め，より低い費用で生産できるようになったり，より優れた製品を販売できるようになったりする可能性がある。このとき他社に対する優位性を持つことができるから，合併により利潤を増加できる可能性がある。特に，効率性の向上により限界費用がきわめて大きく低下するのであれば，市場均衡で成立する価格も低くなることがある。このときには，消費者も合併により利益を受けることになる。一方，限界費用低下がそれほどには大きくないが，ある程度大きいとき，均衡での価格は上昇するものの，合併企業の利潤は増加する。すなわち，

(定理) 5-2 ──── 合併による経営効率改善の効果

合併企業が，合併して経営効率を高めることにより限界費用を減少させるとき，合併後の均衡（クールノー均衡）を合併前と比較すると，以下

4）こうした，経営者がみずからの利益を実現するように意思決定をおこなうとする考え方を一般的に経営者資本主義（managerial capitalism）モデルあるいは経営者主義モデルと呼ぶ。R.マリスによるモデルが有名。拙著『企業経済学，第2版』，第4章参照。

が成立する。

(1) 限界費用減少がきわめて大きいとき，価格は低下し，合併企業の利潤は増加する。

(2) 限界費用減少が中程度に大きいとき，価格は上昇し，合併企業の利潤は増加する。

(3) 限界費用減少が小さいかゼロのとき，価格は上昇し，合併企業の利潤は減少する。

ケース(3)で限界費用減少がゼロの場合は，定理5-1で述べたケースである。ケース(2)では，価格が上昇するから消費者には望ましくない合併であるが，企業は実行するインセンティブを持つ。消費者へのマイナス効果の方が大きいのであれば，消費者余剰と利潤を合わせた社会全体の厚生への効果もマイナスとなり，こうした合併は禁止されるべきである。これこそ，独占禁止法にいう「競争を実質的に制限する」合併である。したがって，効率性の向上がどの程度のものなのか，その結果，市場での価格は上昇しそうなのか，あるいはむしろ低下しそうなのかは，合併を認めるべきかどうかを判断するための重要な要因である。

こうした効率性向上を合併により期待できるのはシナジー効果（複合効果または相乗効果と訳される）があるときである。

（キーワード）5-3 ——— シナジー効果

2社間での能力や資源を結合することにより単なる足し算以上の効果を生むこと。1＋1が2を上回る効果ともいう。

例えば，電子技術に強みを持つ企業が，光学技術に強みを持つ企業と合併することにより，デジタルカメラの生産費用が下がったり，開発が容易になったりするようなケースである。ただし，合併しなくても，共同研究などの提携（アライアンス）により同一の効果が期待できるのであれば，合併の競争制限効果が心配される限り，合併ではなく提携によりそうした効果を実現する方が社会的に望ましい。

シナジー効果のもう1つの例として，両社の特許，商標，デザインといっ

第5章　合併・買収（M&A）　87

た知的財産権や，ノウハウなどの技術資産をプールできることによる効果がある。電機や自動車などでは，1つの製品を作るために多くの技術が組み合わされている。こうした技術を集積型の技術という（第10章参照）。千件を超えるような特許が関わり，それらの使用許諾を得ないと製品を販売できないことも珍しくない。このとき，特許を持つ企業間の合併は，製品発売を容易にする効果が期待できる。また，強いブランド力を生む商標を持っていれば，合併相手の製品にもこの商標を用いて売上を伸ばせることがある。

このほか，学習による効率性向上も期待できるときがある。これは，より効率的な企業の経営手法を合併相手企業が学習することで効率性を向上させるという効果である。経営不振の企業を次々と買収し立て直すことに成功している事例が日本でもあるが，これは，買収企業の優れた経営方法を被買収企業に学習させているためであろう。

こうした効果により効率性が高まるのであれば，合併は社会的にも望ましいものになりうる。

もう1つ，水平合併が企業にとり有利になる第4の理由として，企業間での製品その他の差別化がある。節を改めて説明しよう。

3 製品差別化と合併

水平合併とは，キーワード5-1で示したように，「同一の一定の取引分野において競争関係にある」企業間の合併である。そして今まで，A社とB社がこの意味で水平的な関係にあることは自明であると考えてきた。すなわち，A社とB社は同質的な財を生産・販売しており，また，市場は同質的な市場であると考えてきた。しかし実は，第4章第2節の市場画定の議論で述べたように，全く同質的な市場というのは現実には少ない。

今一度，図5-2を見よう。四つ角にA，B，C，Dの4つの商店がある。これらは全く同じ商品を品揃えしていて，消費者にとって，どの店から買うかは全く無差別に考えていると仮定してきた。定理5-1や5-2はこの仮定に基づいて導かれたものである。しかし，よく考えれば，例えば図の左上に住んで

いる消費者にとっては，A が最も近く便利である。同様に左下に住んでいる消費者にとっては，C が最も便利である。そうだとすると，A での価格が他店での価格より少々高くても，A で買い続ける顧客がいるかもしれない。つまり，これら商店は地理的な意味で差別化されている可能性がある。

さらに，A に来る顧客の中には，A の店員のサービスが気に入っているから他店より少し高くても買うという顧客がいるかもしれない。すなわち，サービスでの差別化があるかもしれない。また，もちろん，店舗間で販売されている商品が異なれば，それぞれに固定的な顧客があって不思議ではない。これは商品の差別化である。すなわち，

（キーワード）5-4 ──────── 製品差別化

買い手が商品，サービス，立地などの意味で売り手間に差異があると認識しているとき，製品が差別化されているという。またそうした市場を差別化市場という。差別化が全くない市場を同質的市場という。複数の売り手が競争している市場で，ある売り手のみが価格を上げたとき，同質的市場では，その売り手への需要はゼロになる。差別化市場では，需要量は減少するものの，ゼロにはならない。

キーワードの後半部分は前半部分からの帰結であり，両タイプの市場の決定的な違いを明らかにしている。同質的であれば，すなわち，買い手が売り手間で何らの差異を認めないのであれば，ある売り手だけが値上げしたとき，すべての顧客は他の売り手に移ってしまう。一方，製品差別化があれば，この売り手の商品やサービス，あるいは立地が気に入っている買い手は，ある程度高くても，この売り手から買い続けるだろう。これが，キーワード後半部の意味である。いいかえれば，同質的市場ではすべての売り手の価格は等しくならざるを得ないが，差別化市場では，売り手間で価格が異なりうるから，各社は，他社価格の動向を注視しながらも，自社価格を設定することになる。

このことを念頭に置き，製品差別化があるとして，図5-2にある 4 店舗をもう一度考え直そう。すると，A が値上げしても，顧客の好みや場所に応じ，A で買い続ける顧客もいれば，B に移る顧客，C に移る顧客，D に移る

第 5 章　合併・買収（M&A）　89

顧客，さらには，買うことを断念してしまう顧客と，いずれも存在しうることがわかる。Aでの購入を止めた顧客のうちBに移る顧客の比率をAからBへの転換率と呼ぶ。同様にCへの転換率，Dへの転換率も考える。他店へ移ることで購入量を増やすことは考えにくいことと，どの店からも買わなくなってしまう顧客もいることから，転換率の合計が1を超えることはない。

　このことを考えれば，AとBとの合併の効果も異なったものとなる。Aが値上げしても，Bへ転換する分については合併後企業にとっては自社への需要として留まり，その利潤に貢献するからである。この利潤貢献分は，AからBへの転換率に，Bの単位当たり追加利潤を乗じたものに等しい。後者はBの限界マージン率と呼ばれるものに価格を乗じたものとして計算される。ただし，限界マージン率とは，追加的に1単位販売したときの追加的収入である価格から，追加的な費用（すなわち限界費用，付録第5項参照）を引いたものを価格で割った比率として定義され，プライス・コスト・マージン（略してPCM）とも呼ばれる。さらに，この全体をA社価格で割ったものをGUPPI（グッピと読む）という指標として用いる[5]。

> **（キーワード）5-5 ─────── 転換率とGUPPI**
>
> 　A社での価格上昇その他の理由によりAへの需要が1単位減少したとき，任意の他社，例えばBへの需要量が増加する割合をAからBへの転換率と呼ぶ。同様にBからAへの転換率も定義される。
>
> 　AとBが合併するとき，AについてのGUPPIは以下の式で計算される。
>
> 　（AからBへの転換率）×（Bの限界マージン率）×（B価格/A価格）
> ただし，
> 　Bの限界マージン率 ＝（B価格－B限界費用）/B価格
> BについてのGUPPIも同様に計算される。

これを用いれば以下の定理が得られる。

5）GUPPIとは Gross Upward Pricing Pressure Index の略であり，粗価格上昇圧力指標と訳される。ただし，一般にGUPPIと呼ばれるため，本文でもそのままとした。

定理 5-3 ―――― GUPPI と価格上昇圧力

AとBが合併するとき，両社間のGUPPIが高いほど，合併後の価格上昇の可能性が高い。

これは，上で説明したように，合併する両社間のGUPPIが高いほど，値上げしても，合併後自社内に需要が留まり利潤に貢献するから，顧客を失うことを心配しなくてよいからである。このため，GUPPIの高い企業間の合併は価格上昇につながりやすく，競争政策として問題にすべきである[6]。この点は次節で事例をあげて述べよう。

4 | 企業結合の競争政策

繰り返し述べているように，独占禁止法は，「一定の取引分野における競争を実質的に制限する」こととなる企業結合を禁止している。公取委はこのための審査を，これまで述べた経済学的な考察も取り入れて，以下の手順でおこなうのが通例である。

第1に，「一定の取引分野」とは何かを明確にする必要がある。市場画定である。このために使われるのが仮想的独占テストであることは前章のキーワード4-5で述べた。それに加え，地理的な市場画定も必要である。例えば，半導体のような本体価格に比べ輸送費が小さい製品では，買い手は世界中の売り手から安い価格を探そうとする。よって市場は世界全体と考える。一方，スーパーやコンビニは，近くの店が高いから遠くまで買いに行くという消費者は少ない。よって市場は地域的に考える必要がある。

第2に，こうして画定された市場で，多数企業が競争していて合併当事者

6）A・B間で転換率が高いなら（よってGUPPIが高いほど）A・B間で顧客奪取効果が強い。合併は顧客奪取効果を内部化するため，顧客奪取へのインセンティブを失い価格を上げやすくすると前節で述べたが，これは，A・B間のGUPPIが高いほど合併後の価格上昇の可能性が高いと述べた定理5-3と共通する。すなわち，GUPPIとは，合併企業間での顧客奪取効果の強さ（転換率の高さ）を含め，合併後の値上げインセンティブの強さを予測する指標である。

第5章　合併・買収（M&A）　91

（子会社等を含む）のシェアも小さいなら，あるいは，合併当事者の少なくとも一方が小規模で，合併しても両社のシェア合計がほとんど変わらないのであれば，合併が競争条件に影響するとは考えにくく，問題になるおそれは小さい。そこで企業結合ガイドラインは，合併会社のハーフィンダール指数 HHI（キーワード4-3）の大きさと合併によるその増加のいずれもが一定値以下であれば，「実質的に競争を制限する」とはみなされないことを明らかにしている[7]。このような基準をセーフハーバー（安全港基準）という[8]。

キーワード 5-6 ──────── セーフハーバー

公表されたその基準を満たせば，企業の当該行為（企業結合など）を違法行為として競争政策当局が問題にすることは通常ないことを明確にするための基準。

この基準を満たしていれば安全（safe）な港（harbor）に停泊しているようなものなので，こう呼ぶ。企業に対し，自社が計画する合併が競争政策上問題になりうるかどうかについて，より良い見通しを与えるのが主目的である。

第3に，これまでは参入がないことを前提とした。しかし，参入障壁が低いのであれば，市場はよりコンテスタブルであり（第3章参照），合併によって価格が上がる可能性は低い。よって，参入障壁がどの程度の高さなのかを調査する必要がある。参入には，海外企業による対日輸出・対日直接投資も含まれる。したがって，輸入に対する関税，輸送費，国内販売網整備などの面で海外企業あるいは輸入業者が不利でないならば，合併が競争制限効果を持つ可能性は低い。

第4に，合併により企業が協調的な行動をとりやすくなるのであれば，合併は価格上昇に結びつきやすい。合併により市場集中が高まるほど，また，

7）具体的には，①企業結合後の HHI（％表示）が1500以下，②企業結合後の HHI が1500〜2500，かつ企業結合による HHI の増分が250以下，③企業結合後の HHI が2500以上，かつ企業結合による HHI の増分が150以下，のいずれかに該当する場合。

8）セーフハーバーは企業結合以外についても設けられているものがあるため，キーワードでは一般化して定義したが，企業結合に関するものが最もよく知られており，以下でも単にセーフハーバーとして，企業結合に関するセーフハーバーをいう。

合併によりマーケットリーダーが明確になるほど，こうしたおそれは大きい。また，従前から談合やカルテルが問題にされてきた業界であれば，企業間での協調が成立しやすい環境や文化にあると予想されるので，合併がそれを助長することがないか，慎重な審査が必要である。

　第5に，効率性向上の可能性である。定理5-2で明らかにしたように，合併による効率性向上効果がきわめて大きいなら価格も下がる（ケース1）。このとき，合併は消費者にとっても歓迎できるから許容されるべきである。しかし，効率性向上効果がそこまで大きくないのであれば，合併によって企業の利潤は増加しても，価格が上がって消費者は余剰を減らす（ケース2）。この可能性に関し，企業結合ガイドラインは，「効率性の向上により需要者の厚生が増大するものであること」を要件としている。これは，ケース2を許容せず，ケース1の場合にのみ効率性を考慮することを明らかにしているものである。また，この効率性向上が「企業結合固有の効率性向上であること」も要件としている。企業結合しなくても，何らかの提携関係を持つことなどにより同一効果を達成できるのであれば，効率性向上は合併容認のために考慮すべき事由とはならない。

　このため，競争制限的なおそれがあるにもかかわらず効率性向上を理由として合併を認めることには，公取委は慎重である。実際問題として，効率性向上効果の予測が困難であること，投資家へのアピールのために当事会社は合併の効果を過大に主張しがちなこと，一方，公取委のような競争当局がそれを判断するに十分な情報を持っていないことを考えれば，効率性を理由として合併を容認することに競争当局が慎重なのは妥当な判断であろう[9]。

　これらの条件をすべてクリアする合併であれば，競争制限効果が深刻になるとは考えにくい。こうした審査の過程では，転換率やGUPPIその他の経済学的あるいは統計的な分析も活用されることがある。コラム5-1はそうした事例を示す。

9）多くの実証分析結果は，合併により効率性を向上させたり利益率などの経営成果を向上させたりした事例は多くないことを示唆している。公正取引委員会競争政策研究センター「企業結合の事後評価——経済分析の競争政策への活用」（共同研究報告書，CR 04-11，2011年）。

第5章　合併・買収（M&A）　93

コラム 5-1

ファミリーマートとユニーグループとの経営統合（2015年度）

　ファミリーマート（以下「ファミマ」）はコンビニエンスストア（以下「コンビニ」）であるファミリーマート等をフランチャイズ方式でチェーン展開していた。一方，ユニーグループ・ホールディングスは持株会社であり，その子会社であるサークルＫサンクスが同様にコンビニをチェーン展開していたほか，ショッピングモール，総合スーパー，食品スーパーなど複数の業態で総合小売業を営んでいた。両社が合併計画を届け出たので，審査が開始された。

　市場画定においては，まず，コンビニと他の業態の小売業の間での需要の代替性は限定的と考えられたため，これらは別市場であると判断された。また，両社とも事業を展開していたのはコンビニだけなので，公取委の審査はコンビニに事実上限定された。次に地理的範囲であるが，一般的にコンビニの商圏は500m程度といわれていることなどを踏まえ，各コンビニ店舗を中心とする500mの範囲を地理的範囲として画定した。

　そこで，全国のコンビニ店舗を調べてみたところ，500mの地理的範囲内にファミマおよびユニー系のコンビニがいずれも存在するのは2222地域あり，これら地域では，合併により，競合関係にあるコンビニ・チェーンの数が1つ減少することになる。すなわち，例えば，これまでファミマ，ユニー系（サークルＫサンクス等），セブンイレブンの3つのコンビニ・チェーンが競合していた地域では，合併により，統合会社（ファミマとユニーグループが合併する会社）とセブンイレブンの2つのコンビニ・チェーンの競合だけになる。2222地域のうち，合併後も3つ以上のコンビニ・チェーンが競合する地域，および，2つとなるが統合会社の地域内店舗数を競合会社の地域内店舗数が上回る地域では，合併後も十分な競争が維持されると期待されたが，これらを除く863地域では競争の低下が懸念された。

　公取委は，この863地域を次の4グループに分けた。

	①	②	③	④
半径500m内の合併後競合するコンビニ・チェーン（統合会社を含む）の数	2	2	1	1
隣接 1 km 圏内（半径500m～ 1 km内）に競合コンビニ・チェーンの店舗があるか	あり	なし	あり	なし

次に，各グループから複数店舗をサンプルとして選び，これら店舗で一定程度の値上げがおこなわれた場合に他店舗に購入先を切り替えるかどうかを来店客にアンケート調査して，転換率を推定した。これに，財務データから得られた限界マージン率を乗じることにより，GUPPI を計算したところ，グループ①〜③ではこの値は小さいが，グループ④では比較的高いことが判明した。そこでこのグループに属する68地域について，個別に詳細に審査したところ，いずれも，近隣のスーパーマーケットなど他業態の店舗が競争圧力として働いている，自動車で来店する客が多く 1 km を超える距離の競合店とも競争関係にあるなどの理由で，合併により競争が制限されるおそれは少ないと判断された。この結果，公取委は合併を承認した。

5 問題解消措置が必要な企業結合

　競争制限となるおそれがあっても，企業結合を計画する企業（当事会社）が何らかの措置をとることによりそうしたおそれが解消されると判断されるようであれば，企業結合が認められることがある。そうした措置を問題解消措置（英語で remedy）と呼ぶ。

(キーワード) 5-7 ―――――― 問題解消措置（レメディ）

企業結合が一定の取引分野における競争を実質的に制限するおそれがある場合に，当事会社グループが一定の措置をとることにより，その問題を解消することができると判断されるような措置。ただし当事会社グループとは，企業結合を計画している会社およびそれと結合関係にあるす

第5章　合併・買収（M&A）　95

べての会社（親会社，子会社等）を含めたグループをいう。

問題解消措置として次の 6 類型がある[10]。

（1）事業譲渡等

当事会社グループの事業部門の全部または一部を譲渡すること等により，競争企業を作ったり，既存競争企業をより強くしたりして，企業結合がもたらす競争制限効果を抑止しようとするもの。

（2）コストベースの引取権の設定

競争企業に対して当該商品の生産費用に相当する価格での引取権を設定する（長期的供給契約を締結する）ことにより，競争企業が当事会社グループと対等に競争できるようにするもの。

（3）輸入・参入に必要な設備等の提供

輸入や参入にあたり貯蔵設備や物流サービス部門等のインフラが必要なときに，当事会社グループが持つこれらインフラを輸入・参入企業が適正な料金で利用できるようにするもの。

（4）特許権の実施許諾・技術供与

当事会社グループが有する特許技術が参入企業や既存競争企業が競争を維持するために不可欠な場合に，これら企業の求めに応じて適正な条件で特許権等の実施許諾をするもの。

（5）情報遮断措置等

当事会社グループが生産部門のみを統合することによって生産を効率化する一方，販売部門は引き続き独立した競争単位として競争を続けることで企業結合後も競争を確保しようとする場合に，これら販売部門の独立性を維持するために，販売部門間や生産部門・販売部門間で情報を遮断する措置をとるもの。

（6）取引制限や差別取引の禁止

当事会社グループに属する事業者との取引に比べて，他の事業者に対して

10）公正取引委員会「企業結合審査の事後的検証調査報告書」（2007年），深町正徳編著『企業結合ガイドライン　第 2 版』，商事法務，2021。次ページで引用する件数もこれらによる。

不利な取引条件を課すなど，差別的に取り扱うことを禁止するもの。

　これらの措置がとられた件数は1996〜2019年において，（1）28件，（2）12件，（3）8件，（4）11件，（5）25件，（6）13件である。複数措置をとった企業結合事案ではそれぞれに1件と数えており，例えば前章コラム4-2で引用した日立金属と三徳の結合は（5）と（6）の双方に含まれている。

　問題解消のためには（1）のような構造的な措置が望ましい。事業の譲渡はいったん実施されれば復活困難であるから，競争企業も需要者も，それによって実現する競争的な市場構造が永続するものと予想するからである。これに対し（2），（3），（4）は設備や特許権を当事会社グループが保有し続けたうえでその利用を他社に認めるというものであり，違反すれば公取委による何らかの措置はあると期待されるものの，当事会社グループがどれだけ熱意を持って実行するか，また諸条件が変わっても実行するかに不安が残る。しかも，「コストベース」，「適正な条件」等での提供が実行されているか否かを判断することは難しい。さらに（5），（6）についても，外部からその実行を監視することに困難性がある。

　よって原則として，（1）の構造的措置を優先すべきである。しかし，事業を譲り受けるには資金負担やリスクが大きすぎたり，譲り受ける側が予想する需要が譲り受ける事業の最適規模に達しなかったりする場合があり，このような場合には事業譲渡先を見つけるのが困難になる。特に衰退産業で需要の減少が見込まれている場合には，こうした事態が起きやすい。むしろコストベースでの引取権や設備提供が，譲り受ける企業にとって有利であり得る。このため，（2）以下のような問題解消措置を了承して企業結合を容認することが現実的となる場合も多い。上述の数字も，これら措置が多くとられていることを示している。

　コラム5-2で紹介している事例は，（1）の構造的措置を中心に（2），（4），（5）にあたる措置が組み合わされたものである。

コラム5-2

新日鐵住金による山陽特殊製鋼の買収（2017年度）

新日鐵住金（その子会社等を含むグループ）が山陽特殊製鋼（同上）の株式の51.5%を取得することを計画した。両社（併せて以下「当事会社」）が競合または取引関係に立つ約10の取引分野について審査したが，そのうち軸受用小径シームレス鋼管について重点的に審査した。

鋼管にはシーム鋼管とシームレス鋼管があり，シームレス鋼管は外径のサイズにより大径，中径，小径に分かれ，さらに小径シームレス鋼管は用途により分類されるが，これらの間での需要や供給の代替性は小さいとして，市場は軸受用小径シームレス鋼管として画定された。この市場では山陽特殊製鋼が約70%，新日鐵住金が約30%と，当事会社以外には競争者がなかった。すなわち，この結合によりハーフィンダール指数（%）が10,000になるから，セーフハーバー基準（キーワード5-6および注7）を満たさない。また輸入もほとんどなく，参入障壁も高い。このため，公取委は

「本件行為により，当事会社は，軸受用小径シームレス鋼管の取引分野を独占することとなり，輸入圧力及び参入圧力が認められないことに加えて，隣接市場からの競争圧力及び需要者からの競争圧力も限定的であることから，当事会社が単独で価格等をある程度自由に左右することができる状態が現出し，本件行為が国内の軸受用小径シームレス鋼管の取引分野における競争を実質的に制限することとなると認められる」
と結論した。これに対し，当事会社は以下の問題解消措置を申し出た。

「当事会社は，山陽特殊製鋼が所有する軸受用小径シームレス鋼管（以下「本製品」）の圧延設備に係る一定割合の持分を神戸製鋼所に譲渡し，神戸製鋼所は，当該設備について年間15,000トンの使用権を有する。当事会社は，神戸製鋼所から，年間15,000トン（神戸製鋼所が希望する場合には追加で1,000トン）を上限として，本製品の操業生産を受託する。神戸製鋼所が上限数量を超える数量の操業生産の委託を希望する場合は，当事者間で誠実に協議・決定する。当事会社は，神戸製鋼所に対して，神戸製鋼所が本製品の販売において必要とする技術・品質情報を提供するとともに，本製品の新規

仕様ニーズ，製品開発ニーズ等に対する技術サービス支援を行う。」

　また，当事会社が保有する本製品に係る一部の商権を神戸製鋼所に譲渡することや情報遮断（当事会社は，本製品の操業生産の受託に伴って神戸製鋼所に係るセンシティブ情報（コスト情報，営業情報，顧客情報等）が当事会社の営業部門等に開示等されることのないよう，自社内に適切な情報遮断措置を講じる）なども提案した。これを受けて公取委は「本件問題解消措置を前提とすれば，新たに有力な競争事業者として神戸製鋼所が市場に参入することで，本件行為以前と同程度の競争環境が維持されるものと評価できることから，本件行為により，国内の軸受用小径シームレス鋼管の取引分野における競争を実質的に制限することとはならないと認められる」と結論した。

練習問題 ▶▶▶▶▶

5-1 企業間で技術や費用条件が同一で，製品も同質的であり，合併後も変化がないときに，合併が，価格，産業生産量，合併企業の生産量，合併企業の利潤，その他企業の利潤，消費者余剰に与える影響を述べよ。

5-2 合併が効率性を高めるとき，合併が社会にとっても望ましいものになるときがあるか述べよ。

5-3 製品，サービス，立地などで企業間の差別化があるとき，5-1への回答はどのように変わるか，述べよ。

5-4 企業結合規制に関するセーフハーバーとは何か，述べよ。

5-5 コラム5-2で紹介した事例においてとられた問題解消措置を述べ，その有効性をどう評価すべきか，論ぜよ。

議論のための問題 ▶▶▶▶▶

経営破綻して倒産が予想されている企業を合併・買収するのは，経営が比較的好調なトップ企業であることが多い。こうしたいわゆる救済合併を，市場集中の増加にかかわらず容認すべきか，議論せよ。救済せず倒産が起きたときの社会的費用にどのようなものがあるかについても考えてみるとよい。

>>> **第6章**

垂直的取引制限

　製品やサービスが生産され消費者の手に渡るまでには，典型的には原料採掘→精錬→部品製造→組立→卸売→小売のように，多くの段階がある。こうした流れを垂直連鎖といい，その間での関係を垂直的な関係という。川に喩え，川上（より原料に近い側）から川下（最終需要者である消費者に近い側）への流れともいう。前章で述べたように，川上企業と川下企業の合併は垂直合併と呼ばれる。

　川上から川下までのすべての流れを1つの企業が統合していることはありえず，鉱山会社と精錬会社，部品会社と組立会社，メーカーと小売店など，川上企業と川下企業の間での取引が何段階にもわたりおこなわれている。このような垂直的な取引関係において取引相手の自由を制限するような行為，これを垂直的取引制限と呼ぶ。

（**キーワード**）6-1 ──────── **垂直的取引制限**

川上企業・川下企業間で，いずれかの当事者が他方の当事者の自由を制限する条件を付けて取引する行為。

　垂直的取引制限で競争政策上問題になりうる行為はいくつかあるが，本章では，再販売価格維持行為を中心に解説しよう。

　代表的な例として，メーカーと小売店の関係を考える。間に卸売業者が入る場合も取引関係が1段階増えることを除けば同様である。また以下ではメーカーが小売店の自由を制限する行為を考えるが，大規模小売店の場合のように，小売店の方が規模でも交渉力でも強い立場にあることもある。この場合には，第8章で議論する優越的地位の濫用も問題になることが多い。また

101

現在では，ネット上のオンラインモールの役割が大きくなっており，それに特有の諸問題については，第11章で扱う。

1 再販売価格維持行為とテリトリー制

メーカーは小売店に対し卸価格でその製品を販売（卸販売）する。小売店は，メーカーより仕入れた製品を消費者に小売価格で販売（小売販売）する。これは，メーカーにとってみれば販売先による再販売である。この再販売について，メーカーが販売先小売店に課す制限が垂直的取引制限となり，代表的なものが小売価格に関するものである。これを再販売価格維持行為という。

（キーワード）6-2 ────── 再販売価格維持行為
小売店に対し，メーカーが設定した価格での再販売を義務付ける条件を付けて卸販売する行為。「再販」と略す。

メーカーが小売店に対し販売するときの卸価格については，自社出荷価格であるから，メーカーが自由に設定できる。しかし，小売店が消費者に販売するときの価格（小売価格）については，小売店が決定権を持つべきである。メーカーから見れば再販売価格にあたるこの小売価格をメーカーが設定し小売店に守らせていれば，それは，小売店の価格決定権を侵害し，小売店間の競争を阻害する。これが再販を原則禁止する理由である。

価格ではなく，再販売先に関して課す制限もある。

（キーワード）6-3 ────── テリトリー制
小売店に対し，特定の顧客グループ（潜在的な顧客を含む）以外への再販売を禁止する条件を付けて卸販売する行為。

テリトリー制で一般的なのは販売地域制限で，例えば県外の顧客への小売販売を禁止する。この他，特定の業種の顧客のみに限ったり，特定の種類の消費者のみに限ったりすることもある。テリトリー（territory）とは領地や縄張りを意味する英語である。

再販にせよテリトリー制にせよ，小売店の自由な営業活動を妨げ，小売店間の競争を阻害するものであるから，正当な理由がない限り，独占禁止法により禁止されている（詳細は第3節）。以下では再販を中心に論じながら，必要に応じテリトリー制にも触れる。

　ただし，小売店間の競争がなくてもメーカー間の競争はありうることに注意しよう。メーカーはそのブランド（複数のこともある）によって消費者により認知されている場合が多いので，メーカー間競争というよりブランド間競争と呼ぶのが適切である。これに対し，小売店間の競争をブランド内競争と呼ぶ。

（キーワード）6-4 ─────── ブランド間競争とブランド内競争
　ブランドの異なる商品間の競争をブランド間競争と呼び，同一ブランド
　商品についての小売店間の競争をブランド内競争と呼ぶ。

　図1-1の場合と同様に，単位あたり生産費用（平均費用）は一定で，よって，限界費用に等しい（付録第5項参照）としよう。すると，ブランド間で価格をめぐる競争が起きればベルトラン均衡となり，製品差別化がなければ，卸価格はメーカーの限界費用に等しくなるはずである（付録第10項参照）。また，ブランド内競争があり，小売店が販売に要する費用を無視できるのであれば，小売店間の価格競争により，小売価格は仕入価格である卸価格に等しくなるはずである。よってブランド間・ブランド内ともに競争があれば，小売価格は限界費用に等しくなり，このとき，社会にとって最も望ましい資源配分が達成される。すなわち，「見えざる手」の定理が働いてパレート最適が実現する（定理1-1，1-2）。

2 ｜ 再販売価格維持行為の正当化理由 ──二重の限界化とただ乗り問題

　競争が十分でなければ，販売価格は限界費用を上回って決められる。このことは，独占やカルテルの均衡において（第1章あるいは付録第8項参照），また寡占のクールノー均衡において（付録第10項参照），成立する。よって，

第6章　垂直的取引制限　103

ブランド間競争，ブランド内競争のいずれかが不十分であれば，見えざる手は十分に機能しなくなる。

　ブランド間・ブランド内のいずれでも競争が不完全なとき，この問題は二重に発生する。独占的なメーカーは，その限界生産費用にマージン（利幅）を上乗せして卸価格を設定する。この卸価格が小売店にとっての限界仕入費用になるので，独占的な小売店も，これにさらにマージンを上乗せして小売価格を設定する。よって，メーカーと小売店で二重にマージンを上乗せするので，小売価格は限界生産費用を大きく上回ってしまう。これを二重の限界化という。

（定理）6-1 ——————— 二重の限界化
　垂直的な取引関係にある2段階の市場において競争が不完全なとき，それぞれの市場において限界費用を上回る価格設定がなされるため，価格は二重に限界費用を上回る。これに伴い，取引量（よって生産量，消費量）は完全競争均衡に比べ二重に過少になる。これを二重の限界化という。

　図6-1がこれを示す。与えられている需要曲線や40円の単位生産費用（一定であるため限界生産費用に一致する）は，図1-1で用いたものと同じである。第1章では，独占であったり，寡占企業間でカルテルが成立したりしているのであれば，M点が利潤を最大化する最適点として選択され，価格が70円，生産量は30個になることを説明した。ところが，垂直的な取引関係のもとでは，70円は消費者に対する価格ではなく，小売店に対する卸価格，すなわち小売店の仕入価格である。小売店も独占であれば，この仕入価格をさらに上回る85円が最適価格として選択されてしまう。よって，生産量は30個を下回る15個になる。メーカー，小売店ともにマージンをとるため，消費者への価格は二重に限界費用を上回る。これが二重の限界化である。

　この結果，均衡点であるN点では，通常の独占均衡（M点）に比べ，(1)価格はさらに高く，(2)高い価格で少ない商品しか購入できないため消費者余剰は少なく，(3)利潤も小さくなる。図を見よう。メーカーと小売店が統合されていれば一段階のみの独占であり，利潤はBとCの面積を合計した

図6-1 メーカーと小売店による二重の限界化

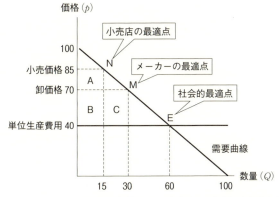

▶ メーカーにとり40円が単位あたり生産費用（限界生産費用）であるとき，利潤を最大化する価格として卸価格を70円に設定する。小売店にとっては，この70円が単位あたり仕入費用（限界仕入費用）であり，そのもとで利潤を最大化する価格として小売価格を85円に設定する。この結果，販売量は15個になり，メーカーの利潤は長方形Bの面積（30円×15個＝450円），小売店の利潤は長方形Aの面積（15円×15個＝225円），合わせて675円となる。これは，統合しているときの独占利潤である長方形B＋Cの面積（30円×30個＝900円）より小さい。小売価格も85円となり，統合しているときの独占価格70円より高く，その分だけ消費者余剰（小売価格の上の三角形の面積，キーワード1-2参照）も小さくなる。

900円である。ところが，メーカーと小売店がそれぞれ独占としての利潤最大化行動をとるため，A（小売店利潤）とB（メーカー利潤）の面積を合計しても675円にとどまる。二重の限界化のために，消費者だけではなく，売り手も損失を被ることになる。

この問題を解決するには，もちろん，メーカーと小売店が統合しメーカー直販体制に切り替えればよい。通常の独占のようにM点が均衡となるからである。しかし，垂直統合しなくても，二重の限界化を避ける2つの契約方法がある。

1つは，メーカーが卸価格を限界生産費用に等しい40円にすることである。すると，小売店の限界仕入費用も40円となり，70円が最適小売価格となる。小売店はB＋Cの利潤を獲得するので，メーカーがその中からBを上回る額

の固定額（Dとする）を受け取れるような契約にしておけば，二重の限界化が起きている場合に比べメーカーは利潤を増やし，またA＜B＋C－Dが成り立つようにDを決めれば，右辺が小売店の受け取る利潤なので，小売店も利潤を増やす[1]。よって，メーカーにとっても，小売店にとっても，そして（小売価格が85円でなく70円のため）消費者にとっても，二重の限界化が起きている場合より望ましい。

この契約のもとでは，メーカーは40円×販売量＋固定料金（D）を小売店から徴収することになる。このように，販売量（＝小売店仕入量）に応じた料金に加え固定料金を徴収するという料金体系を2部料金制と呼び，身近には，電力や水道の料金体系（基本料金プラス使用量に応じた料金）に見られる。

もう1つの契約方法は，メーカーが小売価格を70円に設定し，小売店に守らせることである。すなわち，再販売価格維持（再販）である。そして卸価格を例えば60円とすれば，メーカーの利潤が600円（＝(60－40)×30），小売店の利潤が300円（＝(70－60)×30）と，いずれも二重の限界化の場合より大きくなる。小売価格は85円でなく70円なので，消費者もより多くの余剰を得ることができる。よって次の定理を得る。

（定理）6-2 ──────── 二重の限界化と再販

二重の限界化が起きているとき，再販売価格維持行為により，小売価格を低下させ，取引量（よって生産量，消費量）を増加させることにより，消費者余剰も，メーカー利潤および小売店利潤も増加させることができる。

つまり再販は，競争を制限するどころか，二重の限界化の弊害を防ぐことに役立ち，社会的に望ましいことになる。この理由で，二重の限界化理論は，再販の社会的意義を主張するために利用されてきた。ただし，二重の限界化が起きるために不可欠な条件は，メーカー・小売店の両段階において競争が

1）A＜Cなので，B＋C－A＞Bであり，B＋C－A＞D＞BとなるようにDを決めることができる。

不完全なことである。単純化していえば，独占の弊害が2段階で起きるよりも，まとめて1段階だけで起きるような工夫があった方がましで，再販はその1つでありうることをこの定理は示している。よって，メーカー・小売店いずれの市場にせよ，競争を回復させることが可能なら，そうした政策が優先されるべきである。

二重の限界化で販売量も利潤も減少してしまうのに，メーカーが直販しないで小売店を経由して販売するのはなぜだろうか。それは，国際貿易理論で使われる言葉を用いれば，比較優位である。小売店にはメーカーの持たない有形・無形の資源や能力・知識があり，それを用いて販売活動をおこなうことで，メーカーに対する比較優位を持っているからである。身近にある商店は，地元の顧客の嗜好を熟知しており，また，どのような販売促進活動が効果的かを知っている。大型店は，多種多様の商品を揃えて顧客に提供することにより，多くの顧客を誘引できる。ディスカウント店は，流通販売経費を引き下げて安い価格で商品を販売するためのノウハウを持っている。このように，小売店はその能力を生かして独自のサービスを提供することにより，メーカーが直販するよりも販売量を増やすものと期待されるからこそ，メーカーは小売店を通じて販売する。

ただし，こうしたサービスには費用がかかる。店頭に多種の商品を陳列するには店舗スペースの費用がかかり，商品説明をするには販売員を雇用する費用がかかる。販売促進のためにチラシ広告を配布したり試供品を提供したりするにも費用がかかる。こうした費用を小売店はどうやってまかなうのだろうか。

販売してあげた売上高の中から，と読者は答えるだろう。しかし実は，この答えは必ずしも正しくない。ただ乗り問題（または英語のままフリーライダー問題）が発生する可能性があるからである。

読者は例えばパソコンを買うとき，商品についての情報をどこで得て，どこから買っているだろうか。この2つが違ってはいないだろうか。電器店に行って各種のパソコンを試し，店員に説明を聞き，パンフレットを貰ってから，ネットで安いところを探して注文していないだろうか。あるいは秋葉原に行き，サービスはなくても安い店に行って買っていないだろうか。

消費者がこうした行動をとるとき，ネット店舗やサービス抜きの低価格販売店は，各種サービスを提供している小売店のサービスにただ乗りしていることになる。ただ乗り問題は公共財に関連して議論されることが多い。治安サービスや公園のような公共財は，費用を負担しなくてもそのサービスから排除されない。つまりただ乗りできる。このため，公共財は市場メカニズムでは供給されず，政府が税という法的手段によって国民から徴収した資金によって供給される必要がある。

　小売店の提供するサービスは，これと同じ意味で公共財である。小売店は，自店では購入してくれそうもない客に対してもサービス提供を拒否できないから，消費者は小売店の提供するサービスをただで利用し，安売り店もサービス提供する小売店にただ乗りすることになる。このただ乗りが一般化すると，小売店はサービスを提供するインセンティブを失い，公共財と同様に，市場メカニズムのもとでは販売サービスが一切提供されないことになってしまう。この結果，消費者の購入意欲は減退し，小売店もメーカーも販売量を減少させ利潤を減らすであろう。つまり，すべての市場参加者にとり，望ましくない結果となってしまう。

　この問題を解消するには，消費者によるただ乗りが不可能であるような仕組みが必要である。このために再販は有効である。メーカー設定小売価格（いわゆる定価）をすべての小売店が守るので，消費者にとってはどの小売店で購入しても同一価格となり，この結果，サービスを受けた小売店で購入するからである。

定理 6-3 ―――― ただ乗り問題解消策としての再販

消費者が小売店の提供するサービスにただ乗りし，購入は他店ですることが可能であれば，どの小売店もサービス提供へのインセンティブを失う。このとき，再販によりブランド内価格競争を排除すれば，ただ乗り問題は発生しない。

　ただし，ただ乗り問題解消が再販への正当な理由であるために必要な条件がある。それは，サービスに対して別個に料金を徴収することが不可能なことである。例えば配達，設置，修理などのサービスについては，それに対し

て課金することができる。したがって，当該商品とは別個に市場が成立し，サービス供給を小売店が兼ねるにせよ，サービス専門業者がするにせよ，サービスに対して別個の価格を設定することができ，すべての小売店がサービス供給せず価格のみで競争するようになっても不都合がない。このため，再販その他を認めるべき理由にはならない。これに対し，陳列や商品説明については，別個に料金を徴収することは不可能と思われるから，定理6-3によって再販を正当化しやすい。

テリトリー制もただ乗り防止には有効である。テリトリー制の代表である地域制限型では，消費者はその居住する地域内にある小売店でしか購入できないから，地域内に安売り店がなければ，サービスを受けた小売店で購入することになるからである。

ただし，再販とテリトリー制の間では再販がより一般的である。それは，第1に，テリトリー内の顧客にのみ限って販売を許すことは，現実には困難な場合が多いからである。学生証を確認して学生料金を適用するような例はあるが，一般の商品で小売店が顧客の身分証明書を確認することは考えられない。また，それをメーカーが義務付けたとしても，小売店が（偶然あるいは故意に）確認を怠り，テリトリー外からの顧客にも販売することで売上を増やそうとすれば，それを阻止することは困難である。

第2に，テリトリー制でも，テリトリー内に小売店が複数あれば，その中にサービスなしの安売り戦略をとる企業が出てくる可能性がある。逆に，小売店が独占であれば，二重の限界化の弊害が発生する可能性があるとともに，サービス提供で顧客を勧誘するインセンティブも起きない。これに対し再販では，価格競争が禁じられているだけなので，小売店間で価格以外の競争，特にサービス競争が起きることが期待される。これは消費者には望ましいことであり，また，それにより市場が拡大する効果が見込まれるので，メーカーにとっても望ましい。

このように，販売サービスにおけるただ乗りを防止する手段としてテリトリー制や再販は効果的で，その中でも再販の方が価格以外での競争が期待できる点で優れている。

第6章　垂直的取引制限　109

3 垂直的取引制限と独占禁止法

　独占禁止法が不公正な取引方法を禁止していることはすでに述べた。不公正な取引方法に該当する行為として法律規定3-2で３点をあげたが，さらに「自己の供給する商品を購入する相手方に，正当な理由がないのに，次のいずれか（イまたはロ）に掲げる拘束の条件を付けて，当該商品を供給すること」（第２条９項四，かっこ内は筆者追記）を禁止しており，イとして記されているのは以下のとおりである[2]。

（法律規定）6-1 ──────── 再販売価格の拘束

　相手方に対しその販売する当該商品の販売価格を定めてこれを維持させ
　ることその他相手方の当該商品の販売価格の自由な決定を拘束すること。

　よって再販は，「正当な理由がない」ときには，不公正な取引方法とみなされ禁止される。それでは正当な理由とは何か，この点に関し，公正取引委員会は流通・取引慣行ガイドラインで次のように述べている[3]。「『正当な理由』は，事業者による自社商品の再販売価格の拘束によって実際に競争促進効果が生じてブランド間競争が促進され，それによって当該商品の需要が増大し，消費者の利益の増進が図られ，当該競争促進効果が，再販売価格の拘束以外のより競争阻害的でない他の方法によっては生じ得ないものである場合において，必要な範囲及び必要な期間に限り，認められる」。２つの要件が重要である。第１は，競争促進効果があって消費者の利益を増進することである。第２は，より競争阻害的でない他の方法がないことである。この第２の点で，二重の限界化解消は正当な理由になりにくい。川上・川下での競争を復活させればよいからである。

---

2 ）ロにあたるのは，相手方のさらに販売先の販売価格についての拘束であり，いわば再再販の禁止である。

3 ）正式名は「流通・取引慣行に関する独占禁止法上の指針」（1991年制定，2017年改正），引用は第１部第１から。

もう１つの正当化理由として定理6-3で示したただ乗り（フリーライダー）防止については，ガイドラインは以下のように例示する。「例えば，事業者が再販売価格の拘束を行った場合に，当該再販売価格の拘束によって，（中略），いわゆる『フリーライダー問題』の解消等を通じ，実際に競争促進効果が生じてブランド間競争が促進され，それによって当該商品の需要が増大し，消費者の利益の増進が図られ，当該競争促進効果が，当該再販売価格の拘束以外のより競争阻害的でない他の方法によっては生じ得ないものである場合には，『正当な理由』があると認められる」。すなわち，サービスが提供されることによりブランド間競争が促進される場合を考慮しており，定理6-3の考え方がガイドラインに反映されている。

再販以外では，テリトリー制なども拘束条件付取引（法律規定3-2参照）であり，原則として独占禁止法違反となる。ただしここでも，「不当に」あるいは「公正な競争を阻害するおそれがある」場合との限定がある。いいかえれば，これらの行為をする合理的な理由また競争阻害でないとの理由があれば，これら行為は認められる。これを合理の原則と呼ぶ。この点は，カルテルや談合において，参加者で合意して価格を決定すれば直ちに違法とするとの考え方と異なる。この後者の考え方は当然違法，あるいは英語の表現を使いパーセ・イリーガル（per se illegal）と呼ばれる。パーセとは「本来的に」とか「それ自体で」という意味のラテン語派生の英語である[4]。

キーワード 6-5 ──── 当然違法と合理の原則

ある行為に対し，それ自体が違法であるとみなすことを当然違法という。これに対し，それへの合理的な理由（競争を阻害しない，消費者利益を損なわない，など）があれば違法とはしないことを合理の原則という。

不公正な取引方法については合理の原則で対応することが世界の競争当局

4）カルテルや談合は当然違法とした。ただし，第２章末の議論のための問題で示唆したように，環境保全のためなどで競争者の共同行為が必要なときには許容されることがある。また第10章で述べるように，特許権者が共同でパテントプールを結成し特許料を決定することも一定の条件下で許容される。このように，カルテル・談合でも例外的に許容されることがあり，当然違法と合理の原則との区別は截然としたものではない。

の共通認識になっている。テリトリー制についても，上記ガイドラインで「当該事業者が，一定の地域を一流通業者のみに割り当てることなどが，フリーライダー問題を解消するために有効となり得る」としており，フリーライダー問題（ただ乗り問題）解消が合理的な理由と考えられていることになる。この考え方を最高裁も容認した事例があるのでコラム6-1で説明しよう。

この事例では，上告人（冨士喜）以外の大多数の特約店は契約通り対面販売サービスを提供しているので，それらの店でサービスを受けたうえで冨士喜で割引価格で購入するというただ乗り問題を防ぐ方法として，資生堂の特約店契約のあり方を最高裁が是認したといえる。ただし，最高裁判決がただ乗りという言葉を用いているわけではない。

この事例をブランドへの信頼という観点から論じることもできる。ブランドとは，一定の品質（必ずしも最高の品質でなくてもよい）を保証することにより，品質に関する情報不完全性を補うための手段と理解することができる。筆者には標準以下の味としか思えない某ファーストフードであっても，情報が極端に乏しく，また衛生状態も心配な海外に行けば食べることがあるのは，（標準以下ではあれ）一定のレベルの味と安全性が確保されていると思うからである。それだけに，このファーストフード・チェーンの世界のどこかの店で食中毒が発生すれば，世界的に同社ブランドへの信頼は失墜し，売上は激減するに違いない。このことを恐れ，同社は品質維持に細心の注意を払う。

資生堂も同様である。どこかで資生堂の化粧品を使ったために肌が傷んだという事例が発生し，このニュースが広まれば，同社のブランドへの信頼は失墜する。このために同社は対面販売を重要視し，対面販売を担当する店員への教育に力を入れ，受講を義務付けている。また，消費者のニーズや，化粧品使用による肌荒れなどのトラブルがあったときの詳細などが，メーカーにフィードバックされることによって，製品改良・新製品開発に生かされる。このように，研修や情報提供へのインセンティブ効果，情報のフィードバック効果という観点からは，メーカー主導により特約店にサービスを供給させることの利点がある。

この点を認識して，流通・取引慣行ガイドラインも，「メーカーが，自社

コラム6-1

資生堂事件（1998年最高裁判決）

資生堂は，その化粧品を販売する各小売店との間に特約店契約を結び，特約店は，資生堂化粧品の専用コーナーの設置，資生堂の主催する美容セミナーの受講などの義務を負い，また，化粧品の販売にあたり，顧客に対して化粧品の使用方法を説明したり，化粧品について顧客からの相談に応じたりすること（「対面販売」という）が義務付けられていた。

冨士喜は化粧品等の小売業者で，商品名，価格，商品コードのみを記載したカタログを事業所等の職場に配布して，電話やファックスで注文を受け配達するという「職域販売」という方法で販売していた。

資生堂は，冨士喜が採用している職域販売が特約店契約に違反しているとして是正を求めたが，冨士喜が是正しなかったので，特約店契約を解約する旨の意思表示をし，化粧品の出荷を停止した。冨士喜は，この解約が無効であるとして，契約上の地位を有することの確認と化粧品の引き渡しを求めて提訴した。

東京地裁判決（1993年）はこれを容認したが，東京高裁判決（1994年）は地裁判決を取り消し，解約は有効であるとした。冨士喜が上告したものの，最高裁判決（1998年）は上告を棄却した。

最高裁判決は，以下のようにいう。被上告人（資生堂）が対面販売という方法をとる理由は，「これによって，最適な条件で化粧品を使用して美容効果を高めたいとの顧客の要求に応え，あるいは肌荒れ等の皮膚のトラブルを防ぐ配慮をすることによって，顧客に満足感を与え，他の商品とは区別された資生堂化粧品に対する顧客の信頼（いわゆるブランドイメージ）を保持しようとするところにあると解されるところ，化粧品という商品の特性にかんがみれば，顧客の信頼を保持することが化粧品市場における競争力に影響することは自明のところであるから，被上告人が対面販売という販売方法を採ることにはそれなりの合理性があると考えられる」。

商品に対する顧客の信頼（いわゆるブランドイメージ）を高めるために，当該商品の販売に係るサービスの統一性やサービスの質の標準化を図ろうとする場合がある。このような場合において，当該メーカーが，取引先流通業者の販売先を一定の水準を満たしている者に限定したり，小売業者の販売方法等を制限したりすることが，当該商品の顧客に対する信頼を高める上で有効となりうる」としている。

これらの議論が示すように，再販その他の拘束条件付取引の判断にあたっては，多様な視点からの経済学的な評価を欠かせない。

4 | 再販がもたらす協調促進効果

ここまで，ただ乗り問題のような，いわば市場の欠陥を補正する手段としての再販の有効性について説明した。しかし，そうした必要性のない状況で再販が使われれば，ブランド内競争すなわち小売店間競争を妨げることにより，消費者は高価格という損害を被る。よって，前節で述べたように，正当な理由がない限り，再販行為は独占禁止法違反として問題にされなければならない。

ただし，メーカーが小売店等の流通業者に対し，単に希望小売価格を提示するのみであり，小売店はそれを参考にしつつも自主的に判断して小売価格を設定するのであれば，それがメーカー希望小売価格に一致するかしないかにかかわらず，違法ではない。違法となるのは，参考として希望小売価格を提示するだけにとどまらず，それを守らせるために，何らかの形でメーカーが小売店を拘束する場合である。メーカーの指定する価格（あるいは指定する一定の価格の幅）で販売することについて販売契約書にこの旨を明記したり，小売店に同意書を提出させたりするのはその例であるが，実際には，事業者も再販の違法性を知っているので，こうした書類として残すことは考えにくい。むしろ，そうした書類ではなく，口頭等で，メーカーの指定した価格で販売しない場合には経済上の不利益を課すことを示唆する場合がある。経済上の不利益とは，出荷停止やリベート減額がその代表である。特に人気

114

商品の場合，出荷停止を受ければ当該商品を陳列・販売することができなくなり，小売店にとっては集客に支障をきたすので，出荷停止を示唆されることは値引きへの大きな抑止力として働く。

　例えば2012年のアディダスジャパン事件では，同社人気ブランド「イージートーン」の最新商品について希望小売価格のまま販売することを小売業者に直接または卸売業者を通じて要請していたが，「その実効を確保するため，当該小売業者に対し，自ら又は取引先卸売業者を通じて，当該要請に従わない場合にはイージートーンの出荷停止等を行う旨を示唆するとともに，それでも要請に反する価格での販売を継続する小売業者に対しては，イージートーンの出荷を停止する，在庫を返品させるなどしていた」[5]。

　出荷停止の脅しがなくても，小売業者が，メーカーが主導する再販に自主的に従うインセンティブを持つことがある。第2章定理2-1や2-4で，逸脱に対する報復が素早く，それによる利潤減が大きいなどの条件が満たされるときには，誰も逸脱せず，暗黙の協調が成立する可能性を示した。メーカーの指導に従い，全小売業者が希望小売価格（あるいは指定された値引き限度価格）で販売しているときにも，同じことが起こりうる。その価格のもとでは一定の利幅が確保されている。仮に，自社だけ値引きすれば，確かに一時的には利潤を増やせるだろう（（2-1）式でいう逸脱者利潤）。しかし他社も対抗して値引きすれば，再販下での利潤以下になってしまう（報復後利潤）。よって，カルテル利潤を再販下での利潤と読み替え，（2-1）式の値が（2-2）式の値より低いなら，誰も逸脱しない。すなわち，どの小売業者も自主的に再販に従うことになる。

　コラム6-2はそうした事例である。（ア）で「他の小売業者にも同様の要請をおこなっている旨を伝えた」とされているのに注目してほしい。これにより，各小売業者は他小売業者も要請に従い逸脱しないだろうと予想することができ，自社も安心して値上げ要請に応じることができる。小売業者間での意思の連絡（コラム2-2参照）があるわけではなくカルテルではないが，結果として一斉値上げが実現する。このように，再販はいわばメーカー主導の

5）公正取引委員会「アディダスジャパンに対する排除措置命令書」（2012年3月2日）。

第6章　垂直的取引制限　115

⛏ コラム6-2

日清食品即席麺事件（2024年警告）

　日清食品は，自ら製造販売する即席麺（カップヌードルなど5商品）に関して，かねてから小売業者が販売する定番売価（小売業者が通常時に設定する小売売価）および特売売価（小売業者が特売時に設定する小売売価）の基準を設定していたところ，2022年6月および2023年6月の取引先卸売業者に対する出荷価格の引上げに向けて，この基準を改定した。同社は，それを基に定番売価および特売売価をそれぞれ設定した上で小売業者に提示し，提示した価格を遵守させるという方針のもと，2022年2月および2023年2月以降，小売業者に対して，自らあるいは取引先卸売業者を通じて以下の行為をおこなった。

（ア）通常時において，他の小売業者にも同様の要請をおこなっている旨を伝えたり，又は，要請を受け入れるまでは特売の条件を出せない旨を示唆したりするなどして，提示価格まで定番売価を引き上げることを要請することにより，提示価格で販売するようにさせている。ただし「特売の条件を出す」とは，小売業者が特売をおこなう際，卸売業者から小売業者に対して販売する価格を一時的に引き下げ，その引下げ分を日清食品が負担することをいう。

（イ）特売時において，提示価格で販売することを前提に特売の条件を出すようにするなどして，提示価格まで特売売価を引き上げることを要請することにより，提示価格で販売するようにさせている。

　これらの行為は，再販売価格の拘束に該当し，独占禁止法に違反するおそれがあることから，公取委は，日清食品に対し，これらの行為を取りやめ，今後，当該行為と同様の行為をおこなわないよう警告した。

小売業者間協調をもたらすことがある。正当な理由がない限り再販が独占禁止法で禁止されているのは，こうした協調を防ぎ，小売業者間での競争を維持するためである。

練習問題 ▶▶▶▶▷

6-1 ブランド間競争とブランド内競争を比較しながら説明し，それらがある場合とない場合とで小売価格はどのように決まるか，述べよ。

6-2 二重の限界化とはどのような場合に起き，完全競争均衡や通常の独占均衡に比べて，均衡では価格・生産量・利潤・消費者余剰がどのように異なるか，述べよ。また，そのとき，再販が社会的厚生を改善するのはなぜか，説明せよ。

6-3 小売店サービスにはただ乗り問題が起きることがあるのはなぜか，また，そのとき，再販やテリトリー制がただ乗り問題を解決するのに有効なことがあるのはなぜか，述べよ。

6-4 再販が当然違法ではなく合理の原則で判断されるとは何を意味し，なぜそのようになっているのか，述べよ。

6-5 再販が小売店にとっても有利であり，自主的に従う可能性があるのはなぜか，述べよ。

議論のための問題 ▶▶▶▶▷

独占禁止法には，適用除外として再販を許容している商品がある。新聞・雑誌・書籍・音楽 CD などの著作物で，どの書店でも，また大手オンライン書籍販売サイトでも定価で販売されているのはこのためである。これによりただ乗り問題の発生が防がれ，日本国内の書店の減少は抑えられているとの意見がある。これをどう評価するか議論せよ。（現実として，国内でも書店数は減少しているが，著作物の再販容認規定がない米国では，書店数減少はより深刻である。）

第 6 章　垂直的取引制限　**117**

>>> **第7章**

競争手段としての廉売

　企業が商品を安く販売することは競争の基本である。他社よりも価格を下げてマーケットシェアを奪い，しかも利潤をあげようとして，企業はコスト削減に努力する。消費者は，安く購入できれば，予算制約を満たしつつより多くの財・サービスを消費でき，効用を高める。かくして，「見えざる手の定理」（定理1-1）がいうように，企業が自らの利潤を追求して価格競争するからこそ，自由主義経済は効率的な経済システムとなる。

　それでは，企業が原価割れ，例えば平均費用（単位あたり費用）を下回る価格で販売するとすればどうだろうか。これも競争の結果であり社会にとり望ましいことなのだろうか。たしかに消費者にとって見れば，安く買えるだけ歓迎である。しかし，原価割れで販売するのは，販売者にとって何らかの意図があるからこそのはずで，そのことが社会的に望ましくない結果を引き起こすことはないのだろうか。独占禁止法で不当廉売と呼ばれるこうした問題について本章は考える。

1 ┃ 合理的戦略としての廉売

　原価割れで販売すれば企業は損失を出す。それでも原価割れ販売するのは，それが長期的には有利なときである。例えば，原価割れ販売してでも生産量を増やすことが，将来的な費用減少につながるときや，将来的な需要拡大につながるときである。

　生産量を増やすことで将来的に費用を下げることができるのは学習効果が

あるときである。経験効果ともいう。

キーワード 7-1 ──────── 学習効果

生産・販売の経験を積むに従い学習し，平均費用を下げる効果。

生産現場では，経験を通じて生産プロセス改善へのアイデアが生まれる。販売現場でも，より短時間で効果的な顧客対応ができるようになり，商品陳列や在庫管理のより良い方法へのアイデアも生まれる。労働者は経験を積み重ねることにより作業能率を高める。こうした効果により，累積生産量（当該商品発売時からの生産量の累計）が増えるに従い平均費用は低下する。これが学習効果である。学習効果は「経験を積むに従い」という経時的な効果であることに注意しよう。この意味で，1時点で多く生産するほど平均費用が低下するという規模の経済性の効果とは異なる。

　学習効果があれば，当初には原価割れででも多く販売し，将来に低費用を生かして利潤をあげる戦略が有利になる。

定理 7-1 ──────── 学習効果を生かすための原価割れ販売

学習効果があるとき，累積生産量を早く増やせば平均費用を将来的に下げ，利潤を高めることができる。このため，原価割れ販売するインセンティブを持つ。

　一方，今日の原価割れ販売が将来の需要拡大につながる可能性があるのは，品質の不確実性がある場合とネットワーク効果がある場合である。

　新商品が発売されるとき，消費者はその商品の品質を知らない。たしかに外形や仕様については，店頭で触ったりカタログを見たりしてある程度知ることができる。しかし，どれだけ本当にカタログ通りに機能するのか，それがどれだけ自分の求めるものにマッチしているのか，どれだけ頑丈なのかなどは，実際に購入してみなければ十分に知ることができない。こうしたことを含めて品質という。実際に購入して経験しないと品質が完全にはわからないとき，その財を経験財と呼ぶ。

キーワード 7-2 ———— 経験財

消費者が，購入して消費経験することによってのみ真の品質を知ることができる財。

あなたの会社が経験財を新発売するとしよう。あなたは，その新商品が優れた品質であることを知っているが，消費者は知らない。しかし，あなたは品質に自信があるので，消費者が一度でも買ってくれれば品質の良さをわかってくれると確信している。このとき，あなたのとるべきマーケティング戦略は，何らかの方法で消費者に一度購入してもらうことである。その手段として，あなたは広告したり，店頭で試供品を配るなどの販売促進活動をしたりするだろう。もう1つの方法は，価格を下げて消費を喚起することである。原価割れでもよいから廉売して，初めての消費者に購入してもらえば，これらの消費者に新商品の真の品質を知ってもらうことができる。

定理 7-2 ———— 品質情報宣伝手段としての原価割れ販売

経験財の品質が消費者に知られていないとき，品質に自信がある企業は，消費者に購入を促し，品質を知ってもらう目的で，原価割れ販売するインセンティブを持つ。

図7-1を見よう。商品の真の品質が知られているときの需要曲線（需要曲線②）は，購入未経験のため真の品質が知られていないときの需要曲線（需要曲線①）より上にある。例えば，この商品の品質が確実であれば70円の価格で30個の需要があるが，品質が不確実なときに同じ30個を売るためには30円という低い価格が必要である。これは，例えばこの30番目の消費者は，その商品が真に優れた品質のものであれば70円の価値があると思っているが，当初，購入未経験のため，不良品の確率が57％（＝4/7）あると予想しており，品質の期待値を30円（＝70円×(1−0.57)）と計算しているからである。

このような場合には，単位あたり費用が40円であっても，当初30円という原価割れ価格で販売することが有利である。当初は誰も品質を知らないので，需要曲線①に従って消費決定がなされ，30個の需要がある。購入した消費者は真の品質を知り，次に購入するときには需要曲線②により，70円に値上が

第7章 競争手段としての廉売 121

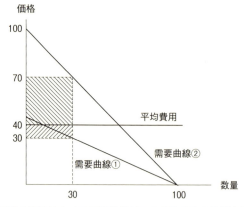

図7-1 廉売による将来需要の拡大

▶ 需要曲線②はすべての消費者がこの商品の真の品質を知っているとき，需要曲線①は誰も真の品質を知らないときの需要曲線である。
当初は誰も品質を知らないので需要曲線①に従って消費決定がなされ，価格30円であれば30人の消費者が購入する。これらの消費者は購入したことによって真の品質を知るので，次に購入するときには需要曲線②により消費決定し，価格70円であっても購入する。
単位あたり費用（平均費用）を40円とすれば，当初は原価割れで300円（＝（30－40）円×30個）の損失（図の右上がり斜線部面積）だが，次期には900円（＝（70－40）円×30個）の利潤（右下がり斜線部面積）を上げることができ，単純に合計するなら差し引き600円の利潤となる。

りしても購入する。この結果，当初は300円の損失だが，次期には900円の利潤をあげることができるので，長期的には有利である。このように，品質についての不確実性があるとき，新商品についての原価割れ販売は有利な戦略となりうる[1]。

もう1つの可能性としてネットワーク効果がある。

（キーワード）7-3 ──── ネットワーク効果

同一商品（または同一規格または同一ブランド）のユーザーが多いほど，その商品（または規格，ブランド）からの便益が高まる効果。

今の学生諸君には馴染みがないだろうが，パソコンが普及する前の1980年

代にはワードプロセッサー（ワープロ）専用機が花盛りであった。東芝のトスワード（1978年発売の1号機は何と630万円！），富士通のオアシスなど各社が発売したが，それぞれに異なるソフトウェアを利用していたため，メーカー間でのファイルの互換性がなかった。つまり，トスワードで作成したファイルをオアシスでは読むことができなかった。こうした状況では，知人友人の多くがトスワードを使っているのなら，あなたもトスワードにした方が便利である。多くの人とファイルのやりとりができるからである。このように，多くのユーザーがいるほどその商品や規格の利便性が高まる効果，これをネットワーク効果という。

このときにも，当初は原価割れ販売して多くの消費者に販売すれば，その規格や商品のユーザーが増えるので，利便性が高まり，需要曲線が図7-1の需要曲線②のように右上にシフトする。よって，図7-1の場合と同じく，当初は原価割れで販売し，将来的には価格を上げる戦略が有利になりうる。実際には，パソコンやワープロでは同時に学習効果や技術革新が起きたため，長期的にも価格レベルが低下したものの，原価との比率で見れば長期的に値上がりしていた可能性がある。

（定理）7-3 ──────── ネットワーク効果があるときの原価割れ販売

ネットワーク効果があるとき，企業は，自社商品（あるいは自社規格）のユーザーを増やし利便性を高めることによって将来需要を増やす目的で，原価割れ販売するインセンティブを持つ。

このように，学習効果，品質の不確実性，ネットワーク効果があれば，原価割れ販売は企業の販売政策として合理的なときがある。通常は，これらは

1）以上の数値例は，初期に原価割れ価格でも長期的には合計利潤がプラスになりうることを示すためのもので，長期利潤を最大化する初期価格が30円というわけではない。厳密な長期利潤最大化のためには，今日の利潤と将来の利潤の比重（(2-1) 式における β）を決める必要があり，第2章で述べたように，この比重は，それぞれの期間の長さと将来利潤を割引するために用いるべき率（割引率）に依存する。図7-1への注では，この問題を無視して，今日の利潤と将来の利潤を単純に足し合わせる場合について記した。

第7章 競争手段としての廉売　123

新企業の参入に際し，あるいは新商品発売に際し起きる現象であり，原価割れ販売だからといって，競争を阻害する効果が生まれるとは考えにくい。

これに対し継続的な形で原価割れ販売が起きる場合もある。その1つが，多角化した企業が独占的な市場で獲得した利潤で他市場での原価割れ販売を継続的に可能にする場合で，第4節で議論する。もう1つが，複数のユーザーグループ（複数の「サイド」と呼ぶ）が関わる場（「プラットフォーム」と呼ぶ）を提供する企業の場合である。これらサイド間では，一方のサイドのユーザー数が増えると他方のサイドのユーザーにとっての便益が高まるという，サイド間のネットワーク効果（「間接ネットワーク効果」と呼ぶ）が働きやすい。このため，一方のサイドのユーザーへの価格を原価割れ（無料提供を含む）にして多くのユーザーを獲得し，これにより他サイド・ユーザーへの便益を高めて，そこから利潤を上げるという戦略が有利になる。スマホやパソコンで身近に使っているサービスの多くが無料であるのはこのためである。詳しくは第11章，第12章で議論する。

2 | 競争制限効果を持つ廉売──略奪的価格戦略

前節の3つの定理で示した廉売は参入を促進し，あるいは長期的に消費者を利するものであった。これに対し，ライバル企業からその顧客を奪うための廉売を略奪的価格戦略と呼び，競争制限効果を持つことがある。

キーワード 7-4 ──────── 略奪的価格戦略
ライバル企業から顧客を奪い市場から退出させるために原価割れ価格で販売する戦略。

ライバル企業の原価より低い価格を付ければ，ライバル企業も顧客を維持するために原価割れ販売を強いられるから，長期的にはこの損失を回復できるという何らかの特別な事情がないかぎり，市場に留まるより退出を選ぶ。すべてのライバル企業が退出すれば，略奪的価格戦略を仕掛けた企業（以下「自社」という）は独占となる。

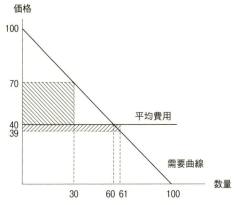

図7-2 略奪的価格戦略

▷ 当該企業もライバル企業も平均費用は40円とする。
　このとき39円の価格で販売すると，ライバル企業は赤字となり退出する。今期は61円（＝（39－40）円×61個）の赤字である。（図の右上がり斜線部面積）。
　しかし，次期に独占企業となって70円の価格を付けることができれば，900円（＝（70－40）円×30個）の利潤（図の右下がり斜線部面積）となり，61円の損失を上回る。

　自社の方が低費用で供給できる場合には，ライバル企業の原価以下だが自社原価よりは高いという価格を付けることができる。この時には，ライバル企業の退出を迫りつつも自社にとっては原価割れでないので，略奪的価格戦略とは呼ばない。むしろ通常の競争戦略とみなすべきである。
　それでは，費用差があるわけではない時に，略奪のために自社の原価を割ってまで廉価販売をすることが有利になるのはどういう場合だろうか。
　図7-2を見よう。当該企業もライバル企業も単位あたり費用が等しく40円であるとする。このとき原価割れ，例えば39円で販売すると，ライバル企業は赤字のために退出する。市場需要は61個なので61円の赤字である。しかし，ライバル企業が退出後には独占企業となって70円の価格を付けることができるのであれば，900円の利潤を上げることができ，61円の損失を上回り，長期的に有利になる。
　このことが成立するために必要な条件が2つある。第1は，今期の赤字にこの企業は耐えられるが，ライバル企業は耐えられず，退出を余儀なくされ

ることである。第2は，次期に独占的な価格設定ができることである。後者から考えよう。

定理3-1でコンテスタブル市場の理論を説明した。参入障壁がないとき，既存企業が平均費用を上回る価格を付ければ直ちに参入が起き，均衡では価格は平均費用に一致しなければならないという理論である。このことを予想できるので，実際に操業している企業は1社のみで独占であっても，平均費用を上回る価格を付けることができない。図7-2でいえば，独占企業であっても，価格を40円に維持せざるを得ない。このことから，略奪的価格戦略が有利になるための必要条件は，市場がコンテスタブルではないこと，すなわち参入障壁が高いことであることがわかる。

参入障壁が高いのは，第3章で述べたように，(1)サンクコスト（キーワード3-4）が存在する，あるいは(2)技術や原材料調達などで潜在的参入企業にはない優位性を既存企業が持つ，のいずれかあるいは両方が成立する時である。(2)での潜在的参入企業としては，略奪的価格戦略によって退出に追い込まれた企業を考えることができる。この企業はそれまで事業活動しており，技術や原材料入手ルートを持っていたはずなので，退出後も潜在的に参入可能であり，それに対する既存企業の優位性は限られているであろう。よって(2)は成立していない可能性が高い。

このため(1)が重要になり，略奪的価格戦略によってライバル企業の退出を迫る戦略が有利であるための条件としてはサンクコストの存在が鍵になる。つまり，いったん退出した企業が再度参入しようとするときにはサンクとなる投資，すなわち回収不能となるような投資が再度必要となるのでなければ，略奪的価格戦略は有利な戦略ではない。

いいかえれば，サンクコストへの再投資が必要でないなら参入障壁は低いから，他社を退出させたとしても，常に再参入あるいは新規参入の脅威にさらされ，独占的価格設定はできない。このため略奪的価格戦略をとることは合理的でなく，また，そうした戦略をとる企業があったとしても，競争政策として問題にする必要はないことになる。

略奪的価格戦略のためのもう1つの条件は，今期の赤字にこの企業は耐えられるが，ライバル企業は耐えられないことである。このことが起きるケー

スとして，この企業は他の事業であげた利潤で赤字を補填できるが，ライバル企業は同じことができない場合がある。これは複数事業に多角化した企業で起きる問題であり，第4節で議論する。

もう1つのケースとして，今期の赤字を当該企業は銀行融資など他からの資金でまかなえるが，ライバル企業は同じことができない場合がある。当該企業は大規模で長く活動してきた企業であるのに対し，ライバル企業は小規模であったり新興企業であったりすれば，金融機関や投資家が，前者にはリスクが低いとみなして融資するが，後者には融資しなかったり高い金利を要求したりすることがありうる。このときには，当該企業は将来的に独占利潤を見込むことができることもあり，今期の赤字を生き延びるための運転資金を確保できるが，ライバル企業は資金が続かず退出あるいは倒産を余儀なくされる。ただし，いかに大企業であっても原価割れの廉売が長続きするはずはないから，ライバル企業も将来的には利潤を回復できることが予測できるはずであること，この企業の方が小さければ生き延びるのに必要な運転資金も小さいであろうことを考えると，金融機関がこの企業に融資しないのは合理的でない可能性もある。

このように，略奪的価格戦略が企業にとり有利であり，また社会にとって望ましくない効果を持つためには，次の条件が満たされなければならないことがわかる。

（定理）7-4 ——————— 略奪的価格戦略が社会的厚生の損失を生む可能性
いったん退出した企業が再参入するにあたって障壁が大きく，また，何らかの理由で当該企業のみが原価割れ販売を維持可能なときには，略奪的価格戦略が長期的に競争を阻害し，社会的厚生の損失をもたらす可能性がある。

これら条件をリクープメント（recoupment）すなわち損失回収のための条件というが，リクープメント条件が成立するなら，企業の略奪的価格戦略は，長期的に独占的市場構造をもたらし競争を制限するおそれが強いので，競争政策として規制する必要がある。

第7章　競争手段としての廉売　**127**

3 | 独占禁止法における不当廉売

独占禁止法第19条が「不公正な取引方法」としていくつかの行為を禁止していることはすでに述べたが，その1つが「不当廉売」である（第2条9項三）。

（法律規定）7-1 ──────── 不当廉売

正当な理由がないのに，商品又は役務をその供給に要する費用を著しく下回る対価で継続して供給することであつて，他の事業者の事業活動を困難にさせるおそれがあるもの。

この規定を2つの観点から検討しよう。判断基準の曖昧さと，企業の自由な価格設定を阻害するおそれである。

判断基準として曖昧なのは，「供給に要する費用を著しく下回る対価」が何を意味するかが明確でないことによる。本稿では，これまで，平均費用が生産量にかかわらず一定である（つまり平均費用曲線が水平である）ケースを考えてきた。また，固定費用がないケースを考えてきた。よって平均費用は限界費用とも一致し，この費用を下回る価格での販売を原価割れ販売と呼んできた。しかし，付録第3項で説明しているように，固定費用がかかるようであれば平均費用と平均可変費用は異なり，平均可変費用が生産量にかかわらず一定でないのならば，平均可変費用と限界費用は異なる。

このとき，「供給に要する費用」とはどの費用を考えるべきだろうか。まず，2つの考え方が思いつく。

競争が十分におこなわれれば均衡価格は限界費用に一致する。企業は，生産をもう1単位増やせば完全競争のもとでは価格分だけ収入が増えるので，それが限界費用を上回る限り，もう1単位生産するのが有利だからである。よって，価格が限界費用に等しいところまで生産量を増やすことになる。このことを考えると，限界費用に等しいかそれを上回る価格で販売するかぎり，不当な廉売とは呼べないはずである。これが1つの考え方である。

一方，平均費用を下回る価格であれば，総収入（＝価格×生産量）が総費用（＝平均費用×生産量）を下回るから赤字となる。このため，ライバル企業の事業活動を困難にさせ退出させることが目的であれば，価格を平均費用以下にすればよいことになる。よって，平均費用以下の価格であれば略奪的価格だという考え方もできる。

これら2つの考え方のいずれが正しいのだろうか。

公取委は不当廉売ガイドラインを公表している[2]。この中で，「その供給に要する費用を著しく下回る対価」であるかどうかを判断するための「価格・費用基準は，廉売行為者にとって明らかに経済合理性のない価格設定であるかを判断することができるものとすることが適切である」と述べ，さらに，「経済合理性があるかどうかについては，概念的には，設定された価格が平均回避可能費用（廉売行為者が廉売対象商品の追加供給をやめた場合に生じなくなる廉売対象商品固有の固定費用及び可変費用を合算した費用を追加供給量で除することによって得られる廉売対象商品一単位当たりの費用をいう）を回収することができるかどうかによって判断される」としている。

平均回避可能費用（略してAAC）とは何か，また，なぜこれを基準として考えるかについては，ややテクニカルになるので，章末に補論として記しておく。

現実的には，平均回避可能費用をどう測るのだろうか。

実は，不当廉売がよく問題になるのは小売業である。公取委には毎年多くの申告（独占禁止法違反と考えられる事実についての情報提供）が寄せられるが，その多くは小売業における不当廉売事案である。例えば2023年度には3228件の申告があったが，そのうち約半数の1587件は小売業における不当廉売事案であった。これら事案について違反の事実が認められれば，公取委は排除措置命令や警告を発することになるが，迅速に処理することを目的として，多くは，違反を疑われる事業者に非公表の形で注意することで対応している。同じ2023年度には，317件の不当廉売事案の注意がおこなわれており，そのうち233件（74％）が石油製品小売業である[3]。そこでコラム7-1では給

2）正式名は「不当廉売に関する独占禁止法上の考え方」（2009年制定，2017年改正）。

第7章　競争手段としての廉売　**129**

コラム7-1

ガソリン給油所における不当廉売（2007年排除措置命令ほか）

　東日本宇佐美は東日本に199の給油所，栃木県小山市では３つの給油所を運営していた。シンエネコーポレーションは小山市に本店を持ち，栃木県及び茨城県で14の給油所，小山市内では３つの給油所を運営していた。排除措置命令書によれば，「東日本宇佐美及びシンエネコーポレーションは，普通揮発油について，東日本宇佐美が，平成19年６月18日，４号線小山北給油所における販売価格を，その前日のシンエネコーポレーションの３給油所における販売価格と同額に引き下げたことを契機として，それ以降，互いに販売価格の引下げを繰り返していたところ，東日本宇佐美は，新４号小山バイパス給油所及び４号線小山北給油所においていずれも同年６月28日から同年８月３日までの37日間，新４号線小山南給油所において同年６月28日から同年８月２日までの36日間，それぞれその仕入価格を最大で10円以上下回る価格で販売した」。また，「シンエネコーポレーションは，３給油所において，いずれも平成19年６月28日から同年８月３日までの37日間，それぞれその仕入価格（運送費を含む）を最大で10円以上下回る価格で販売した」。このため，「競争業者は，小規模小売業者以外を中心に普通揮発油の販売価格の引下げを行ったものの，効率的な事業者であっても，通常の企業努力によっては○○の前記２の行為に対抗することができず，平成19年７月におけるほとんどの競争業者の販売シェアは，同年４月から同年６月までの間における販売シェアに比して減少した」（両社に対する排除措置命令書より引用，○○には東日本宇佐美あるいはシンエネコーポレーションが入る）。

　公取委は，両社の行為は不当廉売に該当し，独占禁止法に違反するとして，「仕入価格を下回る価格で販売する行為を取りやめている旨を確認する」ことを命じる排除措置命令を出した。

　この事件以降　2024年夏までに，石油製品小売業においては，高知市に所

３）公正取引委員会「令和５年度における独占禁止法違反事件の処理状況について」。

在する前川石油等（2009年度），福井県に所在するミタニ（2012年度），常滑市に所在するバロン・パーク等（2015年度），土浦市に所在する三愛リテールサービス（2023年度）に対する不当廉売禁止規定の適用があるが，いずれも警告に止まっており，「その供給に要する費用を著しく下回る対価で継続して供給」したとするのみで，詳細は公表されていない。また233件（2023年度）の注意については会社名も公表されていない。

油所（ガソリンスタンド）についての代表的事件とその後の動向を紹介しよう。

　この他，かつては酒類および家庭用電気製品（家電）の小売業でも不当廉売事案が多かったことから，これら3分野それぞれについて公取委はガイドラインを公表している[4]。これらガイドラインでは，「供給に要する費用」（法律規定7-1）の解釈として，「廉売対象商品を供給しなければ発生しない費用（以下「可変的性質を持つ費用」という）を下回る価格は，『供給に要する費用を著しく下回る対価』であると推定される」としており，さらに，「仕入れに係る費用項目のうち，仕入原価は，特段の事情がない限り，可変的性質を持つ費用と推定され，仕入原価のうち仕入価格は，可変的性質を持つ費用となる。また，販売費のうち，運送費等の廉売対象商品の注文の履行に要する費用は，可変的性質を持つ費用となる」とされているから，「仕入原価とは，仕入価格と運送費等の仕入れに付随する諸経費との合計額である」。

　つまり，運送費など供給量を減らせば明らかに減らせる費用を仕入代金に加え，販売量あたりとして計算される仕入原価が平均回避可能費用であり，これを下回る価格で販売していれば不当廉売とみなされることになる。特に，仕入価格のみをも下回っていれば，十分に不当廉売とみなされる。コラム7-1では，ガソリンを販売する給油所に対する不当廉売の排除措置命令を紹

4）公正取引委員会「酒類の流通における不当廉売，差別対価等への対応について」，「ガソリン等の流通における不当廉売，差別対価等への対応について」，「家庭用電気製品の流通における不当廉売，差別対価等への対応について」（いずれも2009年制定。2017年，2022年，2017年にそれぞれ改正）。

介したが，いずれも，仕入価格を下回る価格で販売した事例である。実際，多くの給油所では，利幅が薄く，販売価格に占める仕入価格の比率が高いといわれており，このため仕入価格を下回る形での価格競争になりやすく，不当廉売と判定しやすかった。

これに対し他の業種，例えば製造業では，多くの投入物，よって多くの費用項目があり，「可変的性質を持つ費用」を計算することは事業者本人にとっても容易ではなく，外部からは推計することがほとんど困難である。不当廉売に関する申告も注意も小売業に集中しているのはこのためと思われる[5]。

第1節であげた原価割れ販売が合理的な3つのケースが，コラム7-1の事例に当てはまるかも確認しておこう。このうち，学習効果（定理7-1）とネットワーク効果（定理7-3）については給油所で当てはまるとは考えにくい。しかし，品質情報宣伝手段としての廉売（定理7-2）は当てはまる可能性が十分にある。実際，不当廉売で問題になるのは，新規開店の給油所およびその系列店，またそれに対抗する競合店であることが多い。固定客がまだいない新規開店時に低価格で新規顧客を勧誘し，その後固定客になって貰うことを期待しての戦略である。新規店での店員の応対その他付随サービスを品質ととらえれば，これはまさに定理7-2の応用例である。

不当廉売の法律規定7-1で「継続して」おこなわれる場合とされているのは，この点を考慮し，新規開店時等に一時的に原価割れ販売しても問題としないためである。不当廉売ガイドラインは「『継続して』とは，相当期間にわたって繰り返して廉売を行い，又は廉売を行っている事業者の営業方針等から客観的にそれが予測されることである」としている。コラム7-1における東日本宇佐美等の給油所における36〜37日間の廉売を公取委は「継続して」にあたると判断したことになるが，この評価は難しい。

5）現実には事後的に供給者から小売店に支払われるリベートなどがある場合もあり，小売業においても，仕入価格の計算は必ずしも単純ではない。

4 | 多角化した企業の不当廉売

　定理7-4で，今期の赤字にこの企業は耐えられるが，ライバル企業は耐えられないことを略奪的価格戦略の要件の1つとしてあげた。コラム7-1の事例でも，特に東日本宇佐美は問題になった地域以外にも多くの給油所を運営しており，それらでの利潤が問題となった地域での廉売を支えていたと推測される。これは地理的な多角化である。より一般的に，企業が多角化していれば，社内の他事業であげた利潤から補助を受けて廉売を継続できる可能性がある。これを内部補助という。第4章で図4-2(2)としてすでに説明しているが，ここでキーワードとして整理しておこう。

> **（キーワード）7-5 ──────── 内部補助**
>
> 企業が複数事業を営んでおり，Y事業の損失をX事業の利潤で補填している場合，XからYへの内部補助が起きているという。

　内部補助を利用した略奪的価格戦略で重要なのは，ライバル企業は同じことができないことである。つまり，この企業が利潤をあげている事業に他社は参入できない，あるいは，参入するにはサンクコストとなる投資が必要であることが要件となる。それでなければ，他社もその事業に参入し，利潤をあげて内部補助で対抗できるから，当該企業の廉売攻勢を受けても退出しない。リクープメント条件は成立せず，略奪的価格戦略は成功しない。

　廉売で競争政策上問題になった例として，日本郵政公社（現在は日本郵政㈱傘下の日本郵便㈱，以下では「日本郵政」と記す）やNTTなどかつて規制で守られていた事業を有する企業があるのは，他社が参入できないためである。コラム7-2では，小包郵便物に関わる事件（競争事業者であるヤマト運輸による差止請求事件）を取り上げた。

　こうした場合に廉売が不当かどうかを判断するには，両事業で共通してかかる費用（共通費用）を当該事業の総費用に含めるべきかどうかの問題が発生する。すなわち，日本郵政が信書（手紙等）と小包の両事業をしており，

第7章　競争手段としての廉売　**133**

コラム7-2

ヤマト運輸対日本郵政公社（2007年東京高裁判決）

　宅配便事業を営むヤマト運輸が，日本郵政公社の一般郵便小包（ゆうパック）につき，その価格体系が不当廉売であるとして差止請求した事件である。また，コンビニエンスストアのローソンをゆうパックの取次店として誘引すべく，郵便局舎の余裕スペースを低額賃料で賃貸したり，ローソン店舗内の私設郵便差出箱の取集料を免除したりしたことも問題とした。判決は，供給に要する費用を著しく下回る対価で供給したとはいえないとして，原告（ヤマト運輸）の請求を棄却した。

　論点の1つは「供給に要する費用」の解釈，および共通費用の配分であった。判決文は，「供給に要する費用」とは，「営業原価に販売費及び一般管理費を加えた総販売原価をいうのであって，支払利息を含むものではない」と述べている。支払利息を含まないとすることは，建物や機器等（小包事業のみに利用するものも他事業と共通して利用するものも含む）に要する資本コストを含まないことを意味しているが，これらがサンクコストになっているものだとすれば，平均回避可能費用で判断するという前節の趣旨と矛盾しない（補論参照）。

　その他共通経費の配賦については，「郵便事業と郵便貯金事業及び簡易保険事業との共通経費の配賦については，法制度上，明確に区分するとともに，公認会計士等の外部者による監査を受けていることとされていることからすれば，郵便事業と郵便貯金事業及び簡易保険事業との共通経費の配賦において，郵便事業への配賦が不当に少なく調整されているとみることは困難である」と述べていて，この後本文で述べる，独立採算費用と増分費用の2つの考え方の中間である，共通費用配賦方式（ABC方式）に基づいていることがわかる。

　さらに原告は，日本郵政公社が税制上等で優遇されていることも問題視しており，判決文もこの点に関しては同情的である。イコール・フッティング（第9章で説明する），すなわち同等の立場での競争は競争政策を実施する上での前提条件である。

郵便局職員が両方を扱っているときには，この職員の給与を小包事業の費用に含めるべきか否かである。小包事業だけに進出する企業であってもそうした職員を要するから，その給与は小包事業の費用に含めるべきだとするのであれば，それを含んだ独立採算費用（スタンドアローン・コストという）に基づいて判断すべきということになる。一方，小包事業をしなくてもそれら職員の費用はかかるのだから，小包事業の費用に含めるべきではないとするのであれば，小包事業だけにかかる増分費用（インクリメンタル・コスト）に基づいて判断すべきということになる。また，これらの中間的なものとして，共通費用配賦方式（Activity-Based Costing，略して ABC 方式）がある。これは，複数事業のそれぞれに要する作業時間や専有面積などのアクティビティの比率に応じて，それぞれの費用項目を配分するものである[6]。コラム7-2で引用した判決は，これによっている。

　規制により他社は信書事業には参入できず，小包事業だけで採算を合わせなければならないとすれば，単位あたり独立採算費用以下の価格であれば新規企業の参入は阻まれる。よって，新規参入を促進するという観点からは，単位あたり独立採算費用以下の価格は不当とみなすべきということになる。一方，両方を手がける日本郵政からすれば，単位あたり増分費用を上回る価格でありさえすれば小包事業から利潤をあげることができる。よって，消費者にとって見れば，単位あたり増分費用を上回るレベル，例えば単位あたり独立採算費用に等しいレベルで価格が設定されることこそ，不当に高い価格である。

　これらの議論が示すように，独立採算費用に基づいて判断することは，不当廉売と見なされる可能性を高め，価格決定や事業進出に関わる企業の自由な行動を束縛してしまうことになりかねない。また，消費者が合理的な価格で商品を入手する機会を損なってしまうことにもなりかねない。一方で，新規参入を促進するという観点からは，独立採算費用以下の価格は望ましくない。このようにトレードオフが存在する。

6）公正取引委員会「郵政民営化関連法律の施行に伴う郵便事業と競争政策上の問題点について」（2006年7月）。

また第1節で説明したように，学習効果を生かしてコストダウンするため，購入してもらって品質を知ってもらうため，あるいはユーザー数を増やしてネットワーク効果により顧客の利便性を高めて需要を増やすために，初期に原価割れ販売することは，合理的な企業行動であって競争制限的とは考えられない。それにもかかわらず，他の事業者の事業活動を困難にするから，法律規定でいう不当廉売にあてはまってしまう場合がある。

　いずれにせよ，原価割れという基準を単純に当てはめて不当廉売として独占禁止法違反とみなすのは危険であることが理解されよう。特に，サンクコストなどに基づく参入障壁が大きくない場合や，学習効果や新商品・新製法開発によるイノベーションが期待できるような場合に，原価割れ販売を不当とすることはかえって長期的な社会厚生を損なうおそれが強い。不当廉売が真に不当で競争制限的なのか，むしろ自由な企業活動の阻害を通じて競争を妨げるのか，以上の議論を踏まえて読者諸君も考えてみてほしい。

補論　不当廉売の基準とすべき費用概念は？
——MC, AC, AVC, AIC, AAC

　通常であれば60個供給（生産および販売）する企業を考え，次に，この企業が不当廉売を疑われるレベルに価格を下げ，その結果，供給量が70個に増えたとしよう。この供給増に伴う費用の増分（増分費用という）を600円とする。これを供給量の増分である10個（＝70－60）で割った60円は平均増分費用（Average Incremental Cost，略してAIC）と呼ばれる。

　さて，この時点で，この増分の追加供給を止め，供給量を60個に戻すと，費用をどれだけ減らすことができるだろうか。直ちに思いつくのは増分費用と同じ600円という答えだが，これは正しいだろうか。実は簡単ではない。60個から70個に供給を増やしたとき，当然，原材料の投入を増やす。この企業が卸小売業であるなら，仕入量を増やす。おそらく増分費用の大きな部分はこのための費用増であろう。しかし場合によっては，新しい製造設備を増設することも必要となる。商店ならレジカウンターを増設し，ガソリン給油所なら給油ポンプやタンクを増設する必要があるかもしれない。重要なのは，これら費用も増分費用に含まれるが，その多くについては，供給量を減らしても費用を回収できないことである。すなわち，これらの費用はサンクコストである。

　確かに，供給量を60個に戻すと，原材料費や仕入費用はそれに見合ったレベルに減らすことが容易である（長期契約で購入している場合を除く）。しかし，サンクコストとなった部分については回収できない。この結果，70個から60個に供給量を戻したときに減らすことができる費用，すなわち回避可能な費用は，増分費用である600円を下回り，例えば300円に留まる。これを供給量の差分である10個で割った30円が平均回避可能費用（Average Avoidable Cost，略してAAC）である。

　廉売が合理的かどうかの判断基準になぜAACを用いるのだろうか。それは，廉売を止めても1個あたりAACだけしか費用削減できないのであれば，価格がAACを上回る限り，販売を続けた方が企業にとっても有利であり，

第7章　競争手段としての廉売　137

社会的にも合理的だからである。

AAC と限界費用（Marginal Cost，略して MC），平均可変費用（Average Variable Cost，略して AVC），平均費用（Average Cost，略して AC）は互いに類似しているが，微妙に異なる。MC は供給量を 1 個増やしたときの費用の増分なので，AIC（平均増分費用）で増分を 1 個にしたときには一致する[7]。AC は，いわばゼロから現在の供給量に増加したときの AIC であるから，廉売してもしなくても供給する部分の費用にも影響され，廉売そのものの効果を見るには適当でない。AVC は，MC が計測困難なときに近似値として利用するという便法が広く使われてきた。固定費用分（その中にはサンクコストになっているものもおそらく多い）が除かれている点で AC より優れているが，AC と同じく，廉売に係る費用に限定されていない点で不適当である。

こうした意味から，不当廉売ガイドラインも，経済合理性があるかどうかを AAC を基準に考えるとしているのである[8]。

練習問題 ▶▶▶▶▶

7-1 品質についての不確実性があり，情報が不完全なときに，原価割れ販売がマーケティング手段として有利なのはなぜか，また，社会的に問題にすべきか，論ぜよ。

7-2 ネットワーク効果とは何かを述べ，ネットワーク効果があるときには原価割れ販売が有利なのはなぜか，また，社会的に問題にすべきか，論ぜよ。

7-3 略奪的価格戦略とはどのような戦略か，また，それが社会的に問題になるのはどのような場合か，論ぜよ。

7-4 平均回避可能費用とは何か。また，平均増分費用と異なるのはどのような場合か。

7）数学的には MC は連続関数における微分であるため，増産するためにサンクコストを要する場合には連続関数の仮定が満たされず MC を定義できないという問題が生じる。上記本文での説明は，読者の理解を容易にするための便宜的なものである。

8）略奪的価格戦略の基準として AAC を用いることを主張したのはボーモルである。W. J. Baumol "Predation and the Logic of the Average Variable Cost Test," *The Journal of Law and Economics*, 39（1），1996, 49-72.

7-5 複数事業を営んでいる企業の場合を考え，独立採算費用と増分費用の２つの費用の基準を区別して述べ，公取委告示のいう「その供給に要する費用」として，それぞれの基準はどのような観点からは適切であり，どのような観点からは不適切か，論ぜよ。

議論のための問題 ▶ ▶ ▶ ▶ ▶ ▶

第３節で記したように，不当廉売は家電小売市場において問題になることが多かった。家電量販店チェーンが大量購入でメーカーからの仕入価格を下げさせ，低い小売価格での販売を可能にしたことで，いわゆる街の電器屋さんの経営が困難になるケースが増えたためである。この状況に対し，小売価格が下がったのは望ましいことだとする消費者と，街の電器屋さんが無くなると身近な修理に駆けつけてくれなくなって困るとする消費者の間で，不当廉売規制を適用すべきかの意見が大きく分かれた。これら異なった議論を評価せよ。前章でのただ乗り問題（定理6-3）とも共通する問題であり，街の電器屋さんの消費者へのサービスをどう評価するかが１つのポイントになる。また同様の問題は，オンラインショッピングの広がりにつれ一層深刻になっており，第11章で議論することになる。

>>> **第8章**

下請取引と優越的地位

独占禁止法には優越的地位という概念がある。公正取引委員会は優越ガイドライン[1]を公表し、以下のように述べている。

（法律規定）8-1 ──────── **優越的地位**

取引の一方の当事者（甲）が他方の当事者（乙）に対し、取引上の地位が優越しているというためには、市場支配的な地位又はそれに準ずる絶対的に優越した地位である必要はなく、取引の相手方との関係で相対的に優越した地位であれば足りると解される。甲が取引先である乙に対して優越した地位にあるとは、乙にとって甲との取引の継続が困難になることが事業経営上大きな支障を来すため、甲が乙にとって著しく不利益な要請等を行っても、乙がこれを受け入れざるを得ないような場合である。

甲は市場支配的な地位等にある必要はない。あくまでも取引の相手方（乙）に対し相対的に「優越」であればよい。この点は重要である。甲は、業界のトップ企業でなくても、売上高何億円以上というような大規模企業でなくても、特定の取引相手（購入先、販売先）に対して優越的な地位にあるとみなされることがある。

優越的地位にある企業が以下の行為をおこなうとき、優越的地位の濫用と呼んでいる（独占禁止法第2条9項五）。

1）正式名は「優越的地位の濫用に関する独占禁止法上の考え方」（2010年制定、2017年改正）。引用は第2、1。

(法律規定) 8-2 ―――― 優越的地位の濫用

自己の取引上の地位が相手方に優越していることを利用して，正常な商慣習に照らして不当に，次のいずれかに該当する行為をすること。

イ　継続して取引する相手方（新たに継続して取引しようとする相手方を含む。ロにおいて同じ）に対して，当該取引に係る商品又は役務以外の商品又は役務を購入させること。

ロ　継続して取引する相手方に対して，自己のために金銭，役務その他の経済上の利益を提供させること。

ハ　取引の相手方からの取引に係る商品の受領を拒み，取引の相手方から取引に係る商品を受領した後当該商品を当該取引の相手方に引き取らせ，取引の相手方に対して取引の対価の支払を遅らせ，若しくはその額を減じ，その他取引の相手方に不利益となるように取引の条件を設定し，若しくは変更し，又は取引を実施すること。

イは購入・利用の強制，ロは不当な経済上の利益の提供要請，ハは受領拒否・返品・支払遅延・減額などと一般に呼ばれる行為である。独占禁止法は，これら行為を「不公正な取引方法」の1つとして禁止している。

　定理1-1および1-2で示したように，「見えざる手の定理」は，市場への参加者（売り手，買い手）が自由に取引に参加し，競争するとき，パレート最適が達成されることを教える。単純化していえば，売り手・買い手が取引に参加するのは，それが両者にとって有利だからである。その取引が不利であれば，取引を拒絶さえすればよい。このため，取引は両者の厚生を必ず高める。

　そうだとすれば，売り手と買い手のいずれかが「優越的地位」にあり，それを「濫用」したとしても，両者が取引しているという事実そのものが両者にとって厚生を改善していることを意味するはずで，競争政策上問題にすべき理由はないとはいえないだろうか。もし，そういう理由があるとすれば，それはどのような場合だろうか。本章ではこの問題を考えてみたい。

1 ホールドアップ問題

　あなたはB社に商品を供給するA社を経営している。例えば，A社は消費財メーカーでB社はそれを販売する小売店である。あるいは，A社は部品メーカーで，B社は各社から購入した部品を組み立てて最終製品とするアセンブラー（組立メーカー）である。年初に両社は，1年間，Aが商品を毎週100個ずつBに納入し，Bはそれと引き換えに現金で1個あたり1000円を支払うことで合意していた。ところが1週間経ったところで，Bは1個あたり900円に引き下げるよう一方的に要求し，それを受け入れなければ，これ以降Aから購入しない旨を通告してきた。このときあなたはどうするだろうか。

　もちろん，両社が年初に法的に有効な契約書を交わしており，契約を遵守させるために必要な法的手段に費用がかからないのであれば，あなたは契約違反でBを訴えればよい。しかし，口頭での合意のみであったり，契約書があっても訴訟費用が大きすぎたりするような場合には，こうした法律的手段は現実的でない。Bの要求を呑むか拒絶するしか選択の余地はない。

　単位あたり生産費用が一定であれば，この選択は簡単である。それが900円を上回っていれば，損失を回避するためにBの要求を拒絶して納入をあきらめ，900円以下であれば（利潤は減るものの）要求を呑んで納入を継続すればよい。また，B以外に900円以上で購入してくれる顧客Cがいるときも簡単で，納入先をBからCに切り替えればよい。いいかえれば，このような場合には，AがBに納入し続けているとすれば，それは取引の継続がAにもBにも何らかの形で利益を生んでいるからとみなすことができ，競争政策上特に問題になるわけではない。たしかに，Aの利潤が1個あたり100円減少し，Bの利潤が同額だけ増加するという利潤分配の変化は起きているが，そのことが社会的に望ましいか望ましくないかの判断を競争政策当局がおこなうのは不適切である。

　問題が起きやすいのは，この取引を始めるにあたり，Aが生産設備等の資産への投資をおこなった場合である。特に，この資産は他の用途，あるいは

第8章　下請取引と優越的地位　143

他の顧客へ販売するのには転用できないとしよう。そのような資産を関係特殊資産という。

キーワード 8-1 ──────── **関係特殊資産**

いったん投資すれば回収不能であり，しかも特定の取引関係のもとでのみ十分な価値を生み出すことができる資産。

AがBの製品に特有な部品を生産するために必要な設備・工具等は関係特殊資産である。他社の製品を生産するためには利用できず（あるいは改造するために費用がかかり），生産を止めても，転売して投資費用を回収することもできない。後者の意味でサンクコストでもある（キーワード3-4）。

この資産への投資費用は50万円であり，1年間で消耗し無価値になるものとしよう。当初契約では毎週100個納入する約束であったので，年間50週稼働するとすれば5000個生産することになり，単位あたりの設備費用は100円である。これは平均固定費用（＝固定費用÷生産量）にあたる（付録第3項参照）。この他生産には平均可変費用がかかる。単位あたりの，原材料費や人件費など生産量に応じて投入量を調節できる費用である。これを850円としよう。よって平均費用（＝平均可変費用＋平均固定費用）は950円である。

当初のBとの約束では納入価格1000円であったので，単位あたり50円の利潤を見込むことができ，あなた（A）は関係特殊な設備を建設したが，そのあとで価格の900円への引下げを要求された。平均費用950円を下回るから，あなたの会社は赤字となってしまう。

それでは，あなたは要求を拒絶して納入を断念すべきだろうか。答えは否である。平均可変費用850円を上回るからである。関係特殊資産への投資50万円はすでに支払い済みでサンクであり，生産をストップしても回収できない。そうだとすれば，生産を続けて単位あたり50円（価格900円マイナス平均可変費用850円）だけでも回収し続けた方が，平均固定費用100円には満たないにせよ，ましである。定理3-2（意思決定のサンクコストからの独立性）の応用である。

Bはこのことを知っているからこそ，あなたに価格引下げを強要する。こ

の行動を，銀行強盗が銃を突きつけて「手をあげろ」（Hold up!）といって
要求することになぞらえ，ホールドアップと呼ぶ。

　こうしたホールドアップは銀行強盗のように社会的に禁止されるべきだろ
うか。利益配分の公平性を気にせず資源配分の効率性の観点から考えるかぎ
り，答えはふたたび否である。同一量の生産がおこなわれているから消費者
に影響はなく，Ａはいまや赤字経営であるが，ＡとＢを合わせた総利潤は変
わらないからである。したがって，効率性を目的とするかぎり，競争政策が
介入すべきことにはならない。

　しかし実は問題はそこでとどまらない。Ｂがホールドアップすることをあ
なた（Ａ）は事前に予測するからである。関係特殊資産にいったん投資する
と，Ｂがホールドアップしたときに拒絶できなくなることをあなたは知って
いる。そうだとすれば，契約が完全に履行される保証がないかぎり，あなた
はこの取引に応じないだろう。すべての部品メーカーが同じ態度をとるなら，
Ｂは誰からも部品を調達できず，最終製品が生産できなくなってしまう。こ
の問題をホールドアップ問題という。

> **キーワード 8-2 ──── ホールドアップ問題**
> 関係特殊資産への投資が必要なとき，取引相手からホールドアップされ
> る，すなわち事後的に不利な取引条件変更や取引停止を迫られることを
> おそれ，投資が不十分にしかおこなわれないこと。

　ホールドアップ問題が起きるとき，部品等の供給が十分になされないため
最終製品の生産も不十分となり，消費者は不利益を被る。このため，政策的
対応が必要になる可能性がある。

2 │ 評判効果

　繰り返すが，十分に明確な契約書を両社で交わすことができ，契約違反へ
の法的措置に費用がかからないのであれば，ホールドアップ問題は発生しな
い。相手がホールドアップすれば，訴訟を起こし，当初契約の遵守を義務付

けるか，被る損害の補償を求めればよい。ホールドアップ問題が心配される
のは，現実には，契約は不完全なものにならざるを得ず，さらに訴訟に要す
る法的費用も大きいからである。

このような状況でもホールドアップ問題を回避するための仕組みとして，
評判効果（名声効果ともいう）がある。

（キーワード）8-3 ──────── 評判効果

約束を守り続けることにより，約束を守る人（または企業）であるとい
う評判（名声）を獲得し，他者との関係をより容易に，あるいはより有
利に維持して長期的利益を生む効果。

ホールドアップすれば，Bは短期的利益を増やすとしても，約束を守らな
い企業だという悪評（負の評判）が立つ。このため，誰もBと取引しないよ
うになるから，長期的にはかえって不利になる。このことをおそれ，Bはホ
ールドアップ行動を自粛し，約束を守り，長期的利益の獲得を目指すインセ
ンティブを持つ。このように，評判効果が働けば，Bは，関係特殊資産への
投資をした後のAに値引きを強要するようなホールドアップ行動をとらない
はずであり，優越的地位の濫用という問題も起きない。

しかし，評判効果が有効であるためには2つの条件が必要である。第1は，
Bが永続すると予想されていることである。来年以降に事業を続ける予定が
ないのであれば，Bはホールドアップして悪評が立つことをおそれない。よ
ってBが永続しないことが知られているなら，評判効果を気にせずBがホー
ルドアップ行動をとるであろうことをAは予測できる。このためAはBを信
頼できず，関係特殊的資産への投資をおこなわない。ふたたびホールドアッ
プ問題が発生する[2][3]。

第2の条件は，情報が企業間で共有されることである。BがAに対してホ
ールドアップしたことが他社に知られないのであれば，来年には，AがBを
信頼せず取引を拒絶するようになっても，Bは他社（C）と取引することが
できる。Bが契約遵守へのインセンティブ効果を持つためには，Bへ納入可
能なすべての企業がBのホールドアップ行動を知るようになる方が効果的で
ある。

146

これらの条件が満たされないなら，例えば情報の伝播が不完全であるなら，悪評による負の評判効果を心配することなくＢ社がホールドアップするおそれがあり，そのことを心配してＡ社など各社はＢ社と取引しない，あるいは関係特殊資産への投資を拒むというホールドアップ問題が現実化する。

　このときもし独占禁止法がホールドアップ行動を禁止していれば，Ａは，Ｂが独占禁止法違反行為をしないだろう，あるいは，ホールドアップされれば違法行為として申告すればよいだろうと考え，Ｂへの納入を了承し，関係特殊資産への投資を実施するだろう。このように，情報不完全により評判効果がうまく働かない場合に，ホールドアップ問題を回避し，企業間の取引を容易にし，関係特殊資産への投資を促進する仕組みとして，優越的地位濫用の規定は社会的に有意義なものになっている可能性がある。

> (定理) 8-1 ──── **優越的地位濫用の禁止によるホールドアップ抑止効果**
> ホールドアップ問題が起きるおそれがあり，また評判効果もホールドアップ抑止効果を持つには不十分なとき，優越的地位濫用の禁止規定によりホールドアップを抑止できれば，ホールドアップ問題を解消し効率性を高めることがある。

2）以上の問題は，Ｂが今年かぎりでなくても，無限に永続するのでないかぎり発生する。最終年（Ｔ年とする）には翌年がないので，Ｂはホールドアップするインセンティブを持つ。このことが予測されるから，その前年（Ｔ−1年）にもＢを信頼できずホールドアップ問題が生まれ，さらにその前年（Ｔ−2年）にも信頼できなくなるというように，逆順にさかのぼり，今期（０年）においても信頼できなくなるからである。これを有限回繰り返しゲームにおける最終期問題という。拙著『新しい産業組織論』，第10章または『産業組織論』，付録を参照。

3）個人には寿命があるが会社は永続できる。この違いが評判（名声）効果の違いを生み，個人としてではなく会社という法人組織を作って事業することの有利性をもたらす。拙著『企業経済学　第2版』，第8章参照。

第8章　下請取引と優越的地位　**147**

3 優越的地位濫用の規制

　現実の経済活動では多くの取引関係が継続的である。このように将来的にも継続することを両者が期待していれば，評判効果が機能するための上述の第1の条件はクリアされる。また，継続的関係を維持しているという事実は，お互いにホールドアップ行動をとっていないという情報を発信する。このため，継続的取引関係は評判効果と相まってホールドアップ問題の解決に貢献する。

　それとともに，継続的関係により，両社間での意思疎通が容易になり，相手方の行動様式について学習し，各社において相手方の仕様や特性に適合した有形無形の資産を蓄積する。これにより両者間での取引費用その他の軽減に役立つ。

　ただし，こうして蓄積される資産は関係特殊的でサンクとなっている可能性が高く，その意味ではホールドアップを容易にする。いわゆる下請関係において，支払減額や価格引下げなどの取引条件の改悪を親事業者（発注企業，委託企業）から迫られても，下請業者（受注企業，受託企業）が受け入れざるを得ず，しかもそれ以降も取引関係を維持する傾向があるのはこのためである。下請関係を始める前であれば，その親事業者がホールドアップすると予想されるかぎり下請関係を受け入れないであろう。しかし，いったん下請関係を開始し継続していれば，当該親事業者との業務の進め方のノウハウといった無形のものを含め，関係特殊資産をすでに構築しているだけに，親事業者の要求を拒絶できなくなるのである。

　とはいえ，優越的地位にせよ，下請関係にせよ，定義は容易でない。法律規定8-1は優越的地位を「乙にとって甲との取引の継続が困難になることが事業経営上大きな支障を来すため，甲が乙にとって著しく不利益な要請等を行っても，乙がこれを受け入れざるを得ないような場合」とするが，部品メーカー（乙）と組立メーカー（甲）との関係にせよ，商品供給者（乙）と大型小売店（甲）との関係にせよ，この規定に当たるかどうか，どう判断すれ

ばよいのだろうか。

公取委の優越ガイドラインには，法律規定8-1で引用した文章に続いて，次の表現がある（かっこ内は筆者付記）。

（法律規定）8-3 ──── 優越的地位の判断

この（甲が乙に対して優越的地位にあるという）判断に当たっては，乙の甲に対する取引依存度，甲の市場における地位，乙にとっての取引先変更の可能性，その他甲と取引することの必要性を示す具体的事実を総合的に考慮する。

取引依存度とは乙（前節でのＡにあたる）の全売上高に占める甲（同じくＢ）への売上高の比率をいう。甲の市場における地位とは，例えばマーケットシェアである。取引先変更の可能性としては，「他の事業者との取引開始や取引拡大の可能性，甲との取引に関連して行った投資等が考慮される」。その他としては，「甲との取引額，甲の今後の成長可能性，取引の対象となる商品又は役務を取り扱うことの重要性，甲と取引することによる乙の信用の確保，甲と乙の事業規模の相違等が考慮される」とされる（同ガイドライン）。

乙の売上げのほとんどが甲に対するものであれば，取引を失うことの影響は大きい。甲がその市場において大きなシェアを有すれば，他の同様の販売先を乙が得ることは難しい。甲との取引に関連しておこなった投資が関係特殊資産に対するものであれば，他社への販売は困難である。こうした考え方に基づいて法律規定8-3がある。

とはいえ，例えば，取引依存度が何％以上なら甲が優越的地位を持てるかについての基準があるわけではない。確かに甲に100％依存しているならこの可能性は高いが，50％ではどうだろうか。逆に1％しかなくても，優越的地位にあることがありうるだろうか。

この問題は優越的地位の濫用違反事件に課徴金が課されることになった2009年独占禁止法改正（2010年施行）以降，深刻になった。課徴金が「当該行為の相手方との間における（中略）売上額」（独占禁止法第20条の六）の1％として定められたからである。このため，優越的地位の濫用に対して課徴金を課すために「当該行為の相手方」を特定し，それとの間における売上

第8章　下請取引と優越的地位　149

額を計算しなければならなくなった。

　これにより公取委としては，違反が疑われる事件では，当該事業者（甲）に取引相手のリストとそれらとの間の取引額および（例えば減額であれば）減額金額の一覧を提出させ，相手方企業（乙）からは取引依存度等を計算するための資料を出させ，さらには取引変更先の可能性について意見を求める等の作業が必要となった。それらに基づき甲が優越的地位を持つ相手方企業を特定し，それとの取引額（それからの購入額またはそれへの売上額）を計算し，その１％として課徴金を計算する。しかし，優越的地位にあるかどうかを認定する境界線を決めることがきわめて困難なことは上に述べたとおりである。そして，課徴金納付命令を課される事業者がその認定に納得せず争うことは十分に起こりうる。

　実際，この課徴金制度が始まって以来，５件の課徴金納付命令が出されたが，いずれも争われ審判となった。当時は，排除措置命令・課徴金納付命令を受けた事業者は，それに不服であれば命令取消しを求めて審判を提起することができた。審判とは裁判に類似する形で実施され，最終的に公正取引委員会名で審決が出されるものであった。この審決にも不服であれば，事業者は東京高裁に審決取消しを求める訴訟を起こすことができた。

　５件のうちの１件がトイザらス事件で，コラム8-1に紹介する。審決では，取引先事業者Hのトイザらスに対する取引依存度は１％に満たないが，その他種々の条件を加味して，トイザらスはHに対し優越的地位に当たると認定するなど，課徴金納付命令をおおむね支持しながら，一部の行為あるいは一部の事業者については濫用行為でないと判断し，課徴金を減額している。

　その他４件も審判となり，ラルズ事件を除く３件で課徴金は減額された。またトイザらス事件を除く４件で審決取消しを求める訴訟が起こされ，１件（山陽マルナカ事件）では課徴金納付命令での記載が不十分として審決を取り消す判決が出ている（優越的地位の濫用の事実の有無については判断せず）[4]。

　いずれにせよ，これら事件では審査・命令・審判・裁判と多大の時間と労力・費用を要した。2015年に審判制度は廃止され，命令に不服なものは直接東京地裁に取消訴訟を起こせる形になったため，この問題は若干の解消を見

コラム8-1

トイザらス事件（2015年審決）

　日本トイザらス（以下「トイザらス」）は玩具，育児用品など子供・ベビー用品全般を専門的に取り扱う小売業者で，同種小売業者には大手3社と呼ばれるものがあったが，その中で最大手であった。同社は，自社が販売する商品のほとんどすべてを納入業者から買い取りの方法により仕入れていたが，(1)売上不振商品等を納入した業者63社に対し当該商品等を返品した，(2)自社が割引販売をおこなうこととした売上不振商品等を納入した業者80社に対し割引予定額の一部または全部を代金から減じた，の2つの行為は優越的地位の濫用にあたると判断された。このため，公取委は排除措置命令とともに，3億6908万円の課徴金の納付を命じた。

　トイザらスは，納入業者のうち14社に限定し，これらとの関係では違反行為が存在しないと主張して，それらとの取引に係る排除措置命令および課徴金納付命令（1億6473万円を超える部分）の取消を求める審判を請求した。

　審判では，主として，トイザらスが14社各社に対し優越的な地位にあったか，また，返品や減額が正常な商慣習に照らして不当かどうか，が争われた。前者から見よう。

　14社の中には，トイザらスへの取引依存度が100％である企業もあるが，1％にも満たず，取引先としての大きさの順位もトイザらスは10位以内にも入らないという企業もある。例えば納入業者H（会社名は非公表）の場合，トイザらスに対する取引依存度は約0.5％に過ぎないが，Hの主要取扱商品に限ればトイザらスへの取引依存度は約10％弱となり，金額（非公表）も大きいとされる。さらに，H従業員の供述は，この商品について，Hがトイザらス（被審人）に変わる取引先を見つけることは困難であるとする。これら

4）トイザらス事件（排除措置命令2011.12.13，審決2015.6.4，いずれも年.月.日を示す）に加え，山陽マルナカ事件（2011.6.22，2019.2.22/2021.1.27），エディオン事件（2012.2.16，2019.10.4），ラルズ事件（2013.7.3，2019.3.25），ダイレックス事件（2014.6.5，2020.3.25）である。山陽マルナカ事件では高裁判決を受けて命令を取り消す再審決が出された。

第8章　下請取引と優越的地位　**151**

の事情を総合し，審決は，「Hにとって被審人との取引の継続が困難になる
ことが事業経営上大きな支障を来すため，被審人がHにとって著しく不利益
な要請等を行っても，Hがこれを受け入れざるを得ないような場合にあった
と認められるから，被審人の取引上の地位はHに優越していたというべきで
ある」とした。

　Hは12件（①〜⑫，それぞれの内容は省略）の減額行為を受けていた。こ
のうち一部については，不当ではないものと認定された。例えば，⑪につい
ては，Hが「商品をリニューアルするのに伴い，新商品の販売促進と，品質
の劣る旧商品が長期間にわたって店頭で販売されることの弊害を避けるため
に，旧商品を早期に売り切ることを目的として，被審人に対し値引き販売費
用の一部負担を提案した」ものであり，「Hにあらかじめ計算できない不利
益を与えたものではなく，濫用行為に当たるとは認められない」とされた。
⑫についても同様である。しかし①〜⑩については，「例外事由に当たるな
どの特段の事情はうかがわれない」として，濫用行為に当たるとされた。

　同様の検討を14社すべてにおこなったところ，2社については濫用行為と
は認められないため取消，また，残りの12社についても，H社の減額事例⑪
および⑫のように，一部の行為について濫用行為と認められないとした。こ
れらにより，課徴金納付命令につき，2億2218万円を超えて納付を命じた部
分を取り消すとの審決が出された。

た（ただし，審決取消訴訟は東京高裁に提起されるのに対し命令取消訴訟は
東京地裁から始まるため，控訴されれば一段階増えた）。

　これが主な理由と推測するが，2018年末施行の独占禁止法改正で確約手続
の制度（第1章補論参照）が導入されて以降，優越的地位濫用事件はすべて
確約制度によって対処されている。そうした例の1つとして東京インテリア
家具事件をコラム8-2として示す。

　確約制度には，審査・命令の時間短縮に加え，優越的地位濫用事件に特に
好適な利点が存在する。それが，コラム8-2にも出てくる金銭的価値の回復
である。課徴金は，いうまでもなく国庫に収められる。よって減額その他の
被害を受けた納入業者等の損失が回復されるわけではない。これら納入業者
にとってみれば，今後の被害は無くなるとしても，これまでの被害はそのま

コラム 8-2

東京インテリア家具事件 (2024年確約)

　東京インテリア家具 (以下「同社」) は，全国に約50店舗 (2022年時点) を展開して家具等を販売しており，家具小売市場において売上高が上位の事業者であった。同社と納入業者との取引は基本的に買取取引である。納入業者の中には，同社に対する取引依存度が大きい者，同社の店舗数の多さや新規開店が続いていることから売上高の増加等が期待できると述べる者，他の事業者との取引開始又は取引拡大により同社との取引と同等の売上高を確保することは困難であると述べる者などがいた。

　同社は，遅くとも2016年5月頃以降，2022年6月頃までの間，納入業者に対して，次の行為をおこなっていた。

(1) 新規開店又は改装開店に際し，これらを実施する店舗において，納入業者が納入する商品以外の商品を含む当該店舗の商品の搬入，陳列等の作業をおこなわせるため，あらかじめ当該納入業者との間でその従業員等の派遣の条件について合意することなく，かつ，派遣のために通常必要な費用を自社が負担することなく，当該納入業者の従業員等を派遣させていた。

(2) 新規開店に際し，これを実施する店舗に関して，「オープン協賛金」等の名目で，あらかじめ負担額の算出根拠，使途等を明らかにせず，又は，当該金銭の提供が，その提供を通じて納入業者が得ることとなる直接の利益等を勘案して合理的な範囲を超えた負担となるにもかかわらず，当該納入業者から当該店舗向けに開店前に納品される商品の納入金額に5パーセントの料率を乗じて算出した額等の金銭を提供させていた。

(3) 2021年2月及び2022年3月に福島県沖で発生した地震に際し，福島県，城県及び岩手県に所在する店舗において当該各地震により毀損又は汚損した商品について，当該商品を値引き又は廃棄することによる自社の損失を補填するため，納入業者が納入した当該商品の納入金額に相当する額の全部又は一部の金銭を提供させていた。

第8章　下請取引と優越的地位　153

公取委は，これらの行為が優越的地位の濫用禁止規定に違反する疑いが認められたとして，同社に対し確約手続に係る通知をおこなったところ，同社から確約計画の認定を求める申請があった。この確約計画には，上記行為を取りやめていることの確認及び今後おこなわないことを取締役会で決議すること，このことを納入業者に通知し自社従業員に周知徹底すること，上記行為に関する納入業者における金銭的価値を回復すること，これら措置の履行状況を公取委に報告すること，などが含まれていた。公取委は，この確約計画は当該行為が排除されたことを確保するために十分なものであり，かつ，その内容が確実に実施されると見込まれるものであると認め，当該確約計画を認定した。

なお，納入業者における金銭的価値の回復については，納入業者のうち約120社に対し，総額約１億6600万円と見込まれている。

まになってしまう。実は，これは，次節で説明する下請法との大きな違いであった。下請法に違反する親事業者に対して公取委は勧告や注意をおこなうが，その中には原状回復，すなわち被害額の払い戻しが含まれるのが通例である。これに対し優越的地位の濫用のような独占禁止法違反事件に対しては，課徴金を課すことはできても，被害者が損害賠償訴訟を提起しない限り，被害の回復はできなかった。

確約制度ができたことによってようやく，確約計画の中にこうした回復措置を盛り込ませることで，被害者への原状回復措置が可能になったのである。

さらに2009年11月に，効率的かつ効果的な対応を目指して公取委内に優越的地位濫用事件タスクフォースと名付けられたチームが設けられたことから，迅速な対応を非公式な注意で実施することになった。2023年度には67件の注意が出されており，これらについての平均処理期間は約39日であった[5]。命令や訴訟に比べ迅速化，簡易化に成功している。ただしこれらは非公表であり，課徴金の納付もないから，事業者も争うことがなく，コラム8-1のトイザらス事件で記述があったような，優越的地位か，そして濫用行為か，につ

5）公正取引委員会「令和５年度における優越タスクフォースの取組状況」。

いての判断根拠が不明である。実際，確約事案でも，社名が公表されるなど注意よりは改善されているが，公表されるのはコラム8-2で引用した程度にとどまり，コラム8-1の審決で個別取引まで明らかにしている（ただし個別事業者名などは秘匿される）のに比べ，情報量は格段に少なくなっている。この結果，どのような取引であれば優越的地位とみなされ，どのような行為であれば濫用とみなされるかについて，事業者や法務担当者が理解を深めることを困難にしている。確約事案においての情報量の拡充が望まれる。

4 下請法

優越的地位や濫用行為の認定を機械的なものとし，迅速な対応をすることによって，濫用（とみなされうる行為）により中小の納入業者が受ける被害を早急に止め，また早急に被害を回復させることを目指して作られた法律が下請法である[6]。いわば，独占禁止法が法律違反があれば事後的に制裁を課すという事後規制であるのに対し，下請法は違反の対象や行為を具体的に明示して違反を事前に防止することに主眼を置いた事前規制の色彩が強い（この違いについては第12章第4節で再度議論する）。

下請法では，優越的地位の認定の困難さを回避するため，資本金等の客観的で画一的な基準により，下請法の対象となる親事業者および下請事業者を決める。

下請法が対象とする取引は製造委託その他である[7]。製造委託とは，事業者が他の事業者に製品の規格・品質・性能・形状・デザイン・ブランドなどを指定して製造を委託することをいう。例えば，大手小売業者（スーパー，コンビニ等）が販売する加工食品には，ナショナルブランド商品（NB商

6）正式名は「下請代金支払遅延等防止法」（1956年制定，2009年改正）。同法については公正取引委員会・中小企業庁「下請取引適正化推進講習会テキスト」（2023年11月版，以下では「テキスト」と略す）が詳しい。

7）その他には修理委託，役務提供委託，情報成果物作成委託がある。これらでは以下に述べる資本金基準が違う場合がある。

第8章　下請取引と優越的地位　155

品）もプライベートブランド商品（PB 商品）もある。NB 商品とは，大手メーカーが自ら開発・製造し広告等をすることによってブランド認知度を高め，消費者がそのブランドを信用して購入するものである。一方，PB 商品では，スーパーやコンビニが製品規格やデザインを指定してメーカーに製造させ，自社ブランドを付けてそれぞれの店内で販売する。すなわち，規格等を決めるのは NB 商品ではメーカーであるのに対し，PB 商品では小売業者で，小売業者がメーカーに製造委託したことになる。よって，PB 商品に関する取引は下請法の対象となりうるが，NB 商品についてはメーカーが自社製造するかぎり，対象とならない。

　こうした製造委託の場合，下請法は，委託する事業者（上の例では小売業者）の資本金が3億円超で，委託を受ける事業者（上の例では PB 商品製造業者）の資本金が3億円以下の場合，あるいは委託事業者が1千万円超3億円以下，受託事業者が1千万円以下の場合，それぞれ親事業者，下請事業者であると規定する。

　したがって，優越的地位の認定と異なり，取引依存度その他を総合的に判断することなく，委託関係かどうか，資本金基準を満たすかどうかのみで下請関係が認定される。もちろん，下請法で定められる下請事業者が相対的に小さいからといって，実際に親事業者が優越的な地位を持つとは限らない。例えば，小規模企業ながら特殊技術を持ち，大手企業といえどもその企業にしか製造委託できないため，優越的な地位を持たない（あるいはむしろ受託企業の方が優越的な地位を持つ）場合もありうる。このため下請法は下請関係を過剰に認定する傾向があるが，措置の迅速化が優先されている。

　下請法で違反とされる行為は表8-1に示すとおりである。これらについても措置の迅速化の観点から，画一的基準が設けられている。例えば，減額とは何か，下請法第4条は次のように規定する。

（法律規定）8-4 ─────── 下請法における減額

　下請事業者の責に帰すべき理由がないのに下請代金の額を減ずること。

「下請事業者の責に帰すべき理由」とは，商品瑕疵や納期遅れなどに限定される。重要なのは，下請事業者が合意していたとしても正当な理由とはなら

表8-1　下請法違反行為類型別件数　2023年度

行為類型	件数	%
下請事業者からの受領拒否	48	0.7
下請代金の支払遅延	3995	59.2
下請代金の減額	1090	16.1
返品	21	0.3
買いたたき	879	13.0
物の購入強制，役務の利用強制	41	0.6
有償支給原材料等の対価の早期決済	61	0.9
割引困難な手形の交付	197	2.9
不当な経済上の利益の提供要請	348	5.2
不当な給付内容の変更・やり直し	73	1.1
報復措置	0	0.0
計	6753	100.0

(出所) 公正取引委員会「令和5年度における下請法の運用状況及び中小事業者等の取引公正化に向けた取組」
(注) 複数行為類型に違反する場合はそれぞれに数えられている。

ないことである。テキストによれば，「仮に親事業者と下請事業者との間で下請代金の減額等についてあらかじめ合意があったとしても，下請事業者の責めに帰すべき理由なく下請代金の額を減ずる場合は本法違反となる」。よって，親事業者・下請事業者間での合意の内容に立ち入ることなく，外形的に濫用行為の判断が容易であることによって，法律適用の効率化が図られている。さらに，「下請取引においては，下請事業者の立場が弱く，一旦決定された下請代金であっても事後に減じるよう要請されやすいこと，一方，下請事業者はこのような要求を拒否することが困難であり，下請代金の額が減じられると，直接，下請事業者の利益が損なわれることから，これを防止するためである」とする。下請法が効率性のみならず，下請保護という，いわば公平性を重視する目的をも持っていることを示唆する。

　ただし，これはかえって下請事業者にとっても不利益になることもありうる。例えば，委託された製造に時間がかかり，その間に原材料価格が変化するときには，下請代金を増額または減額した方が，原材料価格変動からの下請事業者のリスクを減少させるから，下請事業者にとってむしろ望ましい。このときも，増額については問題がないが，減額については下請法違反とされてしまう。それを回避するには，発注時に親事業者から下請事業者に手渡

第8章　下請取引と優越的地位　157

される契約書（「発注書面」という）に，どのような場合には増額・減額するかを明記する必要があるが，原材料価格等が変動する理由はさまざまであることを考えれば，すべての場合を明記することには大きな労力と紙（または電子ファイル）を要し，取引費用を高める。

下請法の対象となる行為は，減額以外にもあり，表8-1に示すとおりである。「下請代金の支払遅延」が最も多く，同様の効果を持つ「割引困難な手形の交付」を合わせると，全体の62％になる。また，「減額」および「買いたたき」（発注に際して下請代金の額を決定する際に，発注した内容と同種又は類似の内容の給付に対し通常支払われる対価に比べて著しく低い額を不当に定めること）という金額に関するものも，29％になる。

下請法に関わる事件数は多く，2023年度には勧告13件，指導8268件であった。勧告については公表されるが，指導については不公表である。多くを指導で対処しているのは，事件処理を迅速化し，下請事業者が被った不利益の原状回復措置（支払遅延や減額などによる不利益の払い戻し等）を優先しているからである。

下請法は，実は，目的や定義を述べた後に，「親事業者は，（中略），下請事業者の給付の内容，下請代金の額，支払期日及び支払い方法その他の事項を記載した書面を下請事業者に交付しなければならない」（第3条）としている。こうした規定があること自体が，明確な契約なしの取引が多いことを示唆しており，実際，書面交付義務違反（発注書面の不交付・記載不備）は6151件に及ぶ[8]。同様の調査が欧米でおこなわれた例を筆者は知らないが，こうした明確な契約なしでの取引は日本で多いと思われる[9]。

すでに述べたように，文書による契約が完全におこなわれ，契約違反の場合の法的対応にコストがかからないのであれば，ホールドアップ問題は起きえない。すべての可能性に対応して契約文書に明記しておけばよいからであ

8）表8-1に記載した違反（実体規定違反という）との重複がある。前の段落で記した勧告13件，指導8268件は書面交付義務違反などの手続違反と実体規定違反のいずれか，あるいは両方の違反があった件数である。

9）筆者自身の経験でも，欧米で著書を出版したときには事前に詳細な契約書にサインをして出版社と交わしたが，日本では同様の経験が少ない。

る。しかし，不確実性と情報の不完全性のもとでそうした完全な契約が不可能なこと，現実には法的措置をとることに多大の費用がかかることが，ホールドアップ問題を現実のものとしている。これを契約の不完備性というが，そうした不完備な契約による取引が慣行化している日本において，欧米諸国にはない形で優越的地位濫用の禁止規定があり，さらに下請法が立法化されているといえるかもしれない。ただし，それに加え，例えば公平性や中小企業保護の名のもとに，親事業者あるいは大規模企業の行動が頻繁に優越的地位の濫用とみなされることになれば，これら企業の行動の自由を損ない，経営努力への意欲を失わせるおそれも存在する。より明確な契約の締結を促進することが最優先課題であり，優越的地位の濫用による法的措置はホールドアップ問題が明らかであるような場合に限ることが望ましいように思われる[10]。

練習問題 ▶▶▶▶▶▷

8-1 関係特殊資産とはどのような資産か述べよ。そうした資産の例をあげよ。

8-2 ホールドアップ問題とはどのような問題か，また，優越的地位の濫用に対する規制が，ホールドアップ問題が心配されるときに効率性に寄与する可能性があるとされるのはなぜか。

8-3 評判効果とは何かを述べ，それが有効なのはどのような場合か述べよ。

8-4 優越的地位の関係にあるかどうかを判断するために取引依存度が調査される。取引依存度とは何かを述べ，それが高いほど優越的地位とみなされやすいのはなぜか，述べよ。

8-5 下請法が事前規制であると言われるのはなぜか，述べよ。

議論のための問題 ▶▶▶▶▶▷

本章では，優越的地位濫用規制や下請法を効率性の観点から評価するものとし

---

10) 優越的地位濫用の禁止が全く日本に特有というわけではない。日本の独占禁止法を参考にして作られた韓国の独占禁止法にも同様の規定があるほか，ドイツでも市場優越的（または市場支配的）事業者による濫用行為の禁止規定がある。ただし，市場優越的事業者という条件のため，日本におけるよりも限定的である。『日本経済法学会年報』（第27号，有斐閣，2006年）における「優越的地位の濫用」特集参照。

第8章　下請取引と優越的地位　159

てホールドアップ問題を紹介した。これに加え，公平性の観点からこれら規制を評価する声もある。下請事業者は弱い立場にあるから保護する必要，あるいは発注者・親会社との交渉力を強める必要があるから，これら規制が必要だとするものである。逆に過剰規制を懸念する声もある。これら意見をどう評価すべきか，議論せよ。「公平性」として何を基準に考えるのかを明らかにすること。

第9章

公益事業における競争

　公益事業とは，『広辞苑』（第7版，岩波書店）によれば，「公共の利益に関係し，公衆の日常生活に不可欠の事業」である。交通・電気通信・郵便・ガス・水道・電気などが例にあげられる。

　これらはいずれも，有形のもの（乗客，貨物，手紙，水など）あるいは無形のもの（電気，情報など）を，ある場所から他の場所に移動させる点で共通する。交通・電気通信・郵便では移動そのものが事業である。ガス・水道・電気では，天然ガス・河川水・石油などの原料から浄水場や発電所で生産・加工するので製造業としての性格を持つが，加工されたものを顧客にどう送り届けるかという移動・配達が他の製造業以上に重要な意味を持つ。

　このため，いずれにしても，何らかの意味で移動させる経路や装置が必要である。しかも，こうした経路や設備には規模の経済性が強く働く。このことが，公益事業に対する競争政策を難しくする。

　もう1つの特徴は「公衆の日常生活に不可欠」なことである。このため，国民の誰もがそれを利用可能でなければならない。逆にいえば，そのサービスを希望するすべての国民に対し事業者が供給するような仕組み作りが必要である。このことをユニバーサル・サービス（universal service，普遍的サービス）の提供という。

　公益事業のこうした特徴は競争政策にも大きな影響を与える。読者は，上にあげた公益事業の多くが永らく独占企業によって供給されていたり，独占ではなくても少数企業による寡占であったりすることに気がつくだろう。このことは許容されるべきなのだろうか，それとも企業分割や参入促進を通じて，より競争的な市場を作るべきなのだろうか。これら企業に自由な価格設

161

定を許してよいのだろうか。このように，公益事業に関わる競争政策は重要な議論となっている。本章ではこうした問題を説明しよう。

1 不可欠設備

　鉄道における駅と線路，航空における空港，電気通信における電話網や交換設備，郵便における配送網，ガス・水道・電気におけるガス管・水道管・送電網などは，それら事業を営むにあたって不可欠（エッセンシャル）な設備（ファシリティ）である。それらがなければ隘路（ボトルネック）を生じるので，ボトルネック設備ともいう。

（キーワード）9-1 ──────── 不可欠設備（エッセンシャル・ファシリティ）
事業を営むにあたり不可欠な設備。

　ただし，一般に，公益事業に関連して不可欠設備という言葉を用いるとき，不可欠なだけではなく，以下の2点の特徴も合わせ持ったものをいう。以下でも，この意味で不可欠設備の語を用いる。

　第1は，規模の経済性が働くことである。1日に100人利用する駅と1000人利用する駅を比べるとき，後者を10倍大きく作る必要はない。100人しか利用しなくても，改札口は少なくとも1つ必要であり，プラットフォーム（プラットホーム）には電車が停車できる長さが必要であるなど，最低限の大きさが必要だからである。このことは物理的設備に限らず人的資本についても当てはまる。無人駅を別とすれば，少なくとも1人の駅員が必要だからである。このため，利用者あたり費用は利用者数が増えるに従い逓減する。これが規模の経済性である。このことはまた，設備を重複して建設・維持することが社会的に非効率であることを意味する。このため，市場構造として必然的に独占になりやすいだけではなく，社会的にも独占の方が効率的になりやすい。このような状況を自然独占という[1]。

162

キーワード 9-2 ──────── 自然独占

規模の経済性が十分に大きいため、全市場に対し1社で供給した方が複数企業で供給するよりも総費用が小さくなる費用構造。

第2は、これら設備を建設・維持するための費用が大きいことである。しかも、これらの多くはサンクコストである。サンクコストとは、いったん投資・支出すると回収できない費用である（キーワード3-4）。鉄道を廃業すれば、駅・線路の土地を売却したり、レールをくず鉄として売却するなど、回収できるものもあるが、多くは回収できなかったり、回収するためには費用と時間がかかったりする。このため、大きな部分がサンクコストである。定理3-3で明らかにしたように、サンクコストの存在は参入障壁をもたらす。既存企業はすでに設備を持っており、事業継続に新規に設備を建設する必要がないのに対し、参入企業は新規に建設する必要があり、しかもいったん建設してしまうと事業を中止することになっても回収できない。参入企業は既存企業が要しない費用を負担せざるをえないという参入障壁に直面することになり、定理3-1で述べたコンテスタブル市場の均衡が成立しない。

このように設備の建設に大きな費用を必要とすることから、民間事業として開業しようとすれば資金負担が困難で、リスクも高い。公益事業の多くが政府事業として開始され、その状態が長く続いたのはこのためである。

国営か民営かを問わず、不可欠設備のために独占で参入障壁が高い状態では、企業は高価格を設定しやすい。このため、これら産業に対しては価格規制をすることが一般的であった。鉄道運賃、郵便料金、電気料金、電話料金、水道料金など、すべて、所管官庁である国土交通省、経済産業省、総務省などの認可を必要としてきた。一般に、これら料金については、原材料費用・労働費用・資本費用などを積み上げた総費用に見合った形で価格を認可する。しかし、これでは、企業は効率化して費用削減するインセンティブを持たない。費用を削減すれば認可価格も下げさせられるからである。

そこで、企業にこうしたインセンティブを持たせようと、公益事業にも競

1）数学的には、任意の生産量 x のときの総費用を $C(x)$ で表すとして、$x = x' + x''$ となる任意の分割 x', x'' について $C(x) < C(x') + C(x'')$ が成立するとき、自然独占である。

争を導入し規制を撤廃することが必要だとの認識が広まってきた。しかも第3章で述べたように，コンテスタブル市場理論は，参入障壁がなければ，事業活動をおこなっている企業が独占であっても，独占的な価格設定をできないことを明らかにした。このことが，1980年代から世界各国で推進されてきた規制緩和・規制撤廃（自由化）の背景にある。

2 競争維持のための仕組み

　一方で参入障壁を取り除き競争を導入する必要が認識され，他方では，自然独占をもたらす不可欠設備の特性がある。これらの相反する要求をどのように解決すればよいだろうか。

　単純化していえば，公益事業は，発電所のような製造業的な部分を別とすれば，いずれも図9-1に示した形態を有する。Xという地点や個人から，地域的（ローカル）なラインを通じて，ある結節点（A）に到達し，メインラインに乗る。そして，目的地近くの結節点（B）に達すれば，ふたたびローカルラインを経て，Yという地点や顧客に達する。主要な5事業における例は表に示したとおりである。

　こうした流れは，製造品，例えば自動車における，自動車メーカー→運搬→自動車販売店→納車配達→顧客という流れに対応する。第6章で述べたように，この流れを垂直連鎖と呼ぶので，同様に，図に示した流れを公益事業における垂直連鎖と呼ぶこともできる。自動車などの製造業の場合に，垂直連鎖の中のどれだけの事業を1つの企業内部でおこなうかは，垂直統合の問題として広く議論されてきた[2]。

　自動車の場合，20世紀初頭に大量生産手法を確立した米フォード社は，工場内に製鉄所を持ち，部品もそのほとんどを内製するなど，垂直統合を推進した。しかしその後，鋼板は製鉄専門会社から購入し，部品製造部門も別会社として切り離すなどしている。同様に，多くの産業において，垂直統合か

2）拙著『企業経済学　第2版』，第9章参照。

164

図9-1 公益事業における垂直連鎖

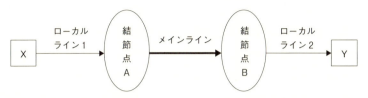

	X	ローカルライン1	結節点A	メインライン	結節点B	ローカルライン2	Y
鉄道	出発地	徒歩等	駅	線路・車両	駅	徒歩等	目的地
航空	出発地	バス等	空港	空港・航空機	空港	バス等	目的地
電話	発信者	加入者回線	収容局	基幹回線	収容局	加入者回線	受信者
郵便	ポスト	集配	集配局	鉄道・トラック	配達局	配達	受取人
電力	発電所	地域送電網	変電所	基幹送電網	変電所	地域送電網	ユーザー

ら非統合への動きが見られる。これは，垂直統合のメリットとして考えられてきた川上・川下間での情報交換や調整が，情報技術の進歩などにより異なった企業間でも容易になったことによる。また，それぞれの事業ごとに固有の能力を有する企業から調達することが有利なこと，事業ごとに規模の経済性も異なること，部品供給会社間の競争により効率化へのインセンティブを維持するのが有利なことが，より強く認識されるようになってきたからである。

　公益事業でも，垂直連鎖のすべてを単一企業が担当する必要はない。確かに現実には，最近まで垂直統合していた例が多い。日本電信電話（NTT，1985年民営化），日本郵政（JP，2007年民営化），電力会社（地域別に10社）など，いずれもそうである。これらは，明治時代に産業化を推進したとき，いずれについても基盤がなく，すべての設備を建設するところから始める必要があったという歴史的な要因による。また，出発点にあたる事業（発電など）や末端にあたる事業（顧客への配電など）をおこなう企業がメインライン・ローカルライン・結節点という不可欠設備の建設・維持にもあたることが，調整の容易さや共通に要する技術能力の活用など補完性を活かし，効率的と考えられてきた。しかし，ここでも非統合への動きが一般化している。

　図に示した3つのラインと2つの結節点のうち，真に不可欠な設備はどれ

第9章　公益事業における競争　165

だろうか。前節で述べたように，不可欠設備は，単に事業に不可欠なだけではなく，規模の経済性が働くこと，建設費用の多くがサンクであるために新規企業では建設が困難なことの2つの特性を持つ。

電話（固定電話）の場合，基幹回線，特に東京―大阪のような大都市間の基幹回線には多くの利用が見込めるから，新規業者がケーブルを敷設しても規模の経済性を満たすことができる。問題は加入者回線である。電話が便利なのは，誰とでも通話できることである。したがって，電話事業のためには，すべての加入者（電話機保有者）と収容局を結ぶ必要がある。しかし，これには無数といってよいほどの加入者回線網を必要とし，しかも個々の加入者の回線の利用度は限られるから，新規業者が敷設しても資金回収できない。このため，すでに回線網を持つNTTの有利性は大きい。英語の表現で，電話事業では最後の1マイル（ラスト・ワンマイル）が隘路（ボトルネック）になるというが，それはこの加入者群への回線網のことをいう。

電力の場合も，火力発電所でも単独で建設できる企業があるし，製鉄所などでの自家発電を能力増強すれば，外販することは難しくない。太陽光発電では多くの小事業者が建設・売電している。そこから変電所への送電線も敷設できる。問題は基幹送電網およびラスト・ワンマイルにあたる地域送電網である（ただし，顧客が大口ユーザーであればラスト・ワンマイルも自ら敷設できる）。

このように，ラインや結節点がすべて不可欠設備として自然独占の性格を持っているわけではない。また，これらの設備を自ら持つ必要もない。航空の場合，空港が不可欠設備であるが，航空会社が自ら空港を建設・運営しているわけではない。郵便でも，トラック・鉄道・航空などを利用して運搬するが，その多くは専門会社への委託である。

以上の考察は規制緩和と競争促進のために重要な含意を与える。それは，不可欠設備を誰にでも利用可能にすれば，新規参入が期待できることである。自然独占は事業全体について成立するのではなく，不可欠設備についてのみ成立する。したがって，不可欠設備は独占的に建設・運営されなければならないとしても，サービス提供など他の部分については参入を促進すべきである。こうした不可欠設備とサービス提供を分ける考え方を上下分離という。

典型的には鉄道事業で使われる言葉で，車両運行を下から支える線路などの不可欠設備を下部とし，その上で提供される車両運行サービスを上部として，これらの分離を上下分離というのである。鉄道は，日本ではほとんどの路線でJRや私鉄各社が上下一体となって設備保有およびサービス提供しているが，英米など海外では上下分離されている国も多い[3]。

　他の交通手段を見ると，空運や海運それに自動車運送では，それぞれ下部に当たる空港，港，道路網が政府その他により建設・管理され，上部に当たる航空サービス，海上運送サービス，トラック・バス・タクシーなどのサービスは民間事業者によってなされているから，上下分離といえる。さらに電力や通信（固定電話）では，下部に当たるのは送電網や通信網，上部に当たるのは発電，配電（小売）や電話サービス提供で，かつては上下一体であったが，現在では上下分離が進行中である。

　上下分離といってもさまざまな形態がある。所有権が分離されていれば，下部の設備を所有し運営する事業者と上部の事業者とは別会社で，その間に資本関係もないから，本来的な上下分離が期待される。空港と航空会社の例はこれにあたる（JALとANAは，羽田空港を運営する日本空港ビルディングの株主であるが保有比率はそれぞれ5％未満）。これに対し電力では，法的には分離され別会社であるが共通の持株会社に所有されている（例えば東京電力ホールディングスが所有する送配電会社），あるいは同一社内で部門ごとの会計状況を報告するにとどまる，という不完全な上下分離である。

　上下分離されていても，不可欠設備は自然独占の性質を持つため，下部の事業者は独占者とならざるをえないが，それを誰にでも，また公平な形で，利用可能にすることが重要である。誰にでも利用可能にすることをオープン・アクセス（open access）という。また，誰にでも公平にアクセスできるようにすることをイコール・フッティング（equal footing）という。

3）日本でも，新幹線の一部や第3セクター等における鉄道輸送で上下分離しているものがあるが，上下の関係は固定的である。これに対し例えば英国では，地域ごとに7〜15年ごとの入札で運行サービス提供者を決めることで競争を推進している。英国競争市場庁報告書（Competition & Markets Authority, "Competition in Passenger Rail Services in Great Britain," 2016）参照。

所有権分離の場合のように明確に上下分離されており，上下それぞれ独立に利潤追求されている場合には，オープン・アクセスとイコール・フッティングは維持されやすい。しかし電力のような場合には，電力会社あるいは東京電力ホールディングスのようなグループが，送配電事業（下部）と発電事業・小売事業（上部）の両方を運営しており，それらの合計利潤を最大化しようとすることになる。分離されていない固定電話の場合にも同様である。

図9-1に即していえば，上下分離があると，参入企業は，メインラインは稼働率が十分に高いと見込まれるので自ら設置できるが，ラスト・ワンマイルとなるローカルラインはNTTや電力会社のような既存企業に接続料金を払って利用させてもらうことになる。すなわちローカルラインについては，既存企業と参入企業は接続サービスの供給者と利用者の関係である。ところが既存企業も自ら消費者にサービス提供しているので，消費者サービスの市場では既存企業と参入企業は競争関係にある。この状況下では，既存企業は，一方では，接続料金を高めて参入企業のコストを高め，他方では，自らの最終サービスの価格を低く設定することで競争上優位に立とうとするインセンティブを持つ。参入企業もこの競争に対抗するには最終サービス価格を低くせざるを得ず，参入企業の利潤マージンは圧搾（英語でsqueeze）され，退出せざるを得なくなるであろう。こうした既存企業の行動をマージン・スクイーズと呼ぶ。

（キーワード）9-3 ──────── マージン・スクイーズ

不可欠設備を保有する既存企業が，競争企業（参入企業を含む）に不可欠設備への接続サービスを提供するとともに，最終サービス市場では競争企業と競争するとき，接続料金を高く設定することで，競争企業のコストを高めて十分な利潤マージンを獲得できないようにするインセンティブを持つ。こうした行動をマージン・スクイーズと呼ぶ。

要点は既存企業が何らかの不可欠な生産要素を排他的に所有していることにあるから，マージン・スクイーズは公益事業に限定されるものではない。例えば，生産に不可欠な技術についての特許（必須特許と呼ぶ）を保有する企業が，他社にライセンスするとともに，最終市場でこの企業と競争関係に

あるならば，ライセンス料を高く設定して最終市場で有利になろうとするインセンティブを持つ。これもマージン・スクイーズである。

　しかし公益事業で問題になることが多く，キーワードも公益事業を念頭に置いて定義した。それを防ぐために，規制緩和では，それぞれの事業法で，オープン・アクセスとイコール・フッティングを義務付けることが多い。また接続料金については，規制当局が費用構造を精査したうえで認可するのが通例である[4]。

　競争政策としても，こうしたルールに則って競争がおこなわれているかを監視する必要がある。コラム9-1は，接続料金は認可の対象でありながら，接続方式の違いという名目で事実上のマージン・スクイーズをしたケースであり，競争事業者を排除する効果を持った。このため独占禁止法における私的独占（法律規定3-1）にあたるとして違反を認定されたものである。この他にも，不当に他の事業者を差別的に取り扱ったり，不当な対価により取引していたりするのであれば，不公正な取引方法として独占禁止法違反で問題にされる可能性がある。

3 公益事業に対する競争政策

　規制緩和・自由化により参入が競争を活性化することが期待されているだけに，マージン・スクイーズ以外にも競争を阻害する行為があれば，競争政策として問題にする必要がある。

　参入には，新規企業（スタートアップ企業など）によるものや，異業種からのものが期待されるが，地理的市場をまたがっての参入も重要である。国

---

4 ）この他，特に不可欠設備の容量が限られ，需要が上回るような場合には，接続希望者による入札（オークション）により接続料金や利用料金が決められる場合もある。日本では限定的にしか採用されていないが，海外では，空港発着枠や電波の周波数帯域の配分にあたってオークションを実施している国が相当数ある。注３で紹介した英国の鉄道運行についてもそうである。経済学的に見る限り，オークションでは，それらを最も必要とする事業者が高価格で落札し利用するはずなので，合理的である。

第 9 章　公益事業における競争　169

🔧 コラム 9-1

NTT 東日本事件（2007年審決）

　この事件が起きた2000年代前半に，自宅で高速データ転送が可能な光ファイバケーブルによるサービス（Fiber to the home を略し FTTH サービスという）を利用する人が増え，また，FTTH サービスには NTT に限らず，審決の時点で東京電力および有線ブロードネットワークが自ら FTTH を一部設置して参入していたほか，KDDI 等が NTT の設備を借りて参入しようとしていた。ただし，これら参入企業は接続料金を払い NTT のケーブル網と接続する必要があった。また，東日本地区の各都道府県で，2003年に，NTT 東日本は FTTH サービスにおいて82〜100%のマーケットシェアを占めていたから，この意味で支配的企業であった。

　NTT が FTTH サービスを提供するには，芯線直結方式と分岐方式がある。前者は収容局（電話局）からユーザーまで1芯の光ファイバで結ぶものであり，後者は収容局とユーザーの間に分岐装置（スプリッタ）を設け，収容局からスプリッタまでは複数芯のファイバで結び，スプリッタで分岐してからユーザーにつなぐものである。集合住宅のように近隣に多くのユーザーがいる場合には，スプリッタ等の稼働率が高くなるため，分岐方式がユーザー当たりでコスト安となるが，戸建て住宅の場合には稼働率が低くなるため芯線直結方式が安くなる。NTT は，B フレッツと呼ぶ FTTH サービスを戸建て住宅に提供するにあたり，ユーザー数が少ないため芯線直結方式を実際には使用しながら，将来的にユーザー数が増えれば分岐方式が有利になり単位費用を下げられるとして，分岐方式でユーザーが十分にいる場合の単位費用に基づいた価格である月額5800円でサービス提供した。

　他社は芯線直結方式で NTT に接続することとなり，芯線直結方式での接続費用を払い，NTT に対抗して5800円でのサービス提供をすると赤字になる状況であった。また分岐方式で NTT に接続すれば，ユーザー数が十分であれば5800円で利益があげられるとしても，現実にはそれだけのユーザーを見込むことが不可能であった。

　このため，NTT が，実際には芯線直結方式でサービス提供しながら分岐

方式に基づいた価格でサービス提供したのは，他社の事業活動を排除しようとしたものであるとして，公取委は2007年に独占禁止法における私的独占の禁止に違反するものと審決した。NTTの価格行動はいわば欺瞞行為であるが，同社は，将来的には分岐方式に見合うユーザー数が獲得できる見通しであり，それを先取りして価格設定したと主張した。この見通しが現実的であったかどうかは別としても，実際に他社の事業を困難にしたことには疑いがなく，参入促進による競争確保の観点から問題とされたものである。

NTT東日本は審決を不服として取消訴訟を提起したが，東京高裁および最高裁はともにこれを棄却した。

外同業者による国内サービスへの新規参入や，国外事業者の国内事業者買収あるいは国内事業者との合弁による参入は日本では少なく，規制官庁との折衝や安全保障との兼ね合いで難しい場合もあるが，欧米ではしばしば起きている。

電力では，自由化以前は，現在は旧一般電気事業者と呼ばれる10社がそれぞれの担当地域で独占企業として発電・配送電・小売を垂直統合して事業していた。関東地区における東京電力，関西地域における関西電力などである。その後，発電や小売への参入が自由化され，垂直分離された（ただし持株会社内や社内にとどまることは上に述べた）。さらには，卸電力取引所も2003年に設立されるなどして，2000年前後から自由化が進んだ。これにより，新電力と呼ばれる事業者が発電や小売を開始した。それと同時に，旧一般電気事業者も他地域で販売する形で参入が可能になった。これら事業者は，当然のことながら電気事業に関するノウハウを持ち，また自前の発電所を持つから，きわめて有力な参入候補であり，実際に各社とも他地域での販売を開始した。

ただし，競争激化を避けたい事業者同士が合意して，お互いに他地域には参入しないことになれば，自由化がもたらすべき競争は実現しない。こうした合意は地域分割カルテル，あるいはより一般に市場分割カルテルと呼ばれる。

第9章　公益事業における競争　171

キーワード　9-4 ——————— **市場分割カルテル**

事業者 A および B が合意して，市場を X と Y に分割して，A は X 市
場のみで販売し，B は Y 市場のみで販売すると取り決めること。ある
いは，X 市場での独占企業 A と Y 市場での独占企業 B が合意して，A
は Y 市場に参入せず，B は X 市場に参入しないことを取り決めること。

官公庁向けと民間向けで市場を分割する，あるいは，業務用と家庭用で市
場を分割するなどもあるが，最も起きやすいのは地域的な分割で，世界市場
で国により分割したり（第13章で例示する），国内で地域別に分割したりす
る。この場合には地域分割カルテルである。

コラム9-2は自由化後の電力産業において，旧一般電気事業者間で地域分
割カルテルにあたる合意が起きた事例である（彼らは各地域で独占ではなく
なったものの圧倒的なマーケットシェアを持っている）。これは，電力自由
化の趣旨に反し競争を排除しようとしたものであり，当該電気事業者への大
きな批判を呼んだ。

電力には，この他，新電力として，ガス，電鉄，電気通信，不動産など，
幅広い分野からの参入が起きた。これらのほとんどにおいて，何らかの形で
電力と共通利用可能な有形資産（設備，原料調達等）や無形資産（技術・ノ
ウハウ等）が存在し，電力事業と本業との間に範囲の経済性が発生する。範
囲の経済性とは，複数事業をともに営むことにより発生する経済性をいう[5]。

キーワード　9-5 ——————— **範囲の経済性**

A事業とB事業を別個に営んだときの費用合計より両事業を単一企業が
営んだときの総費用が低いとき，A事業とB事業には範囲の経済性があ
るという。

ガス会社はガス製造用に調達した燃料を発電に使うことができ，またユー
ザーからの検針・集金業務が共通する。集金の共通性については電話会社も

5）数学的には，A 製品を x_A，B 製品を x_B だけ生産したときの総費用を $C(x_A, x_B)$ で表す
　とすれば，任意の x_A，x_B に対し $C(x_A, x_B) < C(x_A, 0) + C(0, x_B)$ が成立するとき，範囲の経
　済性があるという。本章注１で定義した自然独占（規模の経済性）と比較するとよい。

コラム9-2

電力カルテル事件（2023年排除措置命令等）

　この事件は，関西電力と中部電力（および販売子会社），関西電力と中国電力，関西電力と九州電力（および販売子会社）の間で，それぞれに合意が形成されたものである。このうち関西電力と中部電力のケースを説明する。

　中部電力及び関西電力は，中部電力管内又は関西電力管内に所在する大口顧客に対する安値の見積り提示による電気料金の水準の低落を防止して自社の利益の確保を図るため，互いに，相手方の供給区域において相手方が小売供給をおこなう大口顧客の獲得のための営業活動を制限することを合意した。両社は，当該合意のもとに，相手方の供給区域において，相手方が小売供給をおこなう大口顧客に対して獲得が見込まれない見積りを提示し，又は，見積り提示を辞退する，などしていた。この合意により，両社は，公共の利益に反して，中部電力管内又は関西電力管内に所在する大口顧客に対して小売供給をおこなう電気の取引分野における競争を実質的に制限していた。

　中国電力と関西電力，また九州電力と関西電力も，それぞれ，同様の合意をしていた。

　公取委は，これらの行為が独占禁止法第3条（不当な取引制限の禁止）の規定に違反するとして，排除措置命令及び課徴金納付命令をおこなった。課徴金は中部電力及び子会社に対し合計約276億円，中国電力に対しい約707億円，九州電力に対して約28億円と，総計1010億円であった[1]。

　また公取委は，電気事業連合会（上記4社を含む旧一般電気事業者を会員とする事業者団体）の会合の機会などを利用して，当該企業間で意見交換などがおこなわれていたことから，同連合会に対し同様の行為が今後おこなわれないよう会員や職員に周知徹底することを申し入れた。

---

[1]　この課徴金総額は，課徴金制度が始まった1977年以来最大であった。また，課徴金減免制度（キーワード2-7）の利用により，関西電力は課徴金を全額免除（および九州電力が30%減額）された。

第9章　公益事業における競争　**173**

同様である。電鉄会社は鉄道運行のために電力を調達しており，不動産会社はビルやマンションの建設・販売に際し自社電力を売り込むことができる。逆に，電力会社は，コラム9-1で見たように，電話事業への参入が認められるようになったときに最初に参入した企業の1つであった。

このように，公益事業間では範囲の経済性を生かしやすいことから相互参入が起きており，競争が活発化した。このことは歓迎すべきであるが，参入規制や優遇措置により有利な立場に立つ企業，あるいは（自由化後の旧一般電気事業者のように）サンクコスト投資済みであったり，歴史的経緯等により市場支配的地位にある企業が他業種へ参入したりするときには，競争上の公平性が確保される必要がある。特に，これらの企業が新規事業に参入し，そこでの損失を本業で得た超過利潤で穴埋めするときには内部補助（キーワード7-5）が起きており，不当廉売として独占禁止法違反となりうる。コラム7-2で紹介したヤマト運輸対日本郵政公社裁判では，郵便（信書）事業に対する参入は完全自由ではないこと，また日本郵政公社（当時）が所得税や郵便局敷地への固定資産税を免除されていたことから，ヤマト運輸が宅配便事業において対等に競争できないことが問題とされた。

また，携帯電話と固定電話，電話と電力，電力とガスなどでセット販売し，セットで契約すると料金が割引になる販売方法をとる企業もある。範囲の経済性があればセット割引自体は合理的であるが，いずれかのサービスにおいて原価を下回る料金で販売することで，競争相手や新規参入者の事業が困難になるようであれば，私的独占や不当廉売の観点から問題になりうる。公取委はこの問題についてガイドラインを公表して，注意を呼びかけている[6]。

4 ユニバーサル・サービスの維持と市場参入

最初に記したように，公益事業のもう1つの特徴は，すべての国民への普

6）公正取引委員会・経済産業省「適正な電力取引についての指針」（1999年制定，2024年改正。電気通信事業，ガス取引についても同様の指針が公表されている。

遍的なサービス提供，つまりユニバーサル・サービスが求められることである。交通・通信・電力などは日常生活に欠かせない。

　ユニバーサル・サービスという言葉は，誰でも利用できるということにとどまらず，誰でもが同一料金で利用できるということを包含して使われることが多い。すなわち，オープン・アクセスとイコール・フッティングを満たす形で提供されるサービスである。ただし，同一料金によるサービス提供は経済効率性には反することがある。効率性の条件は，限界費用に等しく価格が設定されることだからである。本土から離れた孤島に独りで住む消費者に電気やガスを供給し，あるいは郵便を配達するために要する限界費用は大きい。したがって，効率性の観点からは，この消費者に課す電気料金や郵便代は高いことが望ましい。それを他地域と同一の低い価格で提供するのであれば，この消費者は，全国レベルで測った社会的厚生の観点からすれば，過大にこれらサービスを利用することになる。

　ただし，社会的には，同一料金による提供という公平性を優先すべきとする意見が一般的である。このため，ユニバーサル・サービスについては，単に普遍的というにとどまらず，同一料金による提供が求められている。

　このことは，全国規模でサービス提供している事業者にとり，離島住民のような顧客に対しては，限界費用以下の価格でサービスを提供せざるを得ないことになり，追加的1単位ごとに損失を出すから，赤字のサービス提供を迫られる。この赤字を，都市地域のように住民が密集しサービス提供の限界費用が低い地域において得られる利潤によって相殺することになる。つまり，離島地域での赤字を都市地域での黒字で内部補助している。都市住民の立場からいえば，限界費用を上回る料金を支払うことで，離島住民を補助しているのである。

　繰り返すが，こうした内部補助の存在は効率性の観点からは望ましくない。しかし，同一料金によるユニバーサル・サービスの提供が公平性の観点から求められているために，必要悪となっている。

　内部補助の存在は，さらに別の問題ももたらす。それは，イコール・フッティングのもとで参入が自由になれば，内部補助を永続できないことである。ユニバーサル・サービスが義務付けられているのは既存企業（旧独占企業）

第9章　公益事業における競争　175

である。これに対し，参入企業はすべての顧客へのサービス提供を義務付けられているわけではない。新規電力会社は都市地域や工業地帯だけで供給してもよい。宅配便事業は例えば関東地方だけで展開してもよい。このため，先ほどの例でいえば，都市地域にのみ参入が起きて競争が激化し，既存企業は都市地域で利潤をあげることができなくなり，離島地域に内部補助することが不可能となる。

　郵便や電話の場合には，誰にでも送れたり通話できたりするのでないと利便性が失われる。特に電話の場合，携帯電話には参入障壁が低いので参入しやすいが，もちろんそのユーザーは固定電話に対しても通話できることを求める。このため，携帯電話会社はNTTの加入者回線に接続することによって，携帯電話保有者から固定電話保有者への通話を可能にする。NTTは接続料金（アクセスチャージ）を課すが，基本的には接続料金は接続にともなって発生する限界費用に対応する形で課すことが合理的である。しかしこのときNTTは，接続により発生する費用を回収できても，加入者回線網維持費用を回収することができない。

　このため，ユニバーサル・サービスの維持のためには，不可欠設備の保有・維持のためのコストを参入企業にも負担させる必要が生まれる場合がある。例えば電話については，ユニバーサル・サービス制度と名付けられた制度があり，すべての電話会社に電話番号あたり一定の金額で負担金を課し，それによりNTT東日本・西日本への交付金の原資としている。もちろん，こうしたコストは参入抑制効果を持つ可能性があるが，不可欠設備に関わるコストの均等な負担という意味で，イコール・フッティングにはむしろ即しているといえる。

練習問題 ▶▶▶▶▶

9-1 公益事業において不可欠設備（エッセンシャル・ファシリティ）というとき，どのような設備を意味するか述べよ。

9-2 規制緩和により参入を活発にするために，不可欠設備についてどのような政策的配慮が必要か述べよ。

9-3 市場分割カルテルとは何かを説明し，それがどのような弊害をもたらすか，述べよ。

9-4 範囲の経済性とは何かを説明し，公益事業で範囲の経済性が起きやすい例をあげよ。

9-5 全国へのサービス提供にあたり，効率性を確保するための価格体系と地域間公平性を確保するための価格体系が相反することがある。これはなぜか，説明せよ。

議論のための問題 ▶▶▶▶▶

NTT は現在も全国あまねく固定電話を利用可能にすることが法律で求められているが，固定電話でなくてもモバイル電話で全国あまねく利用可能になれば十分ではないかとして，NTT が法律改正を希望していると新聞報道されている（2024年秋時点）。その後の議論の展開を確認した上で，この NTT 案を評価せよ。災害時その他の緊急時における通信確保という観点も考慮すること。

▷▷▷ 第10章

イノベーション，
特許制度と競争政策

　イノベーションが企業にとって大きな競争手段であり，経済にとって成長の推進力であることはいうまでもない。ケインズとともに20世紀前半を代表した経済学者シュンペーターが，名著『資本主義・社会主義・民主主義』で「資本主義の現実において重要なのは，…（中略）…，新商品，新技術，新供給源泉，新組織型からくる競争である」と述べたことはよく知られている[1]。これらは現在では「イノベーション」と呼ばれ，技術革新と訳されることが多いが，新技術のほかにも新供給源泉や新組織型など幅広い意味での革新を含んでいることに注意しよう。シュンペーターにとって，イノベーションに関わる競争は静態的な技術のもとでの価格競争よりも本質的であり，資本主義のダイナミズムの源であった。

　シュンペーターがいうように，イノベーションのあり方は市場競争に大きな影響を与える。逆に，市場競争のあり方もイノベーションに大きな影響を与える。このため競争政策においても，イノベーションをいかに実現するか，いかに社会的に望ましいものにするかという観点が欠かせない。本章ではこうした問題について考える。ただし，イノベーションと競争政策の関係については多くの論点があるので，以下では2点を中心に解説する[2]。1つは，

1）J. A. シュムペーター，中山伊知郎・東畑精一訳『資本主義・社会主義・民主主義』（新装版，東洋経済新報社，1995年，原著は1942年出版）。なおこの訳書では著者名（Schumpeter）をシュムペーターと表記しているが，シュンペーターが一般的。引用は132ページ。以下でのシュンペーターの引用もすべて同書第6章〜第8章による。これらの章を含む同書第2部は，今日でも，イノベーションと競争政策について考えるためには必読である。

競争と独占のいずれがイノベーションをより活発にするかという問題である。もう1つは，イノベーションに関わる仕組みとして重要な特許制度について，競争政策とどう関係するのかという問題である。なお，上記引用にかかわらず，本章で扱うイノベーションとしては，研究開発に基づく新商品や新技術の開発に限定する。

1 研究開発と市場構造

　独占的な市場と競争的な市場では，どちらで，より活発に研究開発活動がおこなわれるだろうか。この論争もシュンペーターに始まる。彼が「新生産方法および新商品の導入は，その出発点からして，ほとんど完全競争とともには考ええないものである」とし，「競争者の集団にとっては全く利用しえないか，もしくはそうやすやすと利用しえないものでありながら，独占者にとっては利用しうるようないっそうすぐれた方法が存在する」としたからである。このため，以下の仮説を「シュンペーター仮説」と呼ぼう。

(キーワード) 10-1 ──────── シュンペーター仮説

何らかの市場支配力を現在持っているか，イノベーション後に持つことが期待されるのでなければ，イノベーションへの努力はなされない。

この仮説は拡張され，以下のように記述されることが多い。

(キーワード) 10-2 ──────── いわゆるシュンペーター仮説

より独占的な市場構造にある企業ほど，また企業規模が大きいほど，研究開発活動を活発におこなう。

　しかし後者はシュンペーターの真意ではない。たしかに彼は，ミクロ経済学でいう完全競争の世界では研究開発が起きないとしているが，より独占的なほど，あるいはより大規模なほど，研究開発が活発になるというような右

2）より広い諸問題については，拙著『イノベーション時代の競争政策』参照。

上がりの関係を考えたわけではないからである。いわゆるシュンペーター仮説と傍点付きで記したのはこのためである。

実際、シュンペーターは、「企業間のたゆみなき闘争状態」があり、「独占的地位は、一般に決してそこに安眠すべきベッドのごときものではない」と述べている。彼にとって重要だったのは、寡占企業間でイノベーション競争が起きる結果、彼が「創造的破壊」と呼んだダイナミックな競争と資本主義発展のプロセスが起きることであった。

いわゆるシュンペーター仮説、すなわち、独占的あるいは大規模な企業ほど研究開発を盛んにおこなうと考える理由として、通常4点があげられる。

(1)資金力。研究開発は、投資しても発明が生まれるかどうか、発明できても利潤に結びつくかどうか、不確実性が高い。このため、外部からの資金調達は難しく、社内資金の大きい大企業・独占企業ほど、研究開発投資できる。

(2)研究開発における規模の経済性。研究装置や図書など分割不可能な研究資産が必要なため、大規模に研究開発するほど、それら資産を共用して単位費用を下げることができる。また、多分野で研究する研究者の交流により成果を上げることも期待できる。

(3)リスクプール。多数の研究プロジェクトを実施していれば、多くが失敗しても少なくとも1つは成功する確率が高くなり、全体としてリスクをプールできる。また、予想していなかったような研究成果が生まれたときにも、多くの事業を営んでいる企業ほど有効利用できる。

(4)発明が利潤に与える影響。新製品を開発できたとき、ブランド力を持ち、販売網を持っているほど、新製品を売りやすい。また、新生産工程によって費用を下げることができれば、生産量が大きいほど、費用削減による利潤増は大きい。

これらの議論についてはいずれも反対意見がある。特に(1)～(3)については、それぞれ資金調達、研究開発資産利用、リスクプールを社内でおこなう方が有利であることを前提としているが、市場メカニズムを活用することもできる。例えばベンチャー・キャピタル（VC）は、多くのスタートアップ企業（ベンチャー企業）に出資し株式を所有する。その多くは失敗するが、

第10章　イノベーション，特許制度と競争政策　**181**

中には成功し，株式上場することによって多額のキャピタルゲインをもたらすものがある。こうしてリスクをプールしつつ一定の収益率をあげることができるから，VCはスタートアップ企業に対しても資金融資する[3]。また企業は，すべての研究開発作業を社内でおこなう必要はなく，必要な研究設備や研究者を有する専門企業に外注（アウトソーシング）することができる。

また，大学・研究所・他企業などと提携（アライアンス）を組むことにより，共同研究や委託研究することも一般的で，これらを活用すれば，企業規模にかかわらず，研究開発を遂行することが可能である[4]。

(4)の，発明がもたらす利潤が大企業・独占企業ほど大きいとする議論についても，有力な反論が存在する。魅力的な新製品の発売に成功し，他社を駆逐することができるのであれば，発明前のマーケットシェアの小さい企業ほど利潤を大きく増やすことができるからである。もともとシェアが10％しかない企業が，新製品発売によりシェア100％に増やすことができれば，利潤は大きく増える。これに対し，もともと独占している企業が新製品を発売しても，自社の旧製品に置き換わるので，利潤の増加は限られる。これを置換効果という[5]。

（定理）10-1 ──────── 置換効果

新製品が旧製品に置き換わることによって旧製品への需要を減少させる効果。このため，旧製品を多く売っていた企業ほど，新製品発売からの利潤増（＝新製品からの利潤−旧製品販売減による利潤減）は小さく，新製品開発へのインセンティブは小さい。

上記定理では，置換効果を，新製品開発（プロダクト・イノベーション）

3）スタートアップ企業は新規開業（start up），ベンチャー企業はリスクを取る冒険（venture）が語源であるが，日本では両性格を持つ企業を意味するものとして互換的に使われている。海外ではスタートアップの語が一般的である。

4）これは，研究開発において社内資源の利用と外部資源の利用という境界をどこに置くかという「企業の境界」の問題といわれる。拙著『バイオテクノロジーの経済学』，第7章。

5）新製品と旧製品が共食いするという意味で共食い効果（カニバリゼーション効果）ともいう。

図10-1 発明からの利潤：独占と競争の比較

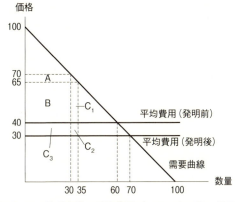

▶ 発明により発明企業の平均費用が40円から30円に低下したとする。他企業の平均費用は40円のままである。

市場が完全競争のとき，発明企業は40円以下の価格を設定すれば，市場を独占できる。発明企業の利潤は（40−30）×60＝600円となり，発明前利潤はゼロなので，これは発明による利潤増でもある（厳密には発明企業は40円未満の価格を付けなければならないが，計算の単純化のため40円の価格で他社は退出するものとする）。

独占であれば，発明前の利潤を最大化する価格は70円で，利潤は（70−40）×30＝900円であった（長方形 A＋B の面積）。発明後に利潤を最大化する価格は65円となり，利潤は（65−30）×35＝1225円となる（長方形 B＋C_1＋C_2＋C_3 の面積）。利潤の増加は325円である。

よって，完全競争市場における発明企業の方が，独占の場合よりも，発明による利潤増が大きい。これは，独占においては置換効果が発生するからである。

に関するものとして述べたが，生産方法の革新（プロセス・イノベーション）によって生産費用を低下させる場合についても成立する。図10-1がこのことを示す。

新生産方法の発明によって平均費用が40円から30円に下がったとしよう。発明前に市場が完全競争であったとすれば，価格と限界費用は等しく40円で，利潤はゼロであったはずである（平均費用一定なので，限界費用と平均費用は等しく40円である）。ここで1社が発明に成功したとする。すると，発明企業は40円以下の価格にしても正の利潤をあげることができるが，他社は赤字となり撤退せざるを得なくなる。40円とすれば，60個の需要があり，発明

第10章 イノベーション，特許制度と競争政策

企業は600円の利潤を得る。あるいは，発明企業が他社に1個あたり10円のライセンス料で新技術の実施を許諾し，他社に平均費用30円（＋ライセンス料10円）で60個を生産させても同じく600円の利潤（ライセンス収入）である。

一方，発明前に独占であったとすれば，価格70円で30個販売することによって利潤は最大化され，900円であったはずである（第1章図1-1参照）。発明後は65円で35個販売することが最適となり，利潤は1225円である。よって発明による利潤増は325円（＝1225円−900円）にとどまり，完全競争の場合の600円を下回る。図でいえば，面積Bは独占企業にとっては発明しようがしまいが得られる利潤である。すなわち，発明によっても自社の独占を新発明下での独占に置換するだけである。この違いにより，発明へのインセンティブは完全競争下の方が大きい。

ただし，この議論では，発明企業は競争相手をすべて駆逐できると仮定している。画期的な新技術で，発明企業は他社よりも絶対的な費用優位性を獲得できる，あるいは画期的な新製品で，すべての顧客は新製品購入に切り替えることを想定している。このようなイノベーションを革新的イノベーション（ラディカル・イノベーション）という。

一方，漸進的あるいは改良型イノベーション（インクリメンタル・イノベーション）と呼ばれるイノベーションもある。典型的にはバージョンアップやモデルチェンジのように，一部改良が見られるだけであり，競争企業のユーザーがすべて発明企業の新製品に買い換えるわけではないようなイノベーションである。このときには，マーケットシェアの大きい企業の方が，自社旧モデルのユーザーが多いだけに，新モデルへの大きな需要を期待できるであろう。

よって，改良型イノベーションについてはシェアの大きい企業が研究開発へのより大きなインセンティブを持ち，革新的イノベーションにはむしろシェアの小さい企業，競争的な環境にある企業，あるいはアウトサイダーの方が大きなインセンティブを持つと考えることができる。ソニーがウォークマンの改良に力を注いでいる間に，音響機器メーカーとしてはアウトサイダーであったアップルが革新的な製品iPodで市場を席巻したのは典型例である。

またスタートアップ企業には，失敗する例が大多数ではあるものの，革新的イノベーションをめざして研究開発投資しているものが多い。

このように，いわゆるシュンペーター仮説が現実的かどうかは，イノベーションの性格により，あるいはその他要因により変わりうる。このことを検証するため，実証分析も多くおこなわれてきた。高集中度産業の企業の方が研究開発活動を活発におこなうか，企業規模が大きくなるにつれ比例的以上に研究開発費支出を大きくするかについての分析である。しかし，これら分析の間で共通する明確な結果が得られてきたとはいえない。イノベーションの性格によって，あるいはその他の産業特性によって，市場集中度や規模と研究開発活動の関係が異なるからであろう。

このことを競争政策の観点から考えれば，イノベーション促進という理由で独占的な状態を容認しようとすることは，特に革新的イノベーションへの意欲を失わせ，産業の活性化に反する危険性が高いことを意味する。また，M&Aが生むシナジー効果（キーワード5-3）の例として研究開発の効率化があげられることも多いが，M&Aがむしろイノベーションへの意欲，特に革新的イノベーションへの意欲を失わせる結果になることもありうる。それだけに，慎重な判断が必要である。

2 | 特許制度と競争政策

特許権，実用新案権，意匠権，商標権（以上4つをあわせて産業財産権という）や著作権などを総称して知的財産権という。知財と略したり，英語のIntellectual Propertyの頭文字をとってIPと略したりする。これらは，発明者や創作者に一定期間の独占権を与えることで発明等へのインセンティブを与える仕組みである。よって必然的に競争を阻害する。このために発生するトレードオフ（二律背反）について考えてみよう。以下では，特許権に代表させて説明する。

置換効果の説明で，発明前は完全競争でも，発明後には発明企業の独占になるとしたのは，特許のために他社は模倣できないからである。このため，

第10章　イノベーション，特許制度と競争政策　185

発明後の均衡では価格は限界費用（図10-1の例では平均費用に等しい）である30円を上回り，40円となっている。定理1-2で述べたように，市場において完全競争均衡が成立するとき，すなわち価格と限界費用が等しいときにパレート最適な資源配分が達成されるから，発明後には，30円の価格で70個販売されるのが社会的には望ましいのに，40円という高すぎる価格で60個という過少の生産しかおこなわれていないことになる。このため，厚生損失（キーワード1-3）が発生する。これに対し，もし特許制度がなければ，ライバル企業も新技術を模倣して平均費用30円で生産するはずで，競争の結果，社会的最適が達成される。

　つまり，特許制度は，市場における効率性の観点からは有害である。しかし，特許制度がなくライバル企業による模倣が自由であれば，発明企業は発明から利潤をあげることができないから，誰も研究開発投資をおこなうインセンティブを持たず，平均費用を30円に下げる発明も実現しないことになってしまう。ここに，短期的効率性と長期的効率性のトレードオフがある。短期的効率性とは，その技術のもとで最適に資源を配分することである。今の例では，30円の価格で70個供給されることである。一方，長期的効率性とは，技術革新を促進することにより，長期的に，多種多量の製品が安価で消費者に供給されることである。特許により独占権を付与することは，短期的効率性には反するとしても，長期的効率性には貢献するであろう。

定理 10-2 ──── 特許制度のもたらすトレードオフ

特許権の強化は，独占による厚生損失を増加させるという短期的効率性
の損失をもたらすが，発明へのインセンティブを強化することにより，
経済成長を促進し長期的効率性を高めることが期待される。このため，
最適な特許制度は，短期的効率性と長期的効率性の間でのトレードオフ
を考慮して設計される必要がある。

ただし，特許制度のもとで短期的効率性が全く損なわれるというわけではない。発明後の〈40円，60個〉という均衡は，たしかに発明後の社会的最適である〈30円，70個〉に比べ社会的厚生の損失を発生させるが，発明前の〈40円，60個〉という競争均衡と同じである。よって，消費者にとってみれ

ば，発明前も発明後も変わりがない。企業にとってみれば，発明前は利潤ゼロであったのに対し，発明後は発明企業が600円の利潤を得たから，消費者・企業をあわせた社会全体としては，この600円分だけプラス効果がある。すなわち，発明後に達成可能であったはずの社会的最適解が達成されなかったという意味で，特許制度は短期的効率性を損なっているものの，それでも，発明前に比べると，社会的厚生の改善をもたらしている。

　また，特許が効力を持つ期間は有限で，現在の日本の特許法では，特許出願より20年となっている（医薬品については25年に延長されることがある）。したがって，20年を超えれば他社が模倣するのは自由であり，短期的効率性も回復されると予想できる。また，多くの場合，新技術が発明されると，それにヒントを得て，特許を侵害しない形で類似技術が発明されることが多い。こうした発明を迂回発明というが，図の例でいえば，他社が迂回発明に成功して，オリジナルな発明ほどには効果的でないにしても，平均費用を32円まで下げることに成功するとすれば，競争によって均衡価格は32円まで低下するはずで，短期的効率性も相当に回復される。

　このように，短期的効率性の損失は限定的なものにとどまる可能性があり，また，技術革新により長期的効率性へのプラス効果が大きいと考えられているために，特許制度が設けられている。これに合わせ独占禁止法でも，「この法律の規定は，著作権法，特許法，実用新案法，意匠法又は商標法による権利の行使と認められる行為にはこれを適用しない」（第21条）としている。ただし公取委は，「事業者に創意工夫を発揮させ，技術の活用を図るという，知的財産制度の趣旨を逸脱し，又は同制度の目的に反すると認められる場合は，上記第21条に規定される『権利の行使と認められる行為』とは評価できず，独占禁止法が適用される」ともしている[6]。

　特許権者が特許技術の利用希望者に対し，その利用許諾（ライセンス）を与えることは広くおこなわれている。その対価として，利用許諾を受ける者

6）公正取引委員会「知的財産の利用に関する独占禁止法上の指針」（2007年制定，2016年改正）。一般に「知財ガイドライン」と呼ばれる。以下でのいくつかの引用もこの知財ガイドラインからである。

（ライセンシー）は利用許諾を与える特許権者（ライセンサー）に対し，契約書に記載された一定金額あるいは売上高の一定比率という形でライセンス料を支払う。それでは，ライセンスを受けることを希望してきた企業に対しライセンス供与を拒絶することは認められるべきだろうか。それともそれは新規参入を排除する行為として，競争政策として問題にすべきだろうか。

　特許とは，無形ではあるものの財産権である。その意味で，例えば，不動産登記した建物と共通する。その建物の賃借希望者が出てきたときに，それを拒絶することは所有者の自由である。同様に，原則として，特許ライセンスを拒絶することも自由でなければならない。ライセンス拒絶が競争制限効果を持つとしても，である。

　いいかえれば，特許技術を発明者も使っておらず，新規参入を阻止するための目的でのみ特許出願されているとしても，「知的財産制度の趣旨を逸脱し，又は同制度の目的に反する」とはいいにくい。実際，日本の企業が取得した国内特許のうち48％，すなわち約半数は自社内によってもライセンスによっても利用されていない。この中には，技術進歩が急速なため陳腐化して未利用になったものや，ライセンス供与の意思はあるが希望者が現れなかったものもあるが，それとともに防衛目的，すなわち，ライバル企業を排除するため，あるいはライバル企業から排除されることを未然に防ぐために特許出願し，未利用のものも36％ある[7]。

　ライセンスは複数企業間で，あるいは共同でおこなわれる場合もある。複数の特許権者が相互にライセンスするクロスライセンスや，複数の特許権者が共同で組織を設立し，特許ライセンス業務をその組織に集中させるパテントプールなどである。パテントプールの場合には，パテントプールのメンバーも外部者も，パテントプールからライセンスを受けて特許技術を利用する。

　クロスライセンスにせよパテントプールにせよ，外部者にライセンスを拒絶すれば参入阻止になる。これについても公正取引委員会は，「当該権利の行使とみられる行為であり，通常はそれ自体では問題とならない」とする一方で，「新規参入者や特定の既存事業者に対するライセンスを合理的理由な

7）特許庁「令和5年　知的財産活動調査　結果の概要」。

く拒絶することにより当該技術を使わないようにする行為は，他の事業者の事業活動を排除する行為に該当する場合がある」としている。ただし，どのような場合に「合理的理由」がないとするのかは容易でない。

3 集積型技術と標準規格

パテントプールやクロスライセンスが一般化しているのは，それのみで完結し製品化が可能なような独立型の技術と異なり，集積型の技術が増えているからである。

<u>キーワード</u> 10-3 ──────── **集積型技術**
多数の技術をまとめなければ製品化ができないような技術。

集積型技術が一般化している産業の代表は，電気・電子・通信・ソフトウェアなどの機器製造あるいはサービス提供で，数百個〜数千個の特許が関わることも珍しくない。またこれら産業では標準規格の設定が重要である。他者との通信を成立させるためにも，他社製機器との接続を可能にするためにも，同一規格に基づいた製品が普及することが必要である。すなわち，同一規格のユーザーが多いほど利便性が高まるというネットワーク効果（キーワード7-3）が働く。この効果を生かすためには，メーカー間やサービス提供者間で規格を標準化することが欠かせない。

標準規格には政府が法律的に定めるもの（代表的には JIS 規格）や競争の結果決まるもの（パソコンやスマホの OS など）もあるが，今日の多くの規格は，関連企業に政府・大学・研究機関なども加わって結成される標準化団体によって調査検討され，合意されて決まっている。こうした標準化団体にとって重要なのは，もちろん，その標準規格が実際に普及することである。そのための要件はいくつかあるが，その1つは標準に関わる特許が普及の妨げにならないことである。こうした特許を標準必須特許（standard essential patent，略して SEP，セップと読む）または標準規格必須特許と呼ぶ。

第10章 イノベーション，特許制度と競争政策 189

（キーワード）10-4 ――――― 標準必須特許（SEP）

標準規格に基づいた製品やサービスを提供するために必須の特許。

　これら製品やサービスを製造・販売・提供する事業者は，標準必須特許を自ら所有するのでない限り，特許権者から使用許諾を受ける必要がある。このことは2つの問題を生む。

　第1は，技術の集積化に伴い，1つの標準規格に必須な特許の数がきわめて多数となり，しかも多数の特許権者によって分かれて保有されていることである。このため，ライセンス契約に伴う取引費用が大きなものとなっている。この問題は，これら特許権者によってパテントプールが結成され，このパテントプールとさえ契約すれば，すべての標準必須特許について使用許諾が得られるようになっていれば，大幅に解消する。しかし，特許権者の数が増えるほど，また，公益を目的とする大学と利潤を目的とする企業，あるいは，規格に基づいた製品を自ら製造する企業と特許収入のみを目的とする企業というように異質な特許権者が混在するほど，特許権者間の合意は難しく，パテントプールの結成は困難になる。

　第2はホールドアップ問題（キーワード8-2）である。標準規格が普及した後，あるいは標準規格に基づいた製品・サービス提供のための特殊資産に投資した後には，第8章第1節で説明したのと同じ理由で，高いライセンス料を要求されても拒むことが難しくなる。さらに，複数の特許権者がこうした高いライセンス料を要求すれば，ライセンス料総額が販売見込価格を上回ってしまい，製品やサービスが供給されなくなってしまうことになりかねない。これが標準必須特許におけるホールドアップ問題である。

　こうした事態を防ぐため，標準化団体は，標準規格設定時に必須特許保有者に対し，保有する標準必須特許を登録させ，かつ，一定の条件ですべてのライセンス希望者にライセンスする意思があることを宣言させることが一般化している。この一定の条件とは，公正，合理的，かつ非差別的（Fair, Reasonable And Non-Discriminatory）な条件，略してFRAND条件（エフランド条件と読む）と呼ばれるものである。非差別的とは，正当な理由なくライセンス希望者間で条件に差を付けることを禁止することをいう。よって，

特殊資産への投資前と投資後で差を付けることも禁止するから，ホールドアップ問題を和らげる効果を期待できる。

（キーワード）10-5 ──── FRAND条件

公正，合理的，かつ非差別的な条件。

とはいえ，FRAND条件によるライセンス意思の宣言（FRAND宣言という）によっても，ホールドアップ問題がすべて解消されるわけではない[8]。例えば，標準化団体に加わっていない特許権者（アウトサイダーという）が標準規格設定後に標準必須特許を保有している旨を発表し，FRAND条件を満たさないような高額のライセンス料を要求することを防ぐのは難しい。

また，公正で合理的なライセンス料を巡ってライセンサーとライセンシーで争いになることは多い。こうした争いは当事者間の民事訴訟で解決されることが基本である。しかし，特許権者が特許侵害を理由に差止請求訴訟を起こすことが心配される状況では，やはりホールドアップ問題が生まれ，事業化を断念する企業が出てきたり，競争が損なわれたりすることが懸念される。

このため，公取委は，FRAND宣言した特許権者によるこうした行為が排除行為として私的独占（法律規定3-1）にあたりうることを明らかにしている。すなわち，「このようなFRAND宣言をした標準規格必須特許を有する者が，FRAND条件でライセンスを受ける意思を有する者に対し，ライセンスを拒絶し，又は差止請求訴訟を提起することや，FRAND宣言を撤回して，FRAND条件でライセンスを受ける意思を有する者に対し，ライセンスを拒絶し，又は差止請求訴訟を提起することは，規格を採用した製品の研究開発，生産又は販売を困難とすることにより，他の事業者の事業活動を排除する行為に該当する場合がある」としている[9]。

ただし「FRAND条件でライセンスを受ける意思を有する者」の認定も容易ではない。コラム10-1を見よう。この事件は，ブルーレイディスク（BD）

8）詳しくは拙著『イノベーション時代の競争政策』，第5章。

9）「知財ガイドライン」，第3の1（1）オ。また同第4の2（4）で，同様の行為が不公正な取引方法の観点からも問題になることが記されている。なおこれら記述は，こうした問題の世界的広がりを受けて2016年改正で付け加えられたものである。

第10章　イノベーション，特許制度と競争政策　191

コラム10-1

ワン・ブルー事件（2016年審査終了）

　ワン・ブルーは，ブルーレイディスク（以下「BD」）規格の標準必須特許の特許権者（ソニー，パナソニック，フィリップスなど計15社）から委託を受け，特許の管理等をおこなっているパテントプールである。管理する特許は，2013年時点で，BD-R（1回のみ記録可）関係につき2490件（うち日本特許214件），BD-RE（複数回記録可）関係につき1737件（うち日本特許136件）など多数に及ぶ。ワン・ブルーの特許権者は，これら特許について他の者にFRAND条件（公取委は「公正，妥当かつ無差別な条件」，東京地裁は「公正，合理的，かつ，非差別的な条件」と訳している）でライセンスすることを表明していた。

　イメーションは米国のイメーションを親会社とする日本法人で，記録型BDをTDKやVerbatimなどのブランド名で製造販売していた。イメーション（および米イメーション）とワン・ブルーは，2012年頃から，記録型BDに係る標準必須特許のライセンスについて交渉をおこなっていたが，ライセンス料について当事者間で合意することができなかった。この交渉において，イメーションは，ワン・ブルーに対し，公正で合理的なライセンス料を支払う意思があることの表明，公正で合理的と考えるライセンス料の提案，ワン・ブルーが提示するライセンス料の設定根拠の説明の要請等をおこなっていたが，ワン・ブルーは，非差別的な条件を提供するためにライセンス料について交渉はできないとして，当該設定根拠の説明もおこなわなかった。

　ワン・ブルーは，ライセンス交渉を促進させるため，イメーションが製造販売する記録型BDの販売をおこなっていた取引先小売業者のうち，国内有力取引先3社（ヤマダ電機等）に対して，ワン・ブルーの特許権者が当該取引先の特許権侵害行為について差止請求権を有していること等を内容とする通知書を送付した。これを受けて，当該取引先小売業者のうち1社は，2013年6月中旬頃から約1年9カ月間，イメーションが製造販売する記録型BDの販売を停止した。

　イメーションは，2013年8月，ワン・ブルーによるこの行為の差止め等を

求めて，東京地裁に訴訟を提起したところ，同裁判所は，2015年2月，イメーションがFRAND条件によるライセンスを受ける意思を有するものであることを認めたうえで，ワン・ブルーの特許権者が差止請求権を行使することは「権利の濫用」として許されず，これを行使できるかのように告知することは虚偽の事実を告知したものというべきであり，不正競争防止法上の不正競争に該当する旨の判決をした（その後，当該判決は確定）。これを受け，当該小売業者は販売を再開した。

　公取委は，これを受けて，イメーションはFRAND条件でライセンスを受ける意思を有していた者と認められるとしたうえで，ワン・ブルーは，自己と我が国における記録型BDの取引において競争関係にある事業者とその取引の相手方との取引を不当に妨害していたものであって，不公正な取引方法（競争者に対する取引妨害（法律規定3-2））に該当し，独占禁止法に違反すると結論した。ただし，違反行為を終了していることなどから排除措置命令の必要はないとして審査を終了した。

（参考情報）東京地裁判決文によれば，ワン・ブルーが提示した特許実施料（ライセンス料）はBD-R 1枚につき0.1075米ドル，BD-RE 1枚につき0.135米ドルなどであった。またBDには，東芝や三菱電機などが参加するPremier BDという名の別のパテントプールもあり，特許実施料はそれぞれ0.065米ドル，0.09米ドルとワン・ブルーより安かった（ディスクメーカーは両者に特許料支払いが必要である）。特許数が異なるので比較はできないが，イメーションは，ワン・ブルーの特許料が高いとする論拠の1つとしてこのPremier BDとの比較をあげており，自らはワン・ブルーに対してディスク仕入価格の3.5％という特許料を提案していた。筆者の私見ではあるが，ディスク価格の発売以来の低下は急速であったから，固定金額の特許料はディスクメーカーにとっての負担が大きくなり，このためイメーションはパーセンテージでの特許料を提案したものと思われる。またイメーションにとっての主な競争者であったソニー等はワン・ブルーに参加する特許権者，東芝等はPremier BDに参加する特許権者であり，特許料支払いよりも特許料収入の方が重要であった可能性がある。こうした企業間の差異がライセンス交渉を難しくしたものであろう。

（出所）公正取引委員会発表（2016年11月18日）および東京地方裁判所判決文（2014年12月8日）より抜粋して筆者作成。

のパテントプールの1つであったワン・ブルーが，ライセンス料が高いとして支払いを拒否していたディスクメーカーに対してではなく，その製品を販売する小売店に対して差止請求権を行使する可能性を示唆したことによって，メーカーと小売店の間の取引を妨害したと公取委が判断したものである。ここでは，裁判所が，メーカーが「FRAND条件でライセンスを受ける意思を有する者」であるとの認定をすでにしていたことが，公取委の違反認定を容易にした。しかも問題にしたのが，ライセンスに関する取引そのものについてではなく，特許技術を（特許料を支払わず）利用したメーカーと小売店の取引を特許権者が妨害したことに対してである。その意味で，取引妨害の判断がしやすかったものと考えられる。ライセンス料そのものについては，公取委は何らの判断をしていない。

4 知的財産権と企業結合

　合併や買収などの企業結合でも，両社の保有特許など知的財産権を含めて事業を統合するから，集積型技術において，技術の有効利用と取引費用の解消に役立つ。第5章で，合併が効率性の改善に貢献する主要な理由としてシナジー効果（キーワード5-3）をあげたが，集積型技術が重要な場合には，合併による特許の統合もシナジー効果の1つとなる。

　しかし，合併企業に特許が集約されると，競合企業の事業を困難にし，新規参入への障壁を高めるおそれが存在する。特許は研究開発投資によってすでに発明済みの技術に与えられているから，サンクされた投資にもとづいており，定理3-3で述べたように，参入障壁を形成するからである。このおそれが強ければ，合併が競争制限をもたらすとして規制する必要が出てくる可能性がある。特に，パテントプールとは異なり，合併は単一企業に特許を集約するから，FRAND条件を明示する必要もなく，企業の恣意により使用許諾の可否を決めることとなり，競争制限や参入阻止のために使われるおそれは現実的である。

　こうした場合には，問題解消措置（キーワード5-7）として，特許の譲渡

や適正条件でのライセンス等を求めることがある。コラム5-2で述べた鋼管市場における企業結合でも，問題解消措置として，設備の持分譲渡に加え，技術の利用を含んでいた。またコラム10-2は医薬品産業における事例である。

医薬技術は，電気・電子等が集積型の技術であるのに対し，1個の特許が1個の医薬品に対応するという独立型の技術に近く，模倣や迂回発明も難しいため，合併・買収により技術を独占すれば，市場も独占できる。コラム10-2は，特定の医薬品（G-CSF）について集中が進むことを懸念した公取委が，当事会社が提案してきた問題解消措置，すなわち特許を含む技術についての譲渡や利用許諾が競争維持に十分と判断し，買収を容認した事例である。

医薬品産業では，化学やバイオテクノロジーなどの基礎科学と製品化が近く，新薬や新治療法の基礎となる化合物や遺伝子などの技術を大学発ベンチャーなどスタートアップ企業が発明することが多い。一方，開発（臨床試験，承認申請など）や販売については大手医薬品メーカーが優位性を持つため，スタートアップと大手が提携したり，大手がスタートアップを買収したりする。これによりシナジー効果が働けば，新薬開発が促進されること自体は原則的に競争を促進する。

ところが，ある薬効分野において既存の医薬品を発売中の大手企業が，競合することが予想される医薬品を発明した（あるいは，発明しそうな）スタートアップを買収する時には，新薬が発売されても，既存薬と新薬を一緒に大手企業が発売することになり，競争が働かず価格が高止まりすることが懸念される。さらに大手企業は，独占を維持するために，未だ開発中の新薬プロジェクトを中止する（殺す）恐れもある。こうした買収をキラー買収という。

（キーワード）10-6 ─────── キラー買収
被買収企業の新規プロジェクトを中止させる目的でおこなわれる買収（あるいはその他の手段での企業結合）。

キラー買収はどの産業でも起こりうるが，医薬品におけるカニンガムらの分析結果が大きな反響を呼んだ[10]。彼らは米国で1989〜2010年に開発が開始された約1万6千件の医薬品プロジェクトのデータを分析対象としたが，

コラム 10-2

キリングループと協和発酵の統合（2008年度）

　酒類，医薬品，食品等の事業を営むキリングループは，同種の事業を営む協和醗酵工業（以下「協和発酵」）の株式の50％超を取得し，また，キリンの医薬品子会社キリンファーマを協和発酵と統合して協和発酵キリンとして発足させることを計画した。

　公取委はいくつかの市場について審査したが，以下で述べるのは，一般名を遺伝子組換え型ヒト顆粒球コロニー形成刺激因子製剤（以下「G-CSF」）という医療用医薬品に関してである。これは，白血球の一種である好中球の分化・増殖を促進する効果を有する薬剤であり，抗がん剤投与による好中球減少症や，造血幹細胞移植時の好中球数の増加促進などに用いられる。

　企業結合計画が届け出られた時点で，G-CSF を販売していた企業は 3 社あり，それぞれの市場シェアは以下のとおりで，合併後新会社のシェアは約60％になると予想された。

	キリンファーマ	協和発酵	X社
商品名	グラン	ノイアップ	x
シェア	約45％	約15％	約40％

　届出時点で関係する特許は存続中であるが，今後数年のうちに満了する。よって化合物であれば後発薬の参入が期待されるが，G-CSF はバイオ医薬品であり，特許満了後のバイオ後続品による参入は，臨床試験を必要とすること，またバイオ医薬品の開発・製造に係る高度なバイオ技術力が必要であること等から，一定期間内の参入は期待できない。このため，参入圧力は小さいと評価された。

　さらに，キリンファーマは KRN125と称する新世代の G-CSF を開発中で，高い確度で上市（医薬品の市場発売をいう）が予測されていた。また，グラ

---

10) C. Cunningham, F. Ederer, and S. Ma, "Killer Acquisition," *Journal of Political Economy*, 129（3），2021, 649-702.

ンに比べて1回の投与による効果が長く持続するとされており，既に先行発売された欧米ではかなりの売上規模に達していたから，日本においても一定の市場シェアを占めることが予想された。特に，KRN125の有用性を最も享受できるのは外来がん化学療法患者であることから，上市された場合には外科領域において強みを有するノイアップに対する直接的な競合品になると考えられていた。

このことから，合併によりグラン，ノイアップ，さらにKRN125が同一会社によって販売されるようになると，顧客奪取効果（キーワード5-2）が内部化され，価格競争が減殺される。これにより価格上昇圧力が生じ，さらには，KRN125開発・上市への意欲が減殺されることが懸念された。

これに対し当事会社グループは，「協和発酵キリンが製造販売しているノイアップ固有の研究開発及びノイアップの製造販売に係る権利等（薬事法上の製造販売承認取得者の地位を含む）を第三者たる製薬会社に可能な限り速やかに譲渡，利用許諾等を行う」ことを内容とする問題解消措置を申し出た（後にヤクルトに譲渡）。

これにより，ノイアップとグランあるいはKRN125との競争関係が維持されると判断され，公取委は本件の統合を承認した。

その内22％は買収されていた。買収された新薬プロジェクトにつき，その新薬の薬効分野と薬効の仕組みが買収企業の既存薬と一致している場合を，オーバーラップ（重複）している買収と呼ぶ。すると，買収された22％のうち5％，すなわち2割強がオーバーラップ買収であった。

カニンガムらは統計検定により，オーバーラップしていると，買収される確率は有意に高いこと，被買収後に開発が継続されている確率は有意に低いことを明らかにした。しかも，いずれの効果も集中度の高い医薬分野で強い。既存の支配的企業が，競争相手となりそうな新薬プロジェクトが出てくると買収して中止してしまっていることを示唆する。これはいうまでもなく，イノベーションにも競争にもマイナスである。消費者にとってみれば，もし開発に成功して上市されていたなら利用できた新薬の機会を奪われ，また競争により薬価が下がっていた可能性も失っていることになる。

よって，キラー買収となるおそれのある企業結合には，競争政策の観点か

ら厳しい審査が必要である。ただし、難しいのは、被買収企業は多くの場合にスタートアップ企業で小規模なことである。第5章で、独占禁止法は国内売上高で一定規模以上の企業結合につき公取委への届出が義務付けられていることを述べた。この基準を満たさず届出がないことがキラー買収では多い。実際、カニンガムらの分析でも、オーバーラップ買収については米国での届出義務にぎりぎり満たない額での買収が大半であったという。もちろん、届出されない企業結合でも、公取委が報道や調査会社などから情報入手すれば、審査し、必要に応じて結合を禁止することができる。とはいえ、企業結合件数は図5-1で見たようにきわめて多数であるから、監視する能力には限りがある。

　同様の問題は医薬品以外の分野でも起きている。特に注目を集めているのが次章、次々章でのテーマであるプラットフォームで、実際に米国連邦取引委員会（FTC）の調査によれば、大手5社であるGAFAM（Google, Apple, Facebook, Amazon, Microsoft）は、2010年から2019年の10年間で、米国の届出基準に満たない買収（株式あるいは資産の買収）を616件、さらに特許買収を91件おこなっていた[11]。もちろん、この中には、被買収企業の事業や技術を買収企業がうまく育てたり、買収企業の事業とうまく結合したりすることによって、新たなサービス、改善されたサービスの提供に成功し、消費者の利益を高めたものも多いであろう。ただし、独立企業であったなら提供されていたであろうサービスが中止になってしまったケースもありうる。また、中止とはならないにしても、被買収企業のサービスと買収企業のサービスとの間で実現したであろう競争がなくなってしまったことで、消費者利益が限定されてしまった可能性もある。

　例えば、フェイスブックは2012年にインスタグラムを、2014年にホワッツアップを買収したことで、これらのSNSサービス間での競争を排除し独占を維持しようとしたとして、2020年にFTCはこれらの親会社であるメタを反トラスト法違反で提訴している（2024年10月時点で実質的裁判は始まって

---

11) U. S. Federal Trade Commission, "Non-HSR Reported Acquisitions by Select Technology Platforms, 2010-2019: An FTC Study," September 15, 2021.

いない）。FTC は分割も辞さない構えである。

　日本では同様の事例はないものの，医薬品にせよ，プラットフォームにせ
よ，あるいはどの市場にせよ，キラー買収を含め，企業結合がイノベーショ
ンにも競争にも大きな影響をもたらすことを忘れてはならない。

練習問題 ▶▶▶▶▶

10-1　シュンペーター仮説を述べ，それがどのような根拠に基づくか，また，
　　　現実に成立しているかどうかについて論ぜよ。

10-2　置換効果のため，完全競争市場の企業の方が独占企業に比べ発明へのイ
　　　ンセンティブが大きいことを説明せよ。革新的イノベーションと改良型イノ
　　　ベーションで置換効果が起きやすいのはどちらか。

10-3　特許などの知的財産権については短期的効率性と長期的効率性のトレー
　　　ドオフの問題がある。短期的効率性，長期的効率性がそれぞれ何を意味する
　　　のかを明確にしつつ，なぜトレードオフが生じるのか論ぜよ。

10-4　パテントプールはどのような場合に社会的に有用であり，どのような場
　　　合には競争制限的として独占禁止法上問題にすべきか，論ぜよ。

10-5　キラー買収とはどのような買収か，また競争にどのような影響があるか，
　　　論ぜよ。

議論のための問題 ▶▶▶▶▶▶

大手企業によるスタートアップ企業，あるいはより一般的に中小企業の買収に
は，シナジー効果のような企業にとっても社会にとってもプラス効果を持つも
のも，キラー買収など競争制限効果を持つものもある。いずれかの産業を念頭
に，その功罪を比較せよ。

第10章　イノベーション，特許制度と競争政策　199

>>> 第11章
ネット取引の競争政策

　今や，私たちの生活はインターネットと切り離すことができない。情報を知るにも，モノを買うにも，予約するにも，パソコンやスマホを使ってインターネットにアクセスすることから始まるのが当たり前になった。

　こうしたネット化がもたらした最大の変化は情報入手の即時化であろう。パソコンやスマホの画面上でクリックすれば即座に情報が得られることで，情報収集にかかる時間は大幅に短縮した。それによって，複数情報の入手・比較も容易になった。

　こうした変化は競争のあり方にも大きな影響を与えている。ワンクリックで複数店舗の価格が比較できるときの競争のあり方は，歩き回ったり電車に乗ったりしなければ価格比較ができないときの競争のあり方とは異なって不思議ではない。また，ネット商店を開設して不特定多数の顧客からのアクセスを勧誘しようとするときの経営戦略と，実店舗を開店して近隣の顧客を勧誘しようとするときの経営戦略では大きな違いがあるだろう。

　そこで，こうした変化が競争政策にどのような新たな課題を突きつけているかを，本章から次章にかけて考えていこう。ネット化は有形無形の財の取引のあり方に影響しただけではない。検索サービスやニュースサイトのように情報提供に特化したサイトもあり，SNS（ソーシャル・ネットワーキング・サービス）のように情報をつなぐサイトもある。またiOSやアンドロイドのように，オペレーティングシステム（OS）を軸に，ブラウザーからアプリストアまで，エコシステムと呼ばれる仕組みを作り上げて巨大化したプラットフォームもある。

　それだけに，日本を含め各国の競争当局も重大な関心を寄せ，ここ10年ほ

201

どでいくつもの法的措置（命令，確約，注意，訴訟など）がとられたり，この分野を対象にした新法が成立したりしている。こうした変化を踏まえつつ議論したいが，論点が広いため，2つの章に分ける。本章（第11章）では電子商取引（eコマース）サイトを中心に取り上げる。ネットを媒介とはするが，これまで議論してきた市場取引における競争性という考え方を適用しやすい分野である。これに対し次章（第12章）では，より幅広い，社会的インパクトの大きい諸問題を取り上げる。

1 プラットフォームと2つの小売モデル

　私たちが情報収集や情報発信，あるいはネット取引をしようとするとき，まずインターネット上の何らかのサイト（位置や場所を意味する英語）にアクセスする。そして種々の情報（検索，投稿，価格と品質，注文，予約，支払い等々）を一方向あるいは双方向にやりとりする。こうしたサイトをプラットフォームと呼ぶ。日本語では場，壇，基盤などと訳される。駅のプラットフォームが，車中と車外を行ったり来たりする場，また乗る客と降りる客が交わる場を提供するように，ネット上のプラットフォームも，情報を提供しようとする主体と情報を得ようとする主体とが交わる場を提供する。

　また，コンピュータシステムを支える基盤という意味で，オペレーティングシステム（パソコンの Windows や MacOS，スマホの Android や iOS）もプラットフォームと呼ばれる。こうした意味でのプラットフォームと商取引のプラットフォームとの違いを明確にすることは難しい。しかも技術革新により，あるいはプラットフォーム事業者の一体化戦略により，種々のプラットフォーム間の境界は一層曖昧になっている。このことは次章で議論する。

　プラットフォームは場や基盤を意味する一般的な言葉なので，ネット上あるいはデジタルに限定されるわけではない。昔からある市場も，コラム3-2で取り上げた農産物直売所も，売り手と買い手が財を，そして財に関わるさまざまな情報をやりとりする場であり，プラットフォームである。そのため，以下の議論もオフラインのプラットフォームにも多く成立する。

とはいえ，オンライン化したプラットフォームが現れたことで，情報は瞬間的に処理可能となり，情報の記録容量も飛躍的に大きくなった。個人店主が記憶できる客の好みは数百人を限度とするが，オンラインモールは数百万人，数千万人の購入履歴・閲覧履歴であっても，記録し統計的に分析できる。またこうした多数のユーザーが同時にアクセスしても対応できる。こうした能力が支配的プラットフォーム事業者への集中をもたらしてきた。それだけに競争政策上の懸念も高まってきた。本章後半から次章での論点である。

プラットフォームは情報その他をやりとりする場であるから，必ず複数（マルチ）のサイドにユーザーを持つ。典型的には売り手と買い手，情報の出し手と受け手，あるいは婚活サイトの男性と女性である。これら3つの例ではいずれも2つのサイド（ツーサイド）にとどまるが，この他にも，広告を掲載するプラットフォームでは広告主が加わり，ウィキペディアでは編集者や寄付者が加わるなどツーサイドに限定されない例も多く，それらを含めマルチサイドという。

マルチサイドの間でマッチングを成立させることを主たる機能とするプラットフォームを考えよう。マッチングとは，あるサイドに属するメンバーを他サイドに属するメンバーと結びつけることである。オンラインモールなどの商取引サイトは売り手（出店者）Aと買い手（消費者）Bを結びつける。例えば，読者がオンラインモール上でAの商品を選び，購入ボタンをクリックするときには，読者（買い手）と売り手Aのマッチングが起きている。同様に，婚活サイトは男性Xと女性Yを，ライドシェア・サイトはドライバー（運転手）Dとライダー（乗り手）Eを，民泊サイトはホスト（宿泊スペース提供者）Fとゲスト（利用者）Gを，それぞれマッチングさせている。これらは代表的なマッチング型プラットフォームである。また，何らかの取引関係を伴うことが多いので，取引型プラットフォームと呼ぶこともある。

（キーワード）11-1 ―――― マッチング型プラットフォーム
複数サイドのユーザー間でマッチングを実現させるサービスを提供するプラットフォーム。

マッチング型プラットフォームの中でも，当面，小売サイトに焦点を当てよう。以下では，一般名としてのプラットフォームではなく，プラットフォームを運営する個々の事業者を意味する場合にはプラットフォーム事業者という。そして，プラットフォーム事業者に対して商品（物品，サービス，デジタルを問わない）を供給する事業者をサプライヤー（供給者），プラットフォーム事業者から購入する主体をカスタマー（顧客）と呼ぶ。消費者向けサービス（B to C）ではカスタマーは消費者である。

小売プラットフォームは，オフラインであれオンラインであれ，価格決定権を誰が持つかにより，2つのモデルに分けられる。

(キーワード) 11-2 ——— 卸モデルと代理店モデル

卸モデル（またはホールセール・モデル）
　サプライヤーは小売プラットフォーム事業者に対しサプライヤーが決定する価格（卸価格という）で販売し，小売プラットフォーム事業者はカスタマーに対し自ら決定する価格（小売価格という）で販売するモデル。小売プラットフォーム事業者は両価格の差額をマージンとして得る。

代理店モデル（またはエージェンシー・モデル）
　サプライヤーが小売価格を決定し，その中から，予め決められた方式により計算される手数料を小売プラットフォーム事業者に支払うモデル。

伝統的な小売店やスーパーなどは卸モデルによる。一方，オンラインモール，フリマアプリやオークションサイト，またオフラインの農産物直売所やショッピングモールなどは多くが代理店モデルである。世界最大の小売サイトを運営するアマゾンは，仕入れた書籍をネットで販売するという卸モデルで事業を開始したが，アマゾン・マーケットプレイスと名付けたオンラインモールを開設することで代理店モデルの事業に乗り出し，現在でも両者が混在するが，主力は代理店モデルになっている。

代理店モデルでは，サプライヤーが相手方（小売店その他の小売プラットフォーム事業者）に対し，後者が販売する販売価格（小売価格）を定めて販

売させているから，一見すると，第6章で述べた再販売価格維持行為（再販）の禁止に違反している。再販とは「相手方に対しその販売する当該商品の販売価格を定めてこれを維持させること」だからである（法律規定6-1）。

　ただし公取委は，流通・取引慣行ガイドラインにおいて，「メーカーの直接の取引先が単なる取次ぎとして機能しており，実質的にみてメーカーが販売していると認められる場合には，メーカーが当該取引先に対して価格を指示しても，通常，違法とはならない」としており，そうした場合の1つとして，「委託販売の場合であって，受託者は，受託商品の保管，代金回収等についての善良な管理者としての注意義務の範囲を超えて商品が滅失・毀損した場合や商品が売れ残った場合の危険負担を負うことはないなど，当該取引が委託者の危険負担と計算において行われている場合」があげられている[1]。

　重要なポイントは商品毀損や売れ残りに対するリスクをいずれが負担するかにある。これらをサプライヤーが負担する限りは，小売店は「単なる取次ぎとして機能」しているに過ぎず，実質的に販売しているのはサプライヤーなので，サプライヤーが小売価格を決定しても違法にはならないというのである。例えばコンサートやスポーツ試合のチケットの販売を考え，チケット販売店がコンサート等の主催者から一定の枚数を割り当てられたとしよう。この枚数を売り切ることができなかったときに，販売店はチケットを返品することができ，それに対する支払は不要であれば，売れ残りリスクは販売店ではなく主催者にあることになる。このときは，実質的な販売者は主催者と認められるので，チケット小売価格を主催者が決めて販売店に守らせても，再販の禁止には抵触しない。しかし逆に，売れ残り分についても販売店が負担しなければならないのであれば，リスクを負担するのは販売店であり，この場合は，チケット小売価格を主催者が決めて販売店に守らせるようであれば，再販であり独占禁止法違反になる。いいかえれば，リスクを負担する販売店は，売り切るために値引きする自由を持たなければならない。これがガイドラインの趣旨である。

　よって，以上の条件が満たされれば，リアルなショッピングモールであれ，

1）出所は第6章注3に同じ。

第11章　ネット取引の競争政策　205

オンラインモールであれ，代理店モデルが再販として独占禁止法違反になることはない。オンラインモールでは，カスタマーからの注文情報が出店者（サプライヤー）に流れ，出店者が出荷する，あるいは出店者から自社物流施設に預託されているプラットフォーム事業者が出荷する形をとるので，売れ残りリスクは出店者にある。このため再販として問題にされることはない。

ただし，代理店モデルがカルテルと結びついた事例が米国にある。電子書籍に関するアップル事件である。電子書籍販売で先行したのはアマゾンで，2010年に後発者として iPad 向けの電子書籍販売プラットフォームを立ち上げたアップルは，アマゾンが卸モデルを採用していたのに対抗し，代理店モデルで販売することをサプライヤーである大手出版社に提案した。このとき，大手出版社間およびアップル・大手出版社間で小売価格の協議がおこなわれたとして，米国司法省が反トラスト法違反で提訴した事件である。出版社が非を認めて個別に司法省と和解したのに対し，アップルは最後まで争ったものの，最高裁は反トラスト法違反との判断を下した[2]。

この事件で，代理店モデルの採用自体が違法とされたわけではない[3]。ただし，アップルは MFN という条項をも要求し，このことが価格協定を助長した可能性がある。また，この条項のため，アマゾンの電子書籍販売も代理店モデルに移行した。そこで，次に MFN について説明しよう。

2 │ 最恵待遇（MFN）と同等性条項（APPA）

外国との条約において最恵国待遇（Most Favored Nation，略して MFN）と呼ばれる条項があり，WTO 体制のもとでは，通商条約等において認められるのが原則とされている。これは，条約締約国の一方が他方に対し，他の

2）米国司法省提訴（2012年），控訴審判決（2015年），最高裁判決（2016年）。
3）第6章末の議論のための問題で示したように，日本では書籍については再販が例外的に許容されているが，電子書籍については例外とされていない。米国ではこの区別はなく，いずれも再販規制の対象である。ただし電子書籍のオンライン販売については売れ残りリスクがなく，日本でも代理店モデルが許容されると思われる。

諸国に対するよりも不利な待遇を与えないことを約束するものである。

商取引における契約でも，同様の条項が設けられることがある。これは，本来は最恵顧客待遇（Most Favored Customer，略して MFC）と呼ぶべきものであるが，MFN の略語がそのまま使われていることが多いのでこれに従う。ただし日本語としては国家についても顧客についても適用できるように最恵待遇と記す。

（キーワード）11-3 ――――― 商取引における最恵待遇（MFN）
売り手（サプライヤー）が買い手（カスタマー）に対し，他の買い手に
対するよりも不利な条件で販売することはないことを保証する条項。

他よりも不利な条件としては，価格に関するものの他にも，サービス，納期，数量，リベートなどさまざまな項目に関するものがあるが，代表的には価格についてのもので，この場合，MFN とは，カスタマーに対し，他のカスタマーへの販売価格と同等，あるいはより安く販売することを約束することを指す。

MFN には事前の MFN と事後の MFN がある。事前の MFN とは，購入前に，他のカスタマー C^2 に低い価格が提示されていることをカスタマー C^1 が示せば，C^1 に対して C^2 への価格と同等か低い価格で販売することを約束するものである。事後の MFN とは，購入後であっても，C^2 がより低い価格で購入していることを示せば，C^1 に差額を返金するものである。

MFN の社会的効果にはプラス効果とマイナス効果がある。プラス効果は，カスタマーにとっての取引費用削減である。他のカスタマーよりも高い価格で買わされることがないとわかっていれば，安心して買うことができる。マイナス効果は，売り手（サプライヤー）にとり特定の顧客にだけ値引きすることが不可能になり，値引きへのインセンティブが減少することである。よって価格維持効果が生まれる。このため，MFN は競争制限効果を持ちやすく，注視する必要がある。

ネット販売，特に代理店モデルをとるプラットフォーム事業者を通じての販売の場合には，MFN は少し違った形をとる。サプライヤーが，プラットフォーム事業者 X を通じてカスタマーに販売するときの価格が，競合プラ

第11章 ネット取引の競争政策 207

ットフォーム事業者 A や B を通じて販売するときの価格（および自社サイト価格）を上回ることがないことを保証するからである。代理店モデルであるため，保証するのは，サプライヤーの直接の取引相手であるプラットフォーム事業者に販売するときの価格（卸価格）についてではなく，プラットフォーム事業者を通じてカスタマーに販売するときの小売価格についてである。この意味で MFN そのものではない。このため，より正確にはプラットフォーム間同等性条項（Across-Platform Parity Agreement，略して APPA）あるいは単に同等性条項と呼ぶ。

　コラム 11-1 を見よう。これは，オンライン旅行代理店（Online Travel Agency，略して OTA）大手の楽天トラベルが運営する宿泊予約サイトに係る事件である。同様の事件は，海外に本社を持ち日本を含め世界的に活動する OTA 大手のエクスペディアおよび Booking.com 両社についても起きており，公取委は楽天トラベル事件と同様の対応をしている。

　この事件では，楽天トラベルがサプライヤーであるホテルや旅館に対し，他のサイト（A, B, C 等）より有利または同等の条件（宿泊価格，部屋数）で同社サイト X に掲載するよう求めており，公取委は不公正な取引方法にあたる可能性があるとして審査していた。これを受けて，楽天はこの条項を取りやめている。

　一般的に，こうした事件はプラットフォーム事業者が巨大化していることで深刻化している。これは，プラットフォームにはネットワーク効果（キーワード 7-3）および間接ネットワーク効果（次節で説明）があるためである。多くのユーザーが利用しており，また多くの情報や選択肢があるプラットフォームほど利便性が高いから，大手プラットフォーム事業者が支配的な存在になりやすい。

　楽天トラベルも，エクスペディアや Booking.com と同様に，オンライン旅行代理店の分野で大きな存在となっており，彼らがサプライヤー（ホテル，旅館）に対し同等性条項を要求すれば，サプライヤーも，自社商品を取り扱ってもらうためにプラットフォーム事業者の要求に従わざるを得ない。場合によっては，サプライヤー自体も，競合サプライヤーとの価格競争を緩和する目的で，プラットフォーム事業者の要求に従うインセンティブを持つ。前

コラム11-1

楽天トラベル事件（2019年確約）

楽天は，自らが運営するウェブサイト「楽天トラベル」にホテルや旅館などの宿泊施設を掲載する宿泊施設運営業者との間で締結する契約において，当該ウェブサイトに当該運営業者が掲載する部屋の最低数の条件を定めるとともに，宿泊料金及び部屋数については，他の販売経路と同等又は他の販売経路よりも有利なものとする条件を定めていた。下の図（公取委資料より転載）がこれを示し，サイトXが楽天に，サイトA，B，C等が競争者のサイト（ホテル自社サイトを含みうる）にあたる。

公取委は，この行為が不公正な取引方法である拘束条件付取引（法律規定3-2）にあたり，独占禁止法違反の疑いがあるとして，楽天に対し確約手続通知をおこなったところ，楽天から以下の内容を中心とする確約計画の認定申請があった。

「自らが運営するウェブサイト『楽天トラベル』に宿泊施設を掲載する宿泊施設の運営業者との間で締結する契約において，当該ウェブサイトに当該運営業者が掲載する部屋の最低数の条件を定めるとともに，宿泊料金及び

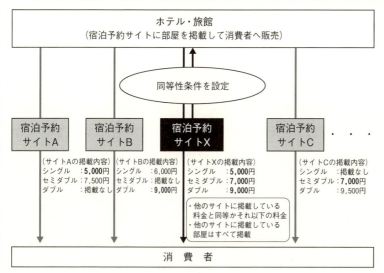

第11章　ネット取引の競争政策

> 部屋数については，他の販売経路と同等又は他の販売経路よりも有利なものとする条件を定めている行為を取りやめること。」
>
> 公取委はこの申請を妥当なものと判断し，確約計画を認定した。

節で紹介したアップルの電子書籍事件はこの例である。

　アップル事件のようなカルテルではないとしても，同等性条項は競争制限効果を持つ。MFN の場合と同様に，同等性条項があれば，サプライヤーはある 1 つのプラットフォーム事業者を通じて提供する価格のみを下げることができなくなり，値下げへのインセンティブを持ちにくいからである。またプラットフォーム事業者にとっても，自社での価格を下げさせれば他社での価格も同様に下がってしまうので，サプライヤーに掲載価格の値下げを要求するインセンティブを持ちにくい。このため，掲載価格（小売価格）は高値で安定する。

　また，プラットフォーム事業者が受け取る手数料をめぐっての競争も減殺される。手数料を下げるから，自社プラットフォームを通じて販売するときの小売価格（手数料込み）を低くしてほしいという交渉ができなくなるからである。

　さらに，プラットフォームへの新規事業者の参入も困難にする。新規事業者は，既存事業者よりも優れたサービス（使い勝手がよいサイト，豊富な選択肢など）や安い価格を提供するのでなければカスタマーを誘引できず，参入を成功させることが難しいが，既存プラットフォーム事業者がサプライヤーに同等性条項を約束させている状況では，新規事業者が価格面での有利性をアピールすることができず，参入は困難となる。

　こうした理由により同等性条項は競争制限効果を持つ。ただし，同等性条項や MFN が社会的にも必要とする論拠も存在する。ただ乗り問題（フリーライダー問題）である。例えば読者は，オンラインモールで商品を探したうえで，リアル店舗で購入したという経験はないだろうか。あるいは，旅行に行くときに，楽天トラベルのような大手宿泊予約サイトで目的地近辺のホテルを比較したうえで，そのホテルの自社サイトや電話で予約した経験はないだろうか。このとき，オンラインモールや宿泊予約サイトのサービスへのた

だ乗りが起きている。

　オンラインモールや宿泊予約サイトの運営事業者にとってみると，自社での提供価格が他のモールや予約サイト（自社サイトを含む）あるいはリアル店舗よりも高い可能性があれば，ただ乗りされるおそれは強まるから，自社が得られる手数料収入は少なくなり，サイト運営費用を下回ることになりかねない。この結果，定理6-3で説明したのと同様に，オンラインモールや予約サイトを運営する事業者が退出してしまえば，消費者にとって利便性が失われる。

　このただ乗り問題が現実的に起こりうると予想される状況では，競争制限のおそれは残るとしても，同等性条項の全面的禁止が社会的に望ましくない可能性が存在する。オンライン旅行代理店に対する楽天トラベル事件と同様の事件は欧州各国でも問題にされたが，いくつかの国では，全般的な同等性条項は禁止したものの，ホテル自社サイト提供価格との比較に限りそれよりも高くすることはないという限定的な同等性条項（狭義の同等性条項あるいは狭義のMFNという）については容認した。これは，ただ乗り問題がホテル自社サイトとの比較において最も起こりやすいと判断されたためと思われる。

3 ｜ 間接ネットワーク効果と最適価格構造

　プラットフォームは複数のサイド（サプライヤーとカスタマーなど）に相対しているが，これらの間には間接ネットワーク効果と呼ばれる効果が存在する。同一商品や同一規格のユーザーが多いほどその商品や規格からの便益が高まる効果をネットワーク効果（いわばサイド内ネットワーク効果）と呼ぶことはキーワード7-3で説明したが，この効果がサイド間で起きるとき，間接ネットワーク効果（またはサイド間ネットワーク効果）と呼ぶ。

キーワード　11-4 ———— 間接ネットワーク効果
複数サイドのユーザーグループに直面するプラットフォームにおいて，

第11章　ネット取引の競争政策　**211**

一方のサイドのユーザー数や利用数が増えれば他サイドユーザーにとってのプラットフォーム利用からの便益が高まる効果。

こうした間接ネットワーク効果の存在はプラットフォームを大きく特徴付ける。単に複数サイドに相対しているというだけでは，どの製造業者も川上の原材料供給者と川下の販売先に相対しており，どの小売店も川上の仕入先と川下の顧客とに相対している。ところが，それに加えて間接ネットワーク効果があるために，プラットフォーム特有の問題が起きる。このことを踏まえ，プラットフォームが活動する市場をマルチサイド市場（多面市場ともいう）と呼び，次のように定義しよう。

> **（キーワード）11-5 ———— マルチサイド市場**
> 複数サイドのユーザーが参加し，これらサイドの間で一方向，双方向，あるいは複数方向に間接ネットワーク効果が働く市場。

例えばショッピングモールでは，オフラインでもオンラインでも，多くの出店者がいるほど買い物客にとっての利便性は高まり，多くの買い物客が集まるほど出店者にとり出店する利益は大きい。すなわち，双方向にプラスの間接ネットワーク効果がある。コラム11-1で例示したオンライン宿泊予約サイトでも同様に，多くの宿泊施設をリストするサイトは消費者にとり便利なのでアクセス数を増やし，消費者アクセスが多いサイトには宿泊施設も掲載するメリットが大きいので，双方向にプラスの間接ネットワーク効果がある。

こうしたマルチサイド市場における最適価格決定はどうなるだろうか。サイドSとサイドCのツーサイドから成る市場を考えよう。商取引サイトではサプライヤーとカスタマーであるが，それに限らず，婚活サイトであれば男性と女性でもよいので，単にSとCとする。

価格とは，プラットフォーム事業者がSに課す価格およびCに課す価格の組み合わせである。アクセスに対して課す使用料（年会費でもアクセスごとの料金でもよい）やマッチング成立時に課す手数料などで，この価格はプラスに限定されず，ゼロやマイナスもあり得る。例えば，オンラインでもオフラインでも，ショッピングモールは一般に，出店者には出店料を課す（プ

ラス価格）が，カスタマーである来店客に入場料を課すことはない（ゼロ価格）。クレジットカードでは，カード加盟店管理会社は小売店に対しカード代金回収に手数料を課す（プラス価格）が，カード発行会社はカード保有者に対し年会費を徴収するとしても，カード利用ごとには無料か，むしろポイントを付ける（マイナス価格）。

　プラットフォーム事業者は両サイドからの利潤合計を最大にするようにそれぞれへの価格を決定する。ただし問題を複雑にするのは間接ネットワーク効果の存在である。サイドSからサイドCへのプラスの間接ネットワーク効果があれば，Cの需要量はSの数（参加者数あるいは利用数）にプラスに影響され，同様に，CからSへのプラスの間接ネットワーク効果があればSの需要量はCの数にプラスに影響される。このことを考慮しつつ，プラットフォーム事業者はSへの価格およびCへの価格を決定する必要がある。

　例えば，SからCへの間接ネットワーク効果はゼロであるが，CからSへの間接ネットワーク効果はプラスであるとしよう。このとき，Cへの価格を引き下げることによる効果は二重にある。まず(1)需要曲線が右下がりであることによる通常の効果として，Cによる需要量すなわちプラットフォーム利用が増加する。すると(2)間接ネットワーク効果により，Sのプラットフォーム利用からの便益がCの利用増で増加するから，Sによるプラットフォームへの需要を増やし，プラットフォーム事業者の利潤を高める。これに対し，SからCへの間接ネットワーク効果はゼロであれば，Sへの価格を引き下げることの効果は(1)のみであり，(2)は存在しない。よって，価格引下げによる利潤増加効果は，間接ネットワーク効果を生み出す側のサイド（この例ではC）でより大きい。

　このことから，一般的に次の定理が成立することがわかる。

（定理）11-1 ──────── **マルチサイド市場における最適価格構造**

間接ネットワーク効果があるとき，より強い間接ネットワーク効果を生み出すサイドへの価格を相対的に低くすることが，プラットフォーム事業者にとり最適である。

クレジットカード市場で，カード保有者への価格がゼロあるいはマイナスなのは，カード保有者を増やすことにより小売店にカード加盟（顧客によるカード支払いの受け入れ）へのインセンティブを高めることがより重要と考えられたからである。

　もう1つ典型的な例として広告がある。消費者サイドから広告主サイドへはプラスの間接ネットワーク効果がある（多くの消費者に広告を見てもらうと広告効果が大きい）。他方，広告主サイドから消費者サイドへの間接ネットワーク効果はマイナス（広告が多いのは迷惑）かもしれない。広告を掲載するメディア（新聞，民間放送，検索サイト，ユーチューブなど）は消費者には無料か安価で供給され，広告主からの収入で利益を上げている。詳しくは次章で議論するが，定理11-1と整合的である。

　こうした価格戦略が持つ競争政策への含意を次に考えよう。

4 ｜ マルチサイド市場に対する競争政策

　定理11-1はサイド間での価格構造について重要な示唆を与えるが，価格水準を決めるのは顕在的・潜在的な参入による競争圧力である。参入が自由であれば，すなわちコンテスタビリティが完全であれば，コンテスタブル市場理論（定理3-1）により，全サイドからの合計利潤がゼロになるところまで価格水準は下がるはずである。

　しかしマルチサイド市場への参入は容易ではない。クリティカルマスを確保する必要があるからである。

（キーワード）11-6 ──────── クリティカルマス

マルチサイド市場においては，一方のサイドのユーザーに参加や利用を促すためには，他サイドのユーザー数や利用数が十分なレベルに達している必要がある。このレベルをクリティカルマスという。

　クリティカルマス（直訳すれば，決定的数量）も双方向に働く。Sがクリティカルマスに達していなければCに参加の意欲は起きず，Cがクリティ

214

カルマスに達していなければ S も参加しようとしない。いわば負の連鎖であり，「鶏が先か卵が先か」の問題とも呼ばれる。このことが新規事業者による参入を困難にする。

新規事業者にとっての参入戦略の1つは，クリティカルマスを獲得するために原価割れになっても価格を下げることである。第7章で述べた参入手段としての廉売の議論は，マルチサイド市場に参入しようとする新規プラットフォーム事業者によく当てはまる。つまり，原価割れ販売はクリティカルマス達成の手段として参入を促進し，競争制限ではなく競争促進の効果を持つ。実際，オンライン・メディアサービスに参入するプラットフォーム事業者のほとんどは受信を無料あるいは安価にすることで視聴者数を増やす戦略をとっている。よって，原価割れだからといって不当廉売（法律規定7-1）で規制するのは，参入阻害という逆効果を持ちうる[4]。

重要なのは，クリティカルマスを獲得しようとする参入事業者の努力を既存事業者が妨害しようとすれば，そうした行為を禁止することである。そうした行為は「他の事業者の事業活動を排除」するものであるから，排除行為として独占禁止法における私的独占（法律規定3-1）の禁止に違反する。また排他条件付取引，拘束条件付取引，取引妨害（法律規定3-2）が用いられているなら，不公正な取引方法の禁止に違反する。

コラム11-2では排他条件付取引または拘束条件付取引の疑いがあるとして公取委が審査していたユニクエスト事件を紹介している。

ネット葬儀業者として最大のユニクエストが，提携先の葬儀社に対し，競争相手のサイトに掲載しないことを条件に手数料等で優遇し，競争相手との取引を不利にした。これにより競争サイトへの掲載葬儀社数が減少すれば，間接ネットワーク効果により消費者にとり競争サイトの魅力は薄れるから，競争サイトの存続は困難になる。一方，サプライヤー（葬儀社）にとってみれば，ユニクエストのサイトが最大シェアを持つだけに，多くの消費者が最

4）なお，オンラインのメディアでは，事業開始後には，視聴者が1人増えることによる費用増という意味での限界費用（あるいは平均回避可能費用）はほぼゼロであるため，この意味でも，法律規定7-1でいう不当廉売には該当しない可能性がある。

第11章　ネット取引の競争政策　215

コラム 11-2

ユニクエスト事件（2021年審査終了）

　葬儀社は全国に約4000社，葬儀が施行される式場は約8000箇所存在するとされており，葬儀社は，一般消費者から直接葬儀の依頼を受けるほか，ネット葬儀業者を通じて依頼を受けることもある。

　ネット葬儀業者は，葬儀プランの内容・料金や式場の情報等を多数掲載したウェブサイトを運営しており，その事業内容は定額型（ネット葬儀業者が自ら葬儀プランの内容や葬儀料金等を設定し，提携している葬儀社に対してその内容・代金での葬儀の施行を依頼する事業）と紹介型（提携している葬儀社の設定する種々の葬儀プランの内容・料金を紹介し，一般消費者が希望した葬儀社で葬儀をおこなえるよう仲介する事業）に大別される。

　ユニクエストは，定額型のネット葬儀業者であり，「小さなお葬式」と称するインターネット葬儀サービスを営んでいる。インターネット葬儀サービス市場における市場シェアは約4割である。同社は，一般消費者から葬儀の施行を請け負い，同社との間で基本契約を締結した葬儀社に葬儀の施行を委託している。ユニクエストは，葬儀プランごとに，一般消費者から支払われる葬儀代金及びユニクエストの収益となる「弊社料金分」と称する金額を設定しており，葬儀代金から弊社料金分を差し引いた額が葬儀社の受け取る委託手数料相当額となる。

　ユニクエストは，2018年に「特約加盟店制度」を導入した。この制度を使って特約加盟店になる葬儀社に対しては，弊社料金分は一般加盟店と比べて約5〜10%低く設定され，葬儀社受取分が大きくなる仕組みである。ただし，ユニクエストの定める他のネット葬儀業者（定額型3社）との取引禁止等の要件を遵守する旨が記載された申請書をユニクエストに提出し，ユニクエストの審査を受ける必要があった。2021年9月時点で特約加盟店は提携葬儀社のうち2割強であった。

　公取委は，市場における有力な事業者であるユニクエストが，取引先事業者（葬儀社）に対し他のネット葬儀業者と取引しないことを条件として経済

的な利益を供与する行為をおこなうことにより，他のネット葬儀業者と取引
先事業者との間の取引機会を減少させ，ネット葬儀業者間の公正な競争を阻
害するおそれが生じる場合には，当該行為は不公正な取引方法（排他条件付
取引または拘束条件付取引）に該当し，独占禁止法違反となるおそれがある
として審査をおこなっていたところ，ユニクエストから特約加盟店制度廃止
を中心とする改善措置を自発的に講じた旨の報告があり，これを了承して審
査を終了した。

初にアクセスすると期待され，競争サイトへの掲載を諦めてでも，同サイト
に掲載しようとする。この結果，競争サイトを事実上排除する効果が生まれ，
ユニクエストへの市場集中が加速するおそれがある。

　公取委がこの疑いで審査していたところ，ユニクエストより当該行為を取
りやめるとの報告があり，これにより迅速に違反行為を終了させることが優
先されるとして，排除措置命令には至らず，審査を終了したものである。

　この事件以外でも，一般に，プラットフォーム事業者に対する独占禁止法
上の審査では，間接ネットワーク効果やクリティカルマスなどプラットフォ
ーム特有の効果や状況を把握して調査したり評価したりすることが求められ
る。合併や買収などの企業結合の審査でも同様である。また，より新しい観
点からの競争評価や，独占禁止法だけにはとどまらない形での競争政策も求
められてきている。こうした問題を次章で議論しよう。

練習問題 ▶▶▶▶▷▷

11-1　卸モデルと代理店モデルの違いを述べ，それぞれ，オフラインとオンラ
　　　インにおける例をあげよ。

11-2　最恵待遇（MFN）とは何かを説明し，その社会的効果を評価せよ。

11-3　プラットフォームにおける同等性条項はどのようなもので，通常の最恵
　　　待遇（MFN）との違いは何かを述べよ。また同等性条項がただ乗り問題の
　　　解決に貢献することがあると論じられるのはなぜか，述べよ。

11-4　間接ネットワーク効果とは何かを説明し，間接ネットワーク効果がある
　　　マルチサイド市場において，それぞれのサイドへの最適な価格がどのように

第11章　ネット取引の競争政策　**217**

決められるか，述べよ。

11-5 マルチサイド市場では，参入を妨害しようとする既存事業者の行為に対する競争政策の観点からの警戒がより一層必要であると考えられるのはなぜか，述べよ。

議論のための問題 ▶ ▶ ▶ ▶ ▶ ▶

第3章コラム3-2で取り上げた農産物直売所事件を再度読み，農産物直売所をマルチサイド市場におけるプラットフォームとして捉え直すことで，この事件を再評価せよ。また，間接ネットワーク効果がどのように影響するか，直売所が売り手（農産物出荷者）と買い手（消費者）に課す価格（手数料や入場料）はどのように決められるべきか，新規参入者である元氣の駅が参入に成功するためにとるべき戦略としてどのようなものが考えられるか，などについても考察するとよい。

>>> 第12章

プラットフォームが作る
エコシステムと競争政策

　前章ではオンラインモールやインターネット葬儀サービスなど，売り手やサービス提供者と顧客の間でマッチングすることを主たる機能とするプラットフォーム，すなわちマッチング型プラットフォームを取り上げた。商取引に関わるという点では従来型の市場取引と共通し，これまでの競争政策の考え方や手法を適用しやすかった。

　ところがプラットフォームは巨大化するとともに，多様な目的，用途，活動に広がり，しかもそれらが繋がり合って「エコシステム」と呼ばれるものを形成してきている。それだけに既存の競争法だけでは迅速に対応できない状況も生まれ，新しい法律で規制しようとする動きが出てきている。こうした問題を本章では扱う。ただし，本書執筆時点でもさまざまな新しい動きがみられ，しかも伝統的に産業組織論・競争政策として捉えられてきた範囲にとどまらない分析や政策対応が必要になってきているため，本章での議論も進行形にある。読者諸氏も新しい動きを注視するとともに，幅広い視点からの考察を続けるよう心がけていただきたい。そのための基礎とモチベーションを提供することが本章の目的である。

1 市場集中の螺旋効果と事業拡大のメカニズム

　前章で示したように，プラットフォームはマルチサイド市場で活動し，サイド間では間接ネットワーク効果が働く。2つのサイドをSとCとして，それらの間に間接ネットワーク効果が双方向にプラスで働いているとしよう。

219

商取引サイトであればＳはサプライヤー，Ｃはカスタマーであるが，より一般にはＳやＣを何らかの頭文字として認識する必要はない。

　間接ネットワーク効果があると，多くのＳを獲得したプラットフォームはＣにより多くの便益をもたらすことでＣの参加を増やし，多くのＣが参加するプラットフォームはＳにより多くの便益をもたらすからＳの参加を増やす，これはまたＣの参加を増やす，等々というように，螺旋的な効果，すなわち渦巻きのようにＳとＣの間を回りながらぐるぐると中心に引き込まれるという効果が生まれる。中心に引き込まれるとは，ここでは支配的企業への集中を意味する。

（キーワード）12-1 ─────── **間接ネットワーク効果による螺旋効果**
　間接ネットワーク効果が双方向にプラスのとき，一方のサイドの参加増が他方の参加増を誘引し，これがまた元のサイドの参加を誘引し，等々と螺旋的に起きる効果。これにより市場集中は加速する。

　プラットフォームが生む集中への螺旋効果はこれにとどまらない。データについての螺旋効果も発生する。

　読者は，ショッピングサイトなり検索サイトなりユーチューブなりにアクセスすると，プラットフォーム事業者があなたの購買履歴や検索履歴をデータとして入手し，検索結果の表示，リコメンデーション（お勧め），ターゲット広告などに利用していることをどれだけ知っているだろうか。プラットフォーム事業者はまた，多くのユーザーから集めたデータを分析することで市場の傾向や人気を知る。このようにデータはプラットフォーム事業者に収集され，分析され，より良いアルゴリズムや分析方法の開発に活かされ，ユーザーにフィードバックされて，より多くの利用を促す。このプロセスをデータフィードバックと呼ぶ。ここでもまた螺旋効果が生まれる。

（キーワード）12-2 ─────── **データフィードバックによる螺旋効果**
　ユーザーが増えればプラットフォーム事業者はより多くのデータを得る。これらを解析することで，個々のユーザーのニーズ・嗜好に合わせた表示やサービスが可能になり，より多くのユーザーを獲得することができ

る。ユーザー増はデータ増をもたらし，データ増はさらに一層のユーザー増をもたらす，等々と螺旋的に起きる効果。これにより市場集中は加速する。

　データ増はより正確なターゲット広告を可能にするから，クリック数を増やすことで広告からのプラットフォーム事業者の収益を高める。また，これにより，広告主の広告インセンティブを高め，広告価格を高めるから，プラットフォーム事業者の収益を高める。さらに，個々のユーザーのニーズに合わせた広告の提供がユーザーの便益を高めるというプラスの間接ネットワーク効果があるのであれば，より多いユーザーの利用がより多い広告を生み，それがさらにより多いユーザーを誘引するという螺旋効果が広告とユーザーとの間にも生まれる。

　2つのキーワードで示した螺旋効果は，いわばダイナミックな形で規模の経済性を生み，市場集中をもたらしている。前章の2つのコラムで取り上げたオンライン宿泊予約でもインターネット葬儀業者でも，またオンラインモールやオンライン飲食店検索予約，さらにはほとんどのインターネットサービスでも，有力な事業者が大きなシェアを獲得していることに気付くだろう。

　そのいわば究極がGAFAM，すなわちGoogle（グーグル），Apple（アップル），Facebook（フェイスブック），Amazon（アマゾン），Microsoft（マイクロソフト）という5社への集中である[1]。特に株式市場でのGAFAMへの評価は突出しており，2024年末時点では，5社を合わせた株価総額（＝株価×株式数）は，日本の証券取引所プライム市場合計，すなわち日本の代表的企業1600社強の合計の2倍近くに達している。

　GAFAMを代表とするいわゆるビッグテックは，2つの螺旋効果でそれぞれの主力市場で支配的地位を獲得しているだけではない。それとともに，技術的関連性やユーザー層の重なりを活かし，関連分野で新しい技術を開発したり，新技術開発や新サービス提供に取り組むスタートアップ企業を買収

1）グーグルが親会社アルファベット（Alphabet），フェイスブックが親会社メタ（Meta）の下に組織変更されたため，親会社の頭文字をとって5社をMAAMAとも略す。"MAAMA: Big Tech's Supersized Ambitions," *The Economist,* January 22, 2022.

第12章　プラットフォームが作るエコシステムと競争政策　**221**

したりして事業分野を広げ，それらの間でエコシステム（生態系）と呼ぶべきものを作っている。新しい分野へのイノベーションを進め，あるいはシステムとして取り込む存在という意味で，こうしたプラットフォームをイノベーションプラットフォームと呼ぶ研究者もいる[2]。

2つの螺旋効果が生むダイナミックな規模の経済性に加え，こうした市場・技術の連関性を用いた他分野への進出とエコシステム化が，ダイナミックな範囲の経済性（キーワード9-5）を生んでいるということもできる。マイクロソフトはソフトウェア開発からゲームやクラウド事業，そして人工知能（AI）へ，アマゾンは小売から流通そしてクラウド事業へ，フェイスブックはさまざまな SNS サービスからメタバース，人工知能へと，いずれも事業分野を広げ，それらの間でのサービス提供における，あるいはイノベーションにおける範囲の経済性を追求している。中でもグーグルは検索ビジネスから広告，ニュースポータルサイト，そして Android を中心としたスマホ関連ビジネスへ，またアップルはパソコンからスマホへ，App Store を通じた幅広いソフトウェアやコンテンツの提供へと，ともにスマホを中心としたエコシステムを作り上げた。

それに伴い，競争上の課題も生まれた。こうしたエコシステムとしてのプラットフォームに関わる競争政策については第3節以降で述べるが，その前にもう1つ異なったタイプのプラットフォームを説明しておこう。

2 ブラウズ型プラットフォーム

マッチング型（キーワード11-1）に加え，プラットフォームのもう1つのタイプとしてブラウズ型がある。ブラウズ（browse）とは「眺める」を意味する英語で，きっちり見るという性格が強い look や read より，ざっと目

2）M. A. Cusumano, A. Gower, and D. B. Yoffie, *The Business of Platforms*, Harper Business, 2019（クスマノ=ガワー=ヨッフィー著，青島矢一監訳『プラットフォームビジネス──デジタル時代を支配する力と陥穽』，有斐閣，2020年）.

を通すというニュアンスが強い。インターネット上ではまさにざっと目を通すという行動が多いであろう。

キーワード 12-3 ―――― **ブラウズ型プラットフォーム**

消費者に情報やコンテンツを眺める場を提供することを目的とするプラットフォーム。

情報やコンテンツには，ニュース，検索結果，辞典・事典，SNS での投稿から音楽，動画，映像，ゲームなどまで幅広いものが含まれる。以下ではコンテンツと記す。ブラウズ型プラットフォームでは，一方にこれらコンテンツを受信する消費者（視聴者）がおり，他方ではコンテンツを制作・発信する事業者がいて，それらを仲介する機能をプラットフォームは果たしている。よって，ブラウズ型プラットフォームもマルチサイド市場（キーワード 11-5）で事業活動をしている。

消費者が視聴するコンテンツには無料のものも有料のものもある。新聞社サイトではスニペット（snippet）と呼ばれる記事断片を無料で見られるが，全文を読むためには有料会員になるかその都度支払うことを求められる。ウィキペディアや SNS を眺めるのは無料だし，ユーチューブも無料で眺められるが，ネットフリックスは有料である。

無料サイトが収入源とするのが広告である。この点はオフラインのブラウズ型プラットフォームである新聞や民間放送でも同じである。したがって，これらプラットフォームは視聴者，コンテンツ制作者に加え広告主という少なくとも3つのサイドに面している。そしてこれらの間には間接ネットワーク効果が働く。多くの制作者が多くのコンテンツを供給すれば，サイトはより魅力的となって多くの視聴者を誘引する。視聴者が多ければ，コンテンツ制作からの収益は大きく，制作者がこのサイトに供給するインセンティブは高まる。すなわち双方向にプラスの間接ネットワーク効果が期待できる。

広告主と視聴者の間にも間接ネットワーク効果がある。明白なのは，視聴者が多いほど広告の効果は大きく，広告主にとっての収益が大きいという効果である。一方，逆方向の間接ネットワーク効果がプラスかゼロかマイナスかは，視聴者が広告を有用と考えるか，無関心か，邪魔と感じるかによって

第12章　プラットフォームが作るエコシステムと競争政策　**223**

変わる。とりあえずゼロと仮定して話を進めよう。

　すると，定理11-1により，広告主への価格（広告料金）を高く設定して，視聴者への価格を低くすることが，プラットフォーム事業者にとっての最適戦略である。このため，視聴者への価格を無料にすることが一般化しており，課金の手間を省くために効率的でもある。制作者に対しては，あらかじめ合意した制作費を支払うケース，広告収入の一定割合を払うケース，視聴回数に応じて払うケースなどさまざまである。

　ブラウズ型プラットフォーム事業者にとっても，マッチング型プラットフォーム事業者と同様に，多くの消費者・視聴者に自社サイトを選んでもらうことが最重要課題である。それにより，多くの広告主，多くの制作者を獲得することができ，広告収入を増やすことができる。

　この意味で最も成功を収め，検索サービスで圧倒的な地位を築いたのが米グーグル社である。同社をめぐる日米2つの事件をコラム12-1，12-2に示す。

　グーグルは検索において，世界ではデスクトップで81.7%，モバイルで95.5%，日本ではパソコンで74.4%，スマートフォン（以下，スマホ）で81.1%と圧倒的なシェアを持つ[3]。モバイルとスマホで比較可能とすれば，世界に比べ日本ではグーグルのシェアは14.4%ポイント低い。これは日本では2位のヤフーが16.6%のシェアを持っているからである。

　しかしコラム12-1は，日本におけるヤフーの存在も，技術的にはグーグルに依存していることを明らかにしている。しかもグーグルが，グーグルのエンジンに依存しながらも独自の検索サービスを提供して一定のシェアを維持しているヤフーの存在を疎ましく思っていたことを示唆する。このため，ヤフーを排除する効果を持つ形で契約更改することを目指したものと思われるが，これにより市場集中が進み，ユーザーによる選択余地が狭まることを公取委は懸念した。

　ただし第10章までの議論と異なり，集中がもたらす価格への影響を問題に

3）2023年12月または2024年1月現在。（出所）総務省「情報通信白書」令和6年版，データ集（https://www.soumu.go.jp/johotsusintokei/whitepaper/index.html）。なお同資料に用語の定義がなく，例えばモバイルとスマホの差異は不明である。

🖁 コラム 12-1

グーグル・ヤフー事件（2024年確約）

　ヤフーはインターネット上での検索サービスの草分け的企業で，米国で1994年に設立された。日本では米ヤフーとソフトバンクの合弁事業として，米ヤフーの検索エンジン及び検索連動型広告の技術を供与されて事業を開始した。ところが米国では競合するグーグルがシェアを拡大した結果，米ヤフーは検索事業から撤退し当該技術に係る開発等の停止を決定したため，ヤフージャパン（以下「ヤフー」）は，米ヤフー以外の当該技術の提供元を選択する必要に迫られ，米グーグルの当該技術の提供を受けることとした。

　グーグル及びヤフーは，両社の間で検索エンジン及び検索連動型広告の技術の提供に係る契約を締結するに先立ち，公取委に対して独占禁止法上の問題の有無に関して相談した。これに対し公取委は，2010年に，両社が当該技術の提供の実施後も，インターネット検索サービス及び検索連動型広告の運営をそれぞれ独自におこない，広告主，広告主入札価格等の情報を完全に分離して保持することで，引き続き競争関係を維持する等の両社からの説明を踏まえ，当該技術の提供は独占禁止法上問題となるものではない旨回答した。ただし公取委は同時に，当該技術の提供について引き続き注視すること，独占禁止法に違反する疑いのある具体的事実に接した場合は必要な調査をおこなうことなどを明らかにした。

　これを受けて両社は GSA（Google Services Agreement）と題する契約を締結し，グーグルはヤフーに対し検索エンジン及び検索連動型広告の技術を提供し，ヤフーはこの技術を用いて，モバイル端末向けのウェブサイトの運営又はアプリケーションを提供する事業者（以下「ウェブサイト運営者等」）との間でモバイル・シンジケーション取引（検索連動型広告の配信をおこなう事業者がウェブサイト運営者等から広告枠の提供を受け，検索連動型広告を配信するとともに，当該広告枠に配信した検索連動型広告により生じた収益の一部を当該事業者に分配する取引）をおこなっていた。また，グーグルも，自社の技術を用いてモバイル・シンジケーション取引をおこなっている。

第12章　プラットフォームが作るエコシステムと競争政策　**225**

ところが2014年，グーグルはGSAを変更し，遅くとも2015年9月2日から2022年10月31日までの間，ヤフーに対し，モバイル・シンジケーション取引に必要な検索エンジン及び検索連動型広告に係る技術の提供を制限することで，ヤフーがモバイル・シンジケーション取引をおこなうことを困難にしていた。

　これにより，ヤフーは，グーグルに代わり得る当該技術の供給者を見いだせず，モバイル・シンジケーション取引を継続することが困難になったため，公取委は，グーグルの上記行為は，私的独占あるいは不公正な取引方法（取引妨害，取引拒絶）の禁止に違反する疑いがあるとして審査していたところ，グーグルが「ヤフーに対し，モバイル・シンジケーション取引に必要な検索エンジン及び検索連動型広告に係る本件契約（GSAに置き換わる契約）に基づく技術の提供を制限しないこと」などを内容とする確約計画を公取委に提出し，公取委はこれを承認した。

したわけではないことに注意しよう。消費者がサービス利用に払う価格はゼロで，市場集中によっても変わらないからである。一方，集中は広告主が払う価格には影響する可能性がある。ネット広告におけるグーグルの立場が強まれば，広告価格の上昇が起きる可能性は十分に高いからである。

　広告価格は把握しにくいため，この効果を計ることは困難である。しかし，コラム12-2はその大きさへのヒントを与える。アップルがグーグルを検索機能として標準搭載する代わりに，年間1兆円を超えるような金額をグーグルから受け取っていたというのである。世界におけるアップルのスマホ（iPhone）のシェアは2021年時点で17.5%，約2350万台と推計される[4]。これらに標準搭載してもらうことによる利潤の増加を，グーグルは少なくとも年間1兆円と推定していたことになる。これらは基本的にアップルへの標準搭載からの広告収入の増加を見込んでのものと考えてよいであろう（広告増に伴う費用増はゼロに近いものと予想する）。これは数量面（広告量の増加，

4）総務省「情報通信白書」令和4年版，データ集。なお日本でのアップルのシェアは67.4%と高い。

コラム 12-2

米国グーグル事件（2020年提訴）

　2010年，米国司法省は11州の司法長官と連名で，グーグルが反トラスト法（シャーマン法）に違反しているとして，ワシントン D. C. の連邦地裁に提訴した。スマホ端末メーカーに自社検索サービスを排他的に標準設定することなどを要求し，検索サービスおよび検索に伴う広告事業における独占を維持しようとしたことが，シャーマン法が禁じる独占化行動（独占禁止法の私的独占に類似）にあたると主張した。

　この違法行為は数点にわたるが，その１つとして注目されるのはアップルとの契約である。この契約では，アップルがスマホに搭載する自社ブラウザーのサファリに検索サービスとしてグーグルを標準搭載し，その代償として，グーグルは検索サービスに連動して得られる広告収入の一定割合をアップルに支払うことになっていた。司法省が裁判所に提出した訴状によれば，この金額は年間80〜120億ドルに達し，アップルの全世界での利益の15〜20%を占めたという。2020年平均では１ドル＝107円であったから，8500億円から１兆3000億円になる。（その後の円安により，2024年９月の$1＝￥145で換算すれば１兆2000億円から１兆7000億円である。）

　2024年８月５日に同地裁はこの訴えを認め，グーグルの行為をシャーマン法違反とする判決を下した。ただし本書執筆時点では是正措置は未定で，司法省はグーグルからのブラウザー事業の分離を提案したが，同地裁は決定を下していない。一方，グーグルは控訴すると述べており，本件はまだ決着が付いたわけではない。

（出所） 米国司法省報道発表文その他

広告を見てのクリック数の増加）と価格面（広告あたり価格の増加）の両効果からなるものと思われるが，いずれにせよ，視聴者サイドの増加が間接ネットワーク効果を通じて広告主サイドにもたらす効果の大きさを示唆するものである。

3 | プラットフォームが作るエコシステム

　グーグルの検索サービス市場における強さはそれだけにとどまらない。その提供するサービスは広告，スマホOS（Android）をはじめ，幅広いものに広がっており，1つのエコシステムと呼ばれるものを形成しているからである。

　エコ（eco）という言葉はギリシャ語のoikosから来ており，oikosとは家や家計を意味する言葉で，エコロジー（ecology，生態や環境）もエコノミー（economy，経済）もこれから派生している。これをシステムとして考えるために作られた言葉がエコシステムで，辞書などでは生態系と訳されているが，ここでは次のように定義してみよう。

（キーワード）12-4 ─────── エコシステム

> さまざまな，しかも相互に関連するサービス，商品，技術等を提供することで，さまざまなユーザー（サプライヤー，消費者，関連事業者，研究者，政府その他）による利用や相互作用を促し，それを通じて再生産と拡大を目指すシステム。

　グーグルの広告事業も，今や，例えばかつての新聞での求人広告においてそうであったような広告スペースの売り手（新聞社やグーグルなどの媒体）と買い手（広告主）との一対一の取引ではない。特にグーグルの検索連動型広告の場合，検索項目が入力されると同時にそれに応じた広告希望を募り，オークションにかけられ，オークションの勝者がその広告をグーグルの検索結果に表示するという一連の取引が電子的におこなわれ，それに要する時間は0.1秒以下と言われている。さらに広告料はクリック課金型（クリック回数に応じ課金）が多く，広告へのクリック回数を把握して広告料の請求をする必要がある。

　こうした一連の取引を可能にするため，広告主側の代理をする事業者（デマンドサイド・プラットフォーム，DSP），媒体を代理する事業者（サプラ

イサイド・プラットフォーム，SSP）が生まれ，さらにそれらの間を媒介す
る事業者としてアドエクスチェンジやアドネットワークと呼ばれる事業者が
生まれた。広告事業も多数・多彩なプレイヤーからなるシステムになってき
ているのである。このシステムはグーグル検索に限らず，幅広いインターネ
ット広告で活動している[5]。

　しかも，グーグルは売り手媒体として大きな存在であるだけではない。こ
れら多段階の広告媒介サービスの多くにおいて，自らあるいは買収したグル
ープ会社を通じて過半のシェアを持つなど，支配的な存在である。つまり，
広告をめぐるエコシステムにおける支配的存在となっている。

　さらにグーグルの事業のもう１つの軸として，モバイルOS，すなわちス
マホにおけるアンドロイド（Android）がある。モバイルOSとしてはアッ
プルのiPhoneに搭載されるiOSが先行したが，グーグルはスマホメーカー
に積極的にライセンスするオープン戦略をとることでシェアを広げ，世界で
ほぼ２社の寡占で，日本ではiOSが，世界ではAndroidが過半のシェアを
とっている。

　両社はこれらモバイルOSを中心として，一方では端末メーカー，他方で
はアプリの流通や販売，さらにはコンテンツの提供や支払い手段まで広がる
エコシステムを作っている。このことを図12-1に示す。上段はiOSを中心
としたエコシステム，下段はAndroidを中心としたエコシステムで，アッ
プルは端末を自社製造するのに対しグーグルはサードパーティ中心であると
いう違いはあるものの，ともにアプリストアを運営し，ブラウザも自社製を
プリインストールするなど共通点が多い。

　こうした自社サービスへの囲い込みにより両社は多大な手数料収入を得て
いるが，同様のサービスを提供できる事業者がいるにもかかわらずそれらを
排除して独占的地位を維持しているのであれば，消費者は選択の余地を狭め
られたり，高価格を負担させられたりしているおそれがあり，競争政策の観
点から問題にする必要がある。

　コラム12-3はこうした事例を示す。アップルはiPhoneで視聴する音楽等

5）公正取引委員会「デジタル広告分野の取引実態に関する最終報告書」，2021年。

図12-1　モバイルOSを中心としたエコシステムにおけるレイヤー構造

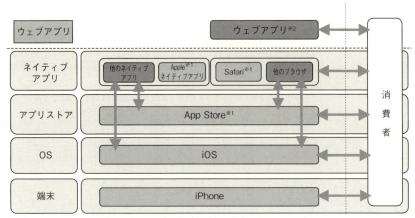

（※1）App Store, SafariおよびAppleネイティブアプリ（の一部）は，端末にプリインストールされている。
（※2）実際には，消費者はブラウザを経由してウェブアプリにアクセスしている。

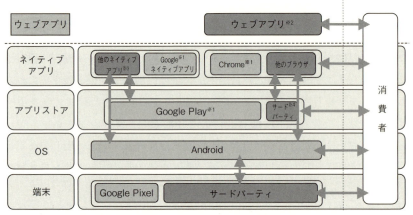

（※1）Google Play, ChromeおよびGoogleネイティブアプリ（の一部）は，端末にプリインストールされている。
（※2）実際には，消費者はブラウザを経由してウェブアプリにアクセスしている。
（※3）他のネイティブアプリの一部は，ブラウザを経由してサイドローディングすることが可能である。
（※4）サードパーティのアプリストアには，端末にプリインストールされているものと，ブラウザを経由してサイドローディングするものがある。

（出所）公正取引委員会「モバイルOS等に関する実態調査報告書」2023年より一部修正。

コラム 12-3

アップル社アプリストア事件（2021年審査終了）

　iPhone では，App Store のみからアプリをダウンロードすることができる。アップルは，App Store に掲載するアプリが遵守すべきガイドラインを公表したうえで，これに基づいてアプリの審査をおこなっており，アップルがガイドラインを遵守していないと判断したアプリは App Store への掲載をおこなうことができない。また同社は，アプリ提供事業者（以下「デベロッパー」）がアプリ内でデジタルコンテンツの販売等をする場合，アップルが指定する課金方法（以下「IAP」）の使用を義務付け，IAP を使用した売上げの15または30% を手数料として徴収している。

　スマホへの音楽配信事業，電子書籍配信事業及び動画配信事業（以下「音楽配信事業等」）においては，アプリ内でデジタルコンテンツを販売等しておらず，ユーザーがウェブサイト等で購入したデジタルコンテンツを専ら視聴等することに用いられるアプリ（以下「リーダーアプリ」）があり，これを活用し，デジタルコンテンツ等をウェブサイトにおいてのみ販売等するデベロッパーも存在する。

　ところが，アップルのガイドラインには，デベロッパーがアプリ内でデジタルコンテンツの販売等をおこなう場合，IAP を使用しなければならないことに加え，消費者を IAP 以外の課金による購入に誘導するボタンや外部リンクをアプリに含める行為（以下「アウトリンク」）を禁止することが定められている。

　一般に，デジタルコンテンツ等はウェブサイト等アプリ以外の媒体でも配信されており，消費者は当該コンテンツ等を配信するデベロッパーのウェブサイト等を訪れて決済することもできる。このように，IAP 以外の課金による販売方法という選択肢が存在することは，デジタルコンテンツ等の価格を引き下げる効果を持ち得，消費者の利益となり得るものである。

　それに対しアップルがアウトリンクを禁止する行為は，IAP 以外の課金による販売方法を十分に機能しなくさせたり，デベロッパーが IAP 以外の課金による販売方法を用意することを断念させたりするおそれがあり，私的

第12章　プラットフォームが作るエコシステムと競争政策　231

独占あるいは不公正な取引方法（拘束条件付取引）として独占禁止法上問題
となり得る。公取委がアップルに対してこのことを指摘したところ，同社は，
音楽配信事業等（及び雑誌配信事業・ニュース配信事業）におけるリーダー
アプリについてアウトリンクを許容することとし，ガイドラインを改定する
ことを公取委に申し出た。これにより，デベロッパーは，リーダーアプリを
活用することで，自らのウェブサイトへのリンクなどを表示することができ
るようになり，IAP 以外の課金による販売方法の提供が妨げられる懸念が
解消される。したがって，音楽配信事業等における独占禁止法上の問題を解
消するものと認められるとして，公取委は審査を終了した。

について，視聴機能のアプリ（リーダーアプリ）のみならず，コンテンツも
App Store 経由での購入を義務付け，多くの場合に30% という手数料を徴収
していた。これは iPhone 製造事業と異なり限界費用がほとんどゼロである
ため，アップルの利潤に大きく貢献していた。図12-1上段にあるように，ア
ップルは iPhone を中心としたエコシステムを作り上げており，この事件ま
では，ネイティブアプリの段に示された他のネイティブアプリは禁止され，
Apple ネイティブアプリすなわち App Store が独占的な手数料を課してい
た。これにより，アップルはエコシステムを通じて巨大な利潤をあげていた
のである。

　本来，競争が働けば，独立アプリストア（他のネイティブアプリ）が生ま
れてより安い手数料でコンテンツを販売したり，コンテンツ開発者（デベロ
ッパー）が自らそのウェブサイトで販売したりする形で競争が起きるはずで
ある。アップルはこうした行為を禁止していた。また，機器レベルで競争が
働けば，低手数料のアプリストアを持つスマホには，多くのデベロッパーが
参加し，しかも（手数料込み）低価格でアプリやコンテンツを販売できるた
め，間接ネットワーク効果も働いて，より多くの消費者を誘引するはずであ
る。

　ところが，スマホ OS 市場には事実上２社しかなく，しかも使い慣れ等の
ためにそれら２社間でのスイッチングも起きにくい。キーワード5-5の用語
を用いれば転換率は低い。このため，アプリストア手数料が高くてもデベロ

ッパーも消費者も転換が困難である。競争が十分に働かず，アップルやグーグルの高利潤が持続するのはこのためである。

こうした状況を是正し，消費者に多くのデベロッパーがサービスを低廉な価格で提供できるようにするために競争政策の果たすべき役割は大きい。コラム12-3はこのために公取委が介入した事例である。

4 | エコシステムを巡る競争政策の新たな展開

エコシステムを形成する事業者が巨大化し，イノベーションにより新たな分野が次々と生まれてエコシステムが拡大される状況で，しかもユーザーが競争者間でスイッチングすることも困難なために事業者が一定の独占的な力を持つような経済では，これまでのような競争政策だけでは不十分である。

それにはいくつかの理由があるが，第1は，市場という概念の適用困難性である。図12-1でいえば，それぞれの段を1つの市場と考えるべきなのだろうか。しかし垂直的には，段と段の間で一体化してサービス提供されていることが多い。水平的にも，iOSとAndroidは同じ市場といってよいのか判断が難しい。こうした中で，「一定の取引分野における競争を実質的に制限すること」（法律規定2-1や3-1）を違反の要件とする独占禁止法の規定をどう適用すべきか，困難性は高い。

第2は，価格という概念の適用困難性である。第4章のキーワード4-4（需要の交差弾力性）や4-5（仮想的独占テスト）で，価格が上がったときにどれだけ需要量が変動するかで市場の境界を画定することを述べたが，価格ゼロのサービスに対してこの方法を適用することは不可能である。企業結合審査（第5章第4節参照）でも，価格がどう影響されるかを基本的な判断基準とするが，価格ゼロが維持されるのであれば，新たな判断基準が必要となる。

第3は，エコシステムという言葉で表される多様な分野間での関連性である。前節での例でいえば，グーグルの検索サービスの強さは，広告システムにおける支配的地位やシステム内・システム間をつなぐ技術的基盤の強さが

第12章　プラットフォームが作るエコシステムと競争政策　**233**

背後にあってこそ起きている。

第4は，スピードである。この分野では技術の発展と変化が急速である。審査から訴訟と何年もかかる競争法案件では，結論が出た時にはもう市場も技術も陳腐化し，問題解消措置も的外れになりかねない。

そして第5に，競争メカニズムの限界である。通常の市場では複数企業が競争しあったり，コンテスタビリティすなわち潜在的参入企業からの競争圧力があったりして，高価格の維持など独占的行動には歯止めがかかる。ところがこうした顕在あるいは潜在の競争圧力が，エコシステムを形成する巨大プラットフォームには期待できない。

こうした観点から，巨大プラットフォームには「事後規制」から「事前規制」に移行しようという動きも出てきた。

（キーワード）12-5 ―――― 事後規制と事前規制

事後規制では，違反が起きてから審査が開始され，命令や判決で解消措置が取られる。それに対し事前規制では，指定された事業者が取ってはならない行為を事前に列挙し，違反があれば直ちに是正の命令を出す。

事後規制とは従来の競争法の適用である。一方，事前規制は，規制緩和が進む前の電力や航空などの公益事業に対しての規制（第9章参照）とも，下請法（第8章第4節）での規制とも共通する。下請法では，親事業者・下請事業者を資本金等で機械的に区分したうえで，受領拒否や支払遅延などの行為を違反と明示しているが，類似した形でプラットフォーム事業者を規制しようというのである。

この先鞭をつけたのが欧州連合（EU）のデジタル市場法（Digital Markets Act，略してDMA）である。2022年に欧州議会で成立し2024年に施行が完了した。同法はコンテスタビリティとフェアネス（公平性）の確保を目的とすると宣言する。その上でまず，ゲートキーパーと呼ばれる企業とそのサービスを指定する。これは①EU域内での活動が売上高等で一定規模以上かつ域内3カ国以上で活動している，②ビジネスユーザーが消費者への重要な入り口（ゲートウェイ，gateway）となるためのコアとなるプラットフォームサービスを提供している（エンドユーザー数などで規定），③持続的な

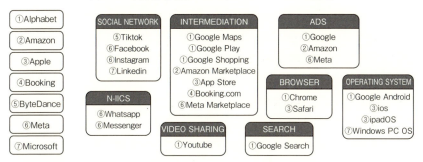

図12-2　欧州委員会によるゲートキーパーの指定

（出所）欧州委員会 https://digital-markets-act.ec.europa.eu/gatekeepers_en（2024年9月アクセス）
（注）左はゲートキーパーに指定された企業名を，右は指定されたコアプラットフォームサービス名をサービスの種類（黒抜き文字）ごとに示す。同一企業によるサービスは企業名と同じ番号をつけている。例えばアマゾン（Amazon）は仲介（intermediation）サービスで Amazon Marketplace として，広告（ADS）で Amazon として，それぞれゲートキーパーとしての指定を受けている。

地位にある（①②が3年以上続いている）の3条件を満たす企業およびサービスであり，欧州委員会（EC）が事前に指定する。これらの本書執筆時点での一覧を図12-2に示す。

　次に DMA は，これらゲートキーパーがしてはならない行為を列挙する。例えば最恵待遇や同等性条項（第11章第2節参照），自社アプリや自社プラットフォーム以外の利用の禁止や困難化（コラム12-3と同様），ランキングにおける自社優遇，ソフトウェア間スイッチングの制限，その他である。またデータに関しても，他サービスへの流用や結合に関する制限，データポータビリティ（プラットフォームが蓄積した自己に関するデータをユーザーが競合プラットフォームに移す権利）の確保などが規定されている。

　これら規定に違反する行為があれば，EC は必要な措置（仮差し止め，確約措置，制裁金，必要に応じて分割など構造的措置）を命じることができる。本書執筆時点では DMA 施行から間がないため，こうした法的措置が取られた事例はないが，いくつかの調査が開始されている[6]。

　日本では，スマホ市場に焦点を当てて，「スマートフォンにおいて利用される特定ソフトウェアに係る競争の促進に関する法律」，略称「スマホソフトウェア競争促進法」が2024年に成立し，2025年末までに施行される予定となっている。スマホソフトウェアとはモバイル OS，アプリストア，ブラウ

ザ，検索エンジン等を総称しての言葉で，これらソフトウェアの主要な事業者を公取委が指定する。前節で述べたように，モバイルOSとしてはアップルとグーグルが支配的存在であり，図12-1に示したように両社はアプリストアやブラウザでも支配的存在であるから，両社が指定事業者に含まれるであろうことは容易に想像される。

同法は指定事業者に一定の行為を禁止しており，その中にはアプリストア間の競争制限，課金システムの利用制限，自社サービスの優先表示，不当なデータ利用その他が含まれる。DMAとも共通したものが多く，またコラム12-1や12-3で取り上げたような事件は，今後はスマホソフトウェア競争促進法の対象になるものと思われる。違反行為があれば命令や勧告が出されたり，確約措置が取られたりすることになるが，同法では，公取委が事業者から報告を求めるなど連絡を密にすることによって，違反を防止したり，速やかに違反行為の是正を求めたりすることが目指されている。事後規制の可能性を残しつつ事前規制による早期の解決を目指すものである。

こうした事前規制への動きは欧日以外にも，英国その他で進行中である。これに対し米国では，関連する規制法が議会で提案されることはあったが，現時点では反トラスト法に基づく事後規制のみである。2020年以降，グーグル（アルファベット），フェイスブック（メタ），アマゾン，アップルなどを司法省や連邦取引委員会（FTC）が反トラスト法違反で提訴している。このうち2024年夏時点で，判決が出たのはコラム12-2で引用した2020年提訴のグーグルの検索サービスに対する事件のみで，地裁判決（違反を認定）が2024年8月に出ているから，提訴から4年を要したことになる。グーグルは判決に同意せず控訴，さらに上告することがまず確実なので，決着には何年も要することが予想される。競争法に基づく事後規制が十分に効果をあげ得ない理由としてスピードの欠如を上にあげたが，このFTC対グーグル裁判

6）DMAに基づくものではないが，図12-2でゲートキーパーとして指定されている企業がEU競争法に基づいて法的措置を取られた事例は多い。今後は，こうした事件がDMAに基づいてより迅速に対処されるものと思われる。ECによる現在の対応状況については，最新の状況が以下のサイトで公表されている。https://digital-markets-act.ec.europa.eu/index_en

の事例を見ても理解されよう。

5 ニュースポータルサイトと競争

　プラットフォームがエコシステムを作り，幅広く使われて社会基盤化したことによる影響は競争に対してのものだけではない。データやコンテンツの流通に伴う著作権の問題から，政治的・社会的影響の問題，犯罪利用，さらにはスマホ依存症と呼ばれるような精神的影響まで幅広い，しかも人々の幸福に直結する問題が多く，さまざまな研究や議論が進行中である。

　本書はその対象を競争政策論に限定しており，これらの問題にまで立ち入ることはできないが，ニュースポータルサイトに関わる問題だけは触れておこう。ジャーナリズムに関わる大きな問題であるが，ニュースという市場に関わる競争政策の問題でもあって，公取委も関心を持って，「ニュースコンテンツ配信分野に関する実態調査報告書」（2023年）を公表した。以下の議論でも同報告書を参考にするところがある。

　ニュースポータル事業者とは，新聞社や放送局などのニュースメディア事業者が作成した記事，記事断片（スニペットと呼ぶ）や見出しなどを自社サイト（ニュースポータルサイト）で無料配信する事業者である。日本ではYahoo!ニュース，グーグルニュースやスマートニュースなどがこのサービスをしている。また検索サイトも検索に応じて記事のタイトルや短いスニペットを列挙することが多いので，専業ではないが，ニュースポータルの役割を果たしている。

　ニュースメディア事業者は，オフラインで新聞等を販売し購読料と広告掲載料を受け取ることに加え，オンラインでは，自社サイト・自社アプリを通じて消費者にニュースを提供する。無料でも一部を見せるが，有料会員になれば無制限で見られることが多い。広告も配信してクリック課金などの形で広告料を得る。それに加え，ニュースポータル事業者（および検索サービス事業者）経由でも配信される。ニュースポータル事業者は消費者には無料でサービスを提供するが，ポータルサイト画面で広告を掲載するので，それか

第12章　プラットフォームが作るエコシステムと競争政策　**237**

らの広告収入がある。

　問題は，この配信にあたり　メディアとポータルの事業者間で契約が交わされているか，メディアに対して適切な対価が支払われているかである。この点は著作権法とも関わる。米国著作権法にはフェアユースと呼ばれる概念があり，著作物の批評，解説，授業，報道などでの一定程度までの利用をフェアユースとして著作権侵害に当たらないとしている。現実に，新聞記事の見出しのみを検索結果として提示することはフェアユースと見做されやすい一方で，記事全文を引用することはフェアユースの範囲を超え著作権侵害と見做される。それでは数行の記事断片（スニペット）の掲載はどうだろうか。この判断は難しい。ポータル事業者はフェアユースの範囲内と主張し，著作権侵害とするメディア事業者との争いになりやすい。

　この争いは両者の交渉力の違いとも関係する。既に繰り返し述べているように，グーグルのようなニュースポータルサイトを運営する事業者は，大きなシェアを持つと同時に，検索や広告など幅広い関連分野で主要な事業者である。これに対し，ニュースメディア事業者は大手新聞社であってもそのシェアは限定的で，分散している[7]。

　しかも，ニュースメディア事業者はニュースポータル事業者に依存もしている。ニュースポータルのメディアへの影響には2つの効果がある。

（キーワード）12-6 ─────── ニュースポータルサイトのニュースメディアへの補完効果と代替効果

補完効果とは，視聴者が，ポータルサイトで見る見出しや記事断片からリンクをクリックすることでニュースメディアのサイトへのアクセスが増加する効果を，代替効果とは，視聴者がポータルサイトで読む記事断片で満足し，新聞や放送を見なくなる効果を，それぞれ指す。

　補完効果があれば，メディアの有料サイトへの契約者が増える効果や広告

─────────

7）東京都では，トップの読売新聞も14％台のシェアにとどまる。首都圏・近畿圏以外の都道府県では，東海3県でトップシェアの中日新聞を除き，それぞれの地元紙がトップシェアとなる。出所：https://adv.yomiuri.co.jp/download/PDF/mediakit/general/mediadata2020/prefectures.pdf

をクリックして広告収入を増やす効果が期待され，メディアにとってプラス効果である。一方，代替効果はメディアへの需要を減らすから，メディアにとってマイナス効果である。

　スペインでは，著作権法に関する見解の不一致から，グーグルがニュースポータルサービスから撤退したことがある。その前後のデータを使った実証分析によれば，グーグル撤退後に新聞社サイトへのアクセスが減少したという[8]。すなわち，補完効果が代替効果を上回っていたと推定される。もちろん，これは短期的な効果であり，長期的には読者が新聞社サイトに復帰する可能性をなしとしないが，メディア事業者がポータル事業者に依存する関係にあることが推測される。これもまた，メディア事業者とポータル事業者の間での交渉力の違いを示唆する。

　こうした交渉力の不均等を是正する1つの方法は，メディア事業者が共同してポータル事業者との交渉にあたることである。ただし共同して交渉することは，独占禁止法における不当な取引制限（法律規定2-1）の禁止に違反すると判断される恐れがある。そこで，ある報道機関から，他の報道機関と共同して，ニュースポータルサイト事業者に対し①取引条件の履行確認のためのデータの開示を要請，②見出し等の提供契約を締結するよう要請，③ニュース記事等の提供契約のひな形を作成，という行為をしてよいかとの相談が公取委に寄せられた。これに対し公取委は，いずれも価格交渉に直結するものではなく，各報道機関と各ポータル事業者との価格交渉は個別におこなわれることから，独占禁止法上問題となるものではないと回答している[9]。

　こうした交渉により，メディア事業者が正当な対価を得ることに成功したとしても，現実問題としては，メディア事業者の苦境が解消されるわけではない。新聞の発行部数は2023年には2000年の53%に，新聞広告費は28%に減少している。それを反映して新聞社の総売上高（デジタルサービスからを含む）は2022年には2004年の56%と，18年間で4割以上減少している[10]。

8）S. Athey, M. Mobius, and J. Pal, "The Impact of Aggregators on Internet News Consumption," NBER Working Paper, No. 28746, 2021.

9）公正取引委員会「独占禁止法に関する相談事例集（令和3年度）」。

10）日本新聞協会データ（https://www.pressnet.or.jp/data/）。

このため新聞社の存続が危ぶまれている。実際，米国では，2022年時点で6380社の新聞（うち8割は週刊）があるが，2005年に比較すれば，4分の1が倒産したため，新聞砂漠と呼ばれる新聞入手できない地域が増えているという[11]。

ニュースポータルサイトやソーシャルメディアなどのインターネットを通じた情報入手で代替すればよいとの考え方ももちろんあるが，中立性・包括性を表看板とする新聞社等が消滅し，玉石混交で広告まがいの情報や自己中心の情報が飛び交いやすいインターネットからの情報のみになった時に，どのような問題が起こりうるか，読者も考えてみてほしい。

ニュースポータルサイトなどでの情報提供の広がりは，いわば外部効果として，ニュースメディア業界の存続を難しくしているが，同様の外部効果は広く起きている。英国のトーマスクックは世界初の旅行会社で，その列車時刻表は有名であったが倒産した。明らかに，インターネット普及によるオンライン予約，オンライン検索に需要が移行したことによる。さらに広くは，オンラインショッピングは実店舗の減少を招き，電子書籍や音楽ストリーミングは書店やCDショップの減少を招き，ライドシェアの普及は（日本では規制により問題化していないが）タクシーの減少・捕まりにくさを招いている。

こうした問題は（「問題」ではないとする議論もありうるが），より幅広い社会的な問題であると同時に，競争政策の問題でもある。その意味で，競争政策も大きな転換点に直面しているのかもしれない。

練習問題 ▶ ▶ ▶ ▶ ▷

12-1 　2つの螺旋効果を説明し，それがなぜ市場集中をもたらすのか，述べよ。いずれかの大手プラットフォーム事業者を念頭に置いて考えるとよい。

12-2 　ブラウズ型プラットフォームが関わるサイドにはどのようなタイプのユーザーがあり，それらに対する価格体系はどのようなものになるか，述べよ。

---

11) P. M. Abernathy and T. Franklin "The State of Local News 2022," Northwestern University Medill Local News Initiative, 2022.

12-3 巨大プラットフォーム事業者がエコシステムを作っているとは，どのようなことを意味するのか，述べよ。

12-4 支配的プラットフォーム事業者に対する従来の競争政策の適用には，どのような意味で限界があり，事前規制が必要と考えられるのはなぜか，述べよ。

12-5 ニュースメディアがニュースポータルサイトから受ける影響にはニュースメディアにとってプラス効果とマイナス効果がある。どのようなものか述べよ。

議論のための問題 ▶▶▶▶▶▶

グーグルとアップルについては図12-1にその事業の広がりと連関性を示してあるが，その他の有力なプラットフォーム事業者（他のGAFAM，あるいは日本で有力な事業者など）について，その事業の広がりと連関性を調べよ。その上で，競争政策上の悪影響があるか，あるとすればどのような是正措置が望ましいか，議論せよ。

>>> **第13章**

グローバル化する競争政策

　経済活動はグローバル化している。多くの日本企業が海外の多数の国々で販売・生産活動し，同時に，海外企業の多くも日本に輸出し，あるいは日本国内に拠点を設けて生産・販売している。このため，日本企業も，日本の独占禁止法に限らず世界各国の競争法に直面せざるを得ない。一方，日本の競争政策も，日本企業だけではなく世界各国の企業を対象にせざるを得ない。場合によっては，日本では事業活動をしていない海外企業も対象となる。

　このように，事業活動のグローバル化とともに競争政策もグローバル化せざるをえないが，特に国際カルテル，国際分業，国際企業結合という３つの活動において，競争政策上の課題が顕著である。これら諸問題をこの最終章では考えていく。

1 　管轄権とは何か

　国際的な事案を考えるとき，避けて通れないのが，どの国の法律が適用されるのかという管轄権の問題である。そこで，競争政策の具体的な話に進む前に，この問題を整理しておこう。

　Ａ国内で殺人事件あるいは窃盗事件が起きた。被害者はＢ国人である。このとき捜査に当たるのはＡ国警察かＢ国警察か。この問には誰でもＡ国警察と答えるだろう。次に犯人が逮捕され，Ｃ国人であったとしよう。このとき適用される法律はどの国の法律か。ここで２つの考え方がある。

243

キーワード 13-1 ——————— 属地主義と属人主義

違反行為がおこなわれた場所の存在する国の法律が適用されるとする考え方を属地主義，違反行為に関わった人間の国籍が属する国の法律が適用されるとする考え方を属人主義という。

すなわち，上の例では，属地主義によればA国の法律が適用され，属人主義によればB国あるいはC国の法律が適用される。現在では，刑法の適用は原則として属地主義によることが各国の共通理解である。

　属人主義という考え方が主張されることがあるのは，犯罪行為の影響を最も受ける国の法律が適用されるべきだという立場からである。例えば，日本人観光客が海外で何らかの行為により被害を受けた場合に，加害者は日本では有罪となるのに，その国の法律により無罪であったとすれば，日本人が被害に遭ったのだから日本でと同様に加害者は刑罰を受けるべきだと思う人は少なからずいるのではないだろうか。

　こうした考え方は，経済行為に関する場合により当てはまりやすい。すなわち，どの国でその行為が起きたにせよ，それが日本経済に影響を与える以上，日本の法律が，あるいは日本の法律も，適用されるべきだとする考え方である。これを効果主義という。

キーワード 13-2 ——————— 効果主義

国内に実質的な効果が生じるのであれば，国外での行為に対しても自国の法律を適用できるとする考え方。

この考え方に従えば，日本国内に効果が発生している以上，独占禁止法を国外での行為に適用できることになる。これを独占禁止法の域外適用という。

キーワード 13-3 ——————— 独占禁止法の域外適用

国外での行為により日本国内における市場競争が損なわれるとき，あるいは競争制限効果が発生するとき，これら行為をおこなう企業に対し，その国籍を問わず，またこれら企業が日本国内でも事業活動をおこなっているかどうかを問わず，日本の独占禁止法を適用すること。

域外適用により外国企業が国外でおこなった行為に対し日本の独占禁止法違反として法的措置をとることについては，当該企業の所在する国の主権を侵害しているとの批判がありうる。したがって，そうした措置の正当性を十分に明らかにすることが必要である。

独占禁止法などの競争法の適用を属地主義に立っておこなうのか，効果主義に立っておこなうのかは，各国当局の間でも，また法学者の間でも決着が付いたとはいえないように思われるが，属地主義の立場に立てば域外適用に消極的，効果主義に立てば域外適用に積極的にならざるを得ない。

経済学の立場から見て自然なのは効果主義である。本書の最初に述べたように，競争が損なわれることによる厚生損失を最小にするのが競争政策の目的だが，その厚生とは日本国民の厚生だからである。実際，法律規定1-1でも述べたように，独占禁止法第1条は，「この法律は，（中略），公正且つ自由な競争を促進し，事業者の創意を発揮させ，事業活動を盛んにし，雇傭及び国民実所得の水準を高め，以て，一般消費者の利益を確保するとともに，国民経済の民主的で健全な発達を促進することを目的とする」としているが，ここでいう「国民経済」は日本経済であり，「一般消費者」は日本の消費者であると解釈するのが自然である[1]。

しかしながら，日本の国内においてカルテル等の違法行為が起きないことが日本における「自由競争経済秩序」（後述のコラム13-2参照）を保つために重要であるとして，その観点から属地主義を支持する論者もいる。すなわち，誰に対して効果が発生したのであれ，日本国内で起きた違反行為は問題にされることで，日本経済の秩序が保たれ，法令遵守（コンプライアンス）へのインセンティブが保たれるとするのである。

また，例えばカルテル事件における属地主義と効果主義の差は，殺人事件における属地主義と属人主義との差ほどには明確でない。A国でカルテルが合意され生産されたとしても，B国に輸出されてカルテル価格で販売されれば，販売・購入という取引行為はB国でおこなわれたとして，B国でも，

1）この点を考えると，供給者が海外企業であるときにも，生産者余剰を含んだ社会的余剰を厚生レベルの指標とすることが適切かの判断は難しくなる。付録第11項参照。

第13章　グローバル化する競争政策　245

効果主義の立場からはもちろん，属地主義の立場からも独占禁止法を適用できるとする議論があるからである。

しかも，カルテルが合意された国を特定するのも容易ではない場合が増えている。カルテルメンバーがリアルな場で一堂に会して合意するのではなく，電子メールのやりとりで合意が成立することが最近では多いからである。このとき，電子メールの送受信がおこなわれたすべての国々でカルテル合意が成立したと考えざるを得ない。

実際には，以下のコラムで紹介する事例を含め，これまで，属地主義をベースとしつつ，必要に応じ効果主義も加味することが多かったように思われる。これは，刑法等で属地主義が基本であることと，独占禁止法の条文も，おそらくはグローバル化やオンライン化が広がる以前に書かれたために，属地主義を前提としていると想像される部分があることによる。ただし，国際的な企業結合に関しては，海外企業同士の結合でも日本市場に影響がある限り問題にしているから，明らかに効果主義に立っている。また海外では，カルテルなどにおいても，効果主義に立って域外適用を積極的におこなう事例が増えている。米国はその代表で，米国ではカルテルがすべて刑事事件になることもあって，日本企業の日本人従業員が米国内の刑務所に収監された事例が相当数ある。

これらを考えると，筆者の私見であるが，独占禁止法に関する限り，効果主義を基本とする方向への思想の転換，およびそれに見合った法律解釈の転換が必要になってくる場合が増えてくるのではないだろうか。

2 国際カルテル

各社が事業をグローバルに展開する産業では，日本企業を含めた各国企業が多くの国の市場で競争相手として相対することになる。この競争を避けようとして，これら企業はカルテルを結ぶ誘因を持つ。このカルテルは各国市場ごとに結んでもよいが，各企業が世界のほぼいずれの主要市場でも販売しているのであれば，それらを合わせて一括したカルテルを結ぶことが有利で

ある。ここに国際カルテルへの誘惑がある。

第4章で，マルチマーケット・コンタクト理論として，複数市場において競争している企業間では協調が維持されやすい可能性を指摘した（図4-2(1)を見よ）。A社とB社がX市場だけではなくY市場でも競争関係にあれば，A社がX市場で協調から逸脱すれば，B社はX市場だけではなくY市場でも報復行為に出る可能性があり，それを恐れるためにA社は協調から逸脱しようとしない。B社も同様の行動をとるので，協調は維持されやすくなるという理論である。もちろんこの理論は，例えばX市場が日本市場でY市場が米国市場であっても成立するから，国際カルテルが維持されやすいことを説明する。

国際カルテルは，各国の市場において，過少な生産量と過大な価格をもたらすから社会的に望ましくなく，それぞれの国の競争政策当局により制裁を科される必要がある。それによって国際カルテルへの誘因をなくすためである。ただし，国際カルテルの情報収集・審査を各国当局が個々におこなったのでは十分な効果があがらない。日本の当局は海外企業についての情報収集をそれぞれの企業本社がある国の当局に依頼する方がよい。また，各国当局がバラバラに調査したのでは無駄な重複が生じる。そこで，日米欧加韓豪などの当局は，連携して調査と執行に努めようとしている（本章の終わりで再び述べる）。ただし，各国の競争法がすべて同じではないので，最終的な判断は，各国当局がそれぞれの法律に照らしておこなうこととなる。すなわち，競争政策は基本的には各国ベースで実施され，各国政府は自国の社会厚生を最大にすることを目的とする。

よって，日本の競争政策は日本市場への影響を問題にすることになる。単純にいえば，日本市場でカルテルがなく競争的であれば，海外でカルテルが起きているかどうかは問題ではない。海外カルテルに日本企業が加わっているとしてもである。ただし，海外（Y国とする）でのカルテルが輸入を通じて日本市場に影響する可能性がある。Y国価格（プラス輸送費用および関税，以下では単純化のため関税はないものとする）が日本国内価格より低いとき，Y国で購入し日本に輸入して販売することで，商社は利益をあげられる。Y国価格がカルテルで上昇すれば，こうした輸入による利益を減少させるから，

第13章　グローバル化する競争政策　247

日本への輸入を減少させ，この結果，日本での総供給量を減少させ価格を上昇させるであろう。

したがって，効果主義の立場に立つ限り，輸入の可能性があるときには，日本企業かどうかにかかわらず，また，日本で事業をおこなっているかどうかにかかわらず，Ｙ国でカルテルに参加している企業を違法行為として摘発すべきである。

日本国内で事業活動をおこなっていない企業に対し域外適用が望ましい代表的なケースとして，市場分割カルテル（キーワード9-4）の１つである地域分割カルテル，特に国際間の分割カルテルがある。Ａ・Ｂ２社間で，Ａ社は日本でのみ販売し，Ｂ社はＹ国でのみ販売することで合意していれば，Ｂ社は日本に参入しないと約束することにより，日本での競争を阻害することになる。よって，Ｂ社が日本で事業をおこなっていなくても，両社によるカルテルは摘発される必要がある。

当然のことながら，こうした地域分割カルテルは，Ｙ国においても違法行為となるはずである。よって，日本の競争政策当局はＹ国当局と協力し，情報を交換しあうことが効果的である。Ａ社が日本に本社を持ち，Ｂ社はＹ国に本社を持っているのが通常であるだけに，日本当局はＡ社への調査をおこない，Ｙ国当局はＢ社への調査をおこなって，情報や証拠を交換することが効率的だからでもある。

コラム13-1で記したマリンホース事件は，カルテル参加メンバー本店所在国に関する地域分割カルテルとその他諸国における国際入札談合とが組み合わさった事例である。これは，日本では受注していない英国等の企業にも公正取引委員会が排除措置命令を出した初めてのケースであるが，合意に従って，受注しないように見積価格を提示していたというこれら企業の行動が，日本における競争を制限していたと判断されたからである。その意味で，効果主義に立ったものと見られる。ただし，これら企業に対して課徴金を課すことはできなかった。コラムに記したように，これは日本の課徴金制度の制約による。

🏛 コラム13-1

マリンホース事件（2008年排除措置命令）

　マリンホースは，タンカーと石油備蓄基地施設等との間の送油に用いられるゴム製ホースである。日本企業ではブリヂストンと横浜ゴムが製造販売していたほか，英仏伊に本社を置く4社（及び，その後吸収合併されたり消滅したりした企業を含め，違反事実認定された企業は日本企業2社を含む計8社）が製造販売しており，日本にも販売代理店を置いていた。

　石油備蓄基地施設を運営する事業者等の日本国内の需要者は，これら8社（あるいはそれらの販売代理店）その他マリンホースの販売製造業者に対し，見積価格の提示を求め，最も低い見積価格を提示したものを受注者としていた（この方法により受発注されていたマリンホースを以下「特定マリンホース」という）。

　1999年以降，8社は，受注価格の低落防止を図るため，以下の合意をした。

　(1)（ア）日英仏伊の4カ国（以下「本店所在国」）を特定マリンホースの使用地とする場合には，使用地となる国に本店を置く者を受注予定者とし，複数の事業者がこれに該当する場合には，当該複数の事業者のうちのいずれかの者を受注予定者とする。

　　　（イ）本店所在国以外を使用地とする場合には，あらかじめ各社が受注すべき特定マリンホースの割合を定め，当該割合等を勘案して，コーディネーターが選定する者を受注予定者とする。

　(2)受注すべき価格は，受注予定者が定め，受注予定者以外の者は，受注予定者がその定めた価格で受注できるように協力する。

　公取委は，この合意により，8社が，特定マリンホースのうち日本に所在するマリンホースの需要者が発注するものの取引分野における競争を実質的に制限していたと判断し，各社に当該行為を取りやめることを命じるとともに，ブリヂストンに対し238万円の課徴金の納付を命じた（他の日本企業である横浜ゴムは課徴金減免制度（キーワード2-7）の利用により課徴金を免除された。またブリヂストンについても同制度の利用により50%減額されている）。

第13章　グローバル化する競争政策　249

本件は，米国及び EU でも問題にされており，日米欧 3 当局による課徴金等を比較したのが以下の表である。

会社名	所在地	日本（課徴金）	米国（罰金）	EU（制裁金）
ブリヂストン	日本	238万円	28億円	81.9億円
ダンロップ・オイル・アンド・マリーン	英国	-	4.5億円	25.2億円
マヌーリ・ラバー・インダストリーズ	イタリア	-	2億円	6.9億円
パーカー・アイティーアール	イタリア	-	2.3億円	35.8億円
トレルボーグ・インダストリーズ	フランス	-	3.5億円	34.3億円

日本と欧米での 2 つの大きな違いに気が付くであろう。

第 1 は，日本では課徴金を国内売上高に対してのみ課すことが可能なため，日本での売上がない海外企業に対しては課徴金を課すことができなかったのに対し，海外ではそうした制約がなく，すべての企業に課されていることである。例えば EU では，地域分割カルテルがなければどれだけの売上高が EU 域内で発生したであろうかという数字を推定し，それに基づいて制裁金を課すなど，実態に見合った形で当局が一定の裁量を持って制裁金を決定することができる。また米国ではカルテルはすべて裁判となり，裁判官が罰金を決定する裁量を持つ。

第 2 は，金額レベルの大きな違いである。それぞれの地域での売上額が異なるので単純な比較は危険であるが，ブリヂストンで比較する限り，欧米では日本よりも 3 桁以上大きい金額が罰金・制裁金として課されている。しかも，米国では刑事事件とされ，従業員に対しての禁固刑も科されている。

こうした違いを見ると，日本の課徴金制度が硬直的すぎないか，また不十分ではないか，特に第 2 章で議論した独禁法違反行為防止のためのインセンティブ・メカニズムとして不十分ではないか，と筆者が考えるのも理解していただけよう。

3 国際分業

　現在では，多くの産業で国際分業が進んでいるから，日本のメーカーが製造・販売したとされる商品であっても，実際の製造は海外子会社でおこなわれていることが多い。このことが管轄権の問題を複雑にする。

　コラム13-2で説明する事例をまず先に読んでほしい。

　この事例では，テレビ用ブラウン管という中間財（テレビ製造に使用する部品）が対象になっており，A 国に所在する最終財メーカー（A 国 X 社の意味で AX）と B 国に所在する中間財メーカー（BY）が交渉し価格を決定した。ただし，実際に購入するのは C 国に所在する AX の子会社（CX）であり，実際に納入するのは D 国に所在する BY の子会社（DY）であって，支払は CX 等から DY 等に対しておこなわれた。さらに，CX 等が製造する最終製品は A 国，C 国，あるいはその他の国（E 国とする）で販売された。E 国への輸出の場合には，CX 等がみずから輸出している場合も，いったんA 国親会社（AX 等）が購入してから E 国に輸出した場合もあった。後者の場合も，製品の物流としては C 国から E 国に輸送されるが，会計処理上（商流という）はいったん A 国を経由するという形が多かった。ただし，A〜E がすべて異なる国とは限らない。

　このような状況下で，競争法の管轄権はどの国が持つべきであろうか。効果主義の立場に立つなら，BY らのカルテルにより価格が上昇したことで損害を被ったのは誰かを考えることになる。これは，直接的には，カルテル価格で支払った CX 等である。また，その損害が株主収益に反映されると考えるなら，親会社である AX 等である。ただし，ブラウン管価格の上昇分が最終製品であるテレビの価格にそのまま転嫁されていれば，テレビ購入者も損害を受ける。あるいは輸出の場合に商流上 A 国親会社を経由しており，しかも最終輸出国でのテレビ小売価格に十分転嫁できていなければ，親会社が損害を受ける可能性もある。よって，効果主義の立場に立てば，A 国，C 国，E 国の競争当局が，いずれも違反行為として課徴金等を課して不思議で

コラム 13-2

テレビ用ブラウン管事件（2015年審決）

　本カルテルが実施されていたとされるのは，ブラウン管テレビがまだ製造・販売されていた2003年〜2007年である。ただし，液晶テレビなどの販売が始まり，この期間を通し，日本国内でのブラウン管テレビの販売台数は激減しつつあった。

　日本におけるブラウン管テレビ製造販売業者（以下「テレビメーカー」）5社は，そのテレビに使用するブラウン管の調達にあたり，それぞれ，日本，韓国あるいは台湾に本社を持つテレビ用ブラウン管製造販売業者（以下「ブラウン管メーカー」）5社の中から1社または複数の事業者を選定し，おおむね1年ごとの購入価格や購入数量について交渉して契約を結んでいたが，これらブラウン管メーカーは日本国外において会合を継続的に開催し，各社が遵守すべき最低目標価格等を合意した。このため，不当な取引制限にあたり，独占禁止法違反であるとして，2009年に，これらブラウン管メーカーに対し排除措置命令及び課徴金納付命令が出された。これらメーカーはこれを不服として，これら命令の取り消しを求めたため，審判が開始された。

　本件で，ブラウン管テレビの製造は東南アジア地域（インドネシア，シンガポール，タイ，フィリピン，ベトナム，マレーシア）にあるテレビメーカーの現地製造子会社によっておこなわれていた。また，ブラウン管の製造も，主にブラウン管メーカーの東南アジア地域にある製造子会社によっておこなわれていた。よって，ブラウン管の納入・購入は東南アジア地域にある子会社間でおこなわれており，それに対する支払をおこなったのもテレビメーカーの現地製造子会社である。製造されたブラウン管テレビは，一部は現地（製造子会社所在国）で，一部は日本で，一部は第3国で販売されていた。正確な比率は不明であるが，日本に輸入され日本の消費者が購入した比率が50％を下回っていたことには疑いがない。

　審決は，「直接に本件ブラウン管を購入し，商品の供給を受けていたのが現地製造子会社等であるとしても，我が国ブラウン管テレビ製造販売業者の果たしていた上記役割に照らせば，我が国ブラウン管テレビ製造販売業者と

現地製造子会社等は一体不可分となって本件ブラウン管を購入していたということができる」。このため、「我が国ブラウン管テレビ製造販売業者は本件ブラウン管の需要者に該当するものであり、本件ブラウン管の販売分野における競争は、主として我が国に所在する需要者をめぐって行われるものであったということができる」と述べた。そして、「本件のように、一定の取引分野における競争が主として我が国に所在する需要者をめぐって行われるものであり、かつ、そこにおける競争が実質的に制限された場合には、我が国における自由競争経済秩序が侵害されたということができるから、これに対して自由競争経済秩序の回復を図る観点から独占禁止法を適用することができるのは当然である」と結論づけた。

これに基づき、審決はテレビ用ブラウン管製造販売業者による独占禁止法違反を認定し、これら被審人による排除措置命令及び課徴金納付命令取消の請求を棄却した。なお、被審人らはこれを不服として、審決取消の訴えを起こしたが、東京高裁及び最高裁はこれを棄却した。

（出所）公正取引委員会「ＭＴ映像ディスプレイ株式会社ほか５社に対する審決について（テレビ用ブラウン管の製造販売業者らによる価格カルテル事件）」（2015年５月29日）。文中引用は審決より。なお、筆者（小田切）は当時公正取引委員会委員として、審決に、効果主義の立場からの少数意見を付した。

はない。

コラムで引用した審決は、AX等とCX等とは一体不可分となってブラウン管を購入していたので、独占禁止法にいう需要者であり、Ａ国すなわち日本の独占禁止法が適用できる、また、本カルテルにより、日本における「自由競争経済秩序」が侵害されたと結論している。

しかし、上記したように、Ｃ国すなわち東南アジア諸国やＥ国、すなわちブラウン管テレビを輸入した国の競争当局も、日本同様に競争法違反として課徴金や罰金を課すことがあっても不思議ではない。すると、各国が例えば当該売上高の10％ずつを課徴金等として課せば、合計30％となる可能性がある。

これに対しては、損害を受けている以上、Ａ国もＣ国もＥ国も課徴金等

第13章　グローバル化する競争政策　**253**

を課して合計で30％になってもやむを得ない，違法行為をするのが悪いのだから，と考える論者もいる。逆に，過重な制裁であり，仮に例えば3カ国で制裁を科すとしても，その間で調整をおこなって全体として例えば10％前後に押さえるべきだと考える論者もいる。ただし，こうした国際間での調整は容易ではなく，現時点では，調整することで国際的な合意が成立しているわけでもない。特に日本では，課徴金の決定方式が当該売上高の10％と固定されているため，こうした調整は不可能である。コラム13-1でも述べたが，課徴金制度のあり方については，多く改善の余地があると筆者は考える。

いずれにせよ，国際カルテルや国際分業は，管轄権のあり方について，あるいは複数国間の競争当局の協力のあり方について，多くの課題を突きつけている。

4 国際企業結合

国際的なM&A，すなわち合併や買収などの企業結合（法律規定5-1）も，特にそれが水平型の企業結合（キーワード5-1）であれば，直接的あるいは間接的に日本市場に影響する。2社がともに対日輸出あるいは対日直接投資により日本市場で販売しているのであれば，両社の結合は日本市場における（販売レベルでの）集中度を高め，定理5-1で説明したとおり，市場価格を上昇させ消費者余剰を損なう可能性がある。これは国際企業結合の直接的な影響である。

2社のうちの1社のみが日本市場で販売しているときには，両社の結合は日本市場における集中度を高めるわけではなく，影響がないように見える。しかし，他の1社は潜在的に日本市場に参入可能な企業であった可能性があり，そのときには，企業結合は潜在的競争企業を減らす効果を持つ。

こうした効果は，例えば日本企業が海外企業を買収する場合にも起きる。単純な例として，A社は日本市場で独占企業，B社は海外市場で独占企業であり，これら2社以外には参入に必要な技術を持っている企業はないとしよう。両社が独立であれば，A社は，B社が参入しようとする可能性を考慮し

254

なければならない。A社の日本市場価格が，B社の限界費用＋日本市場への輸送費用より高ければ，B社は日本市場への参入により利益をあげることができる。したがって，A社は独占であっても，B社の限界費用＋輸送費用を超える価格を付けることができない。これは，定理3-1で説明したコンテスタブル市場理論の海外企業への応用である。

　ところが，A社とB社が統合されれば，潜在的参入企業がなくなるから，統合企業は参入の脅威を考慮することなく，独占価格を日本市場でも海外市場でも付けることができる。このように，日本市場で現時点では事業活動をおこなっていない海外企業に対する合併・買収であっても，参入の脅威を低減させることによって日本市場に間接的に大きな影響を与えるのである。

　両社がともに海外企業で，現時点では日本で販売していない場合でも，合併は競争制限効果を持ちうる。潜在的参入企業の数が減少すれば，国内企業に対する参入の脅威が弱くなる可能性があるからである。また，海外市場の寡占化の進行により国際的な市場価格が上昇すれば，国内価格が上昇しても，商社やユーザーは海外より輸入するという代替策をとることができなくなるから，価格上昇への抑止力が弱まる。しかも，海外企業が独占的となれば，国内企業との間で地域分割カルテルを結んだり，互いに相手の市場には進出しないという暗黙の協調が生まれたりするおそれも強まる。定理2-3や2-4で述べたように，より寡占的であれば，協調から逸脱することによる利益増が報復されることからの利益減を上回る可能性が低くなり，協調が持続されやすいからである。

　このように，日本企業と海外企業の企業結合や海外企業同士の企業結合でも，日本国内の市場に対し反競争的な効果をもたらし，独占禁止法の域外適用が望ましい場合がある。またこうした場合には，海外当局との協力や調整も必要になる。

　コラム13-3を見よう。ゲームコンソール Xbox を発売しているマイクロソフト（MS）が人気ゲームの発売者アクティビジョン・ブリザード（AB）を買収しようとしたもので，MSはゲーム開発もしていたので水平結合でもあったが，この分野では競争者も多く，むしろ審査の主力はゲームとコンソールの垂直関係に置かれた。すなわち，MSが自社コンソールを有利にする

📇 コラム 13-3

マイクロソフトとアクティビジョン・ブリザードの統合
（2022年度）

　マイクロソフト（以下「MS」）がアクティビジョン・ブリザード（以下「AB」）の株式取得及び合併による統合を計画した。両社はいずれも米国に本社を置く。MS は，PC 向けの OS ソフトウェア（Windows），ゲームコンソール（Xbox）の製造販売をするほか，PC 向け，ゲームコンソール向け及びモバイル向けのゲームの開発・発行事業をおこなっており，自社の所有・運営するオンラインストア上でゲームの販売・配信もおこなっている。一方，AB は PC 向け，ゲームコンソール向け及びモバイル向けのゲームの開発・発行事業をおこなっており，自社の所有・運営するオンラインストア上で販売・配信しているほか，MS，ソニー，任天堂のゲームコンソール等にゲームを提供している。AB が提供するゲームのうち，特に人気が高いゲームとして「コール オブ デューティ」シリーズがある。

　MS と AB はゲーム開発等では水平的な関係すなわち競争関係にあると同時に，MS のゲームコンソール等（川下）に AB がゲームを供給する（川上）という垂直的な関係にもある。公取委が最も重視したのは，投入物閉鎖の可能性である。例えば，当事会社グループが，MS 以外の川下事業者に対して，投入物であるゲームコンソール向けゲームの供給を拒否したり，コンテンツの一部を制限する等をおこなうことにより，川下市場において市場の閉鎖性・排他性の問題が生じる可能性がある。

　しかし日本国内では，川上市場には，当事会社グループよりも市場シェアが高い競争事業者及び市場シェアを10%以上有する有力な競争事業者が存在している。また，AB の世界的に人気の高い「コール オブ デューティ」についても，より人気の高いゲームソフトが多数存在する。こうした理由から，川下市場において市場の閉鎖性・排他性の問題は生じないと認められた。その他の影響についても考慮したうえで，公取委は本件行為（MS・AB の結合）が一定の取引分野における競争を実質的に制限することとなるとはいえないと判断した。

　注目されるのは各国の対応である。両社は世界的に事業をしているため，

日本以外でも審査がおこなわれた。米国では連邦取引委員会（FTC）が買収の禁止を求めて裁判所に提訴した。ただし裁判所は，買収への差止命令を否定した。英国では，当初，買収を禁止した。欧州連合（EU）は，10年の間，EEA（欧州経済領域。EU諸国及びその他数カ国を含む）内のどのクラウドゲーミングサービスにおいてもABのゲームを利用できるよう無料ライセンスすることを当事会社が確約したことで買収を承認した。これを受けて英国も，ABのクラウドゲーミングサービスのEEA外の権利を第3者に譲渡することを当事会社が提案したため，承認した。その他，韓台中豪など各国も承認したことで，両社は統合を完了した。

ためにライバル・コンソールメーカーに対するABの人気ゲームの供給を拒否するという市場閉鎖（囲い込み），特に川上企業が川下企業への投入物供給を拒否する投入物閉鎖（図4-2(3)のケース）のおそれである。

　両社とも世界的に事業を展開しているため（いかにゲームは世界的に人気なことか！），この結合は世界の20近くの国・地域で審査された。企業結合を止めるためには競争当局が裁判所に提訴する必要がある米国では提訴が起き，また英国では当初禁止したが，日本は承認，EUは条件付き承認と，各国で決定が分かれた。

　日本と米英で判断が分かれたのは，ゲーム市場における競争状況の違いを反映するものとみられる。コンソールでは，日本では日本メーカーの存在が大きい。またABの人気ゲーム「コール オブ デューティ」以外にも日本では人気ゲームが多い。よって，投入物閉鎖をしてもMS以外のコンソールメーカーを排除できる可能性は低く，ABの売上減少というマイナス効果の方が大きい。

　このように，市場の状況により，国際間で判断は分かれうる。また，競争法自体が，カルテル・談合を禁止するとか，競争制限行為を禁止するというように，基本は国際間で共通であるが，それぞれの国の違いを反映して，差異もある。例えばカルテル・談合でも，すべて刑事事件となる米国，すべて行政処分によるEU，行政処分が中心だが刑事事件として告発も可能な日本と分かれる。第8章で説明した優越的地位濫用の規定や下請法は，日本の独

第13章　グローバル化する競争政策　**257**

自性が強い（第8章の注10を参照）。また欧州連合では諸国の連合であるため，一部の企業がその所在国政府から補助を受けて競争上有利になることがないよう，補助金についての規定が重視されている。企業結合でいえば，届出基準やセーフハーバー（いずれも第5章参照）は国際間で微妙に異なる[2]。

　それだけに，事業者は，多国籍に事業展開しているのであれば，輸出であれ現地生産であれ，進出先の国の競争法を理解する必要がある。そしていずれの国の法律をも遵守する必要がある。合併や買収であれば，関係するすべての国に届出をし，それらの国で企業結合審査を受ける必要がある。

　一方，競争当局にとっては，国際的な協力が必要になることも多い。例えば国際カルテルの場合，そのカルテルが実施された国々，またそのカルテルにより影響を受けたと思われる国々では，いずれもその競争当局が当該カルテル事件の審査をすることになるが，これら諸国の間で情報共有すれば，審査がより迅速にできる，あるいは少なくともお互いの審査を妨害しないことが可能になることがある。例えば，A国当局がカルテルXについての情報を得たときに，カルテルXがB国にも関係しているのであれば，B国当局にも通報することが望ましい。また各国当局が立入検査をおこなう時には，そのタイミングについて調整することが望ましい。A国で立入検査が先行しておこなわれれば，B国が続いて立入検査する前に重要情報が廃棄されるなどのおそれがあるからである。また各国当局は，各社に情報提供を命じたり，従業員等に事情聴取したりして情報収集するが，それについても共有できると審査の迅速化を図ることができる。

　こうした協力を可能にするために，2つのタイプの国際的取り組みが整備されてきた。第1は，競争政策執行手法の共有化である。世界の競争当局が集まり情報交換する場として，OECD（経済協力開発機構）とICN（国際競争ネットワーク）がある。OECDには競争委員会があり，公取委を始め各国の競争当局が参加して意見交換している。OECDがその正式メンバー35カ国を中心としたものであるのに対し，ICNには100カ国を超える世界のほぼすべての競争当局が参加しており，総会やテーマごとのワーキンググルー

2）世界各国の競争法を知るには，公取委の「世界の競争法」サイトが便利である。

プを通じて情報共有を図っている。OECDもICNも，会合や成果物出版を通じて，政策執行の手法や新たな課題などについて，互いに学習することを目指すものである。特に新興国では，競争政策の歴史が浅く，競争当局での経験も資源も不足している場合が多いため，公取委など経験豊富な当局は，これら当局の担当者に個別に研修などの活動もおこなっている。

第2は，当局間の情報共有などである。日本は，相当数の国と，政府間の経済連携協定（EPA）や自由貿易協定（FTA）の一環として競争政策に関する条項を設け，あるいは，競争当局間の覚書（MOU）により，協力体制を作っている。ただし，共有できる情報の範囲など，協力の程度については，協定によって異なる[3]。

こうした国際協力が望ましいのは，カルテルなどの審査についてだけではない。企業結合では，問題解消措置（キーワード5-7）がとられることがあるが，国際的に矛盾がないように調整する必要が出てくる場合がある。例えば，A国ではX事業の譲渡を命じられ，B国ではY事業の譲渡を命じられたときに，これら2つの譲渡が両立しえない場合もありうる。このような場合には，A・B両国の競争当局間で調整することが望ましい。

コラム13-3のMS・AB統合では，ABのクラウドゲーミングサービスについて，EUはEEA内での無料ライセンスを，英国はEEA外の権利の第3者への譲渡を，それぞれ問題解消措置としている。公表されているわけではないが，EUと英国の当局間で直接，あるいは担当弁護士等を通じて，調整がおこなわれ，EEA内でも外でも競争事業者が利用できるようにしたものと想像される。

このように，競争当局間では，案件に応じ，できる限りの国際協力がなされている。同様に，事業者は関係する諸国の競争法を知り，遵守する必要がある。残念なことに，日本ではこの点でまだ不十分な企業が多いようである。公取委が2015年に発表した調査によれば，東証一部上場企業で何らかの形で海外に事業展開している747社のうち，外国競争法のコンプライアンス（法

3）詳しくは公取委の「国際関係」サイトを参照。OECD競争委員会やICNへのリンクも張られている。

令遵守）に向けたマニュアルを策定していない企業は82.6％，外国競争法の研修を実施していない企業は73.4％に及んだ[4]。すなわち，海外事業をしている企業でも，マニュアルや研修といった形で日頃から外国競争法への備えをしている企業は半数に満たなかった。

　競争法に直面する機会はいつ起きても不思議ではない。現代のビジネスを展開する上で，国内・海外を問わず，競争法と競争政策についての知識をあらかじめ持っておくことは今後ますます重要になるであろう。

練習問題 ▶▶▶▶▶

13-1　独占禁止法の域外適用とはどのようなことを意味するのか，また，どのような場合に正当化できるか，述べよ。

13-2　日本では生産・販売していない企業同士によるカルテルが日本市場に影響を与えるのはどのような場合か述べよ。

13-3　国際的な地域分割カルテルとはどのようなもので，日本市場にどのような影響を与えるか述べよ。また，日本の競争当局はどのような法的措置をとることができるか述べよ。

13-4　価格交渉をする国，中間財（テレビ用ブラウン管や自動車部品）が納入され支払いをする国，最終財（ブラウン管テレビや自動車）が消費者によって購入される国が，国際分業により異なるとき，競争政策としてどのような考慮が必要か論ぜよ。

13-5　日本企業が海外企業を買収する場合にも日本の独占禁止法の観点から審査し，必要なら禁止等の処分をする必要があるのはどのような場合か，述べよ。

議論のための問題 ▶▶▶▶▶

鉄鋼業における日本のトップメーカー，日本製鉄（コラム5-2での新日鐵住金が2019年に商号変更）は米国のトップメーカー，USスチール（U.S. Steel）の買収を計画した。これに対し，USスチールの労働組合の反対，また海外資本による米国内基幹産業買収への安全保障上の懸念に基づく反対論などから，バイデン

4）公正取引委員会「我が国企業における外国競争法コンプライアンスに関する取り組み状況について」，2015年。

260

大統領は買収禁止命令を出した（2025年1月3日）。米国競争当局での審査には至っていない。仮にこの両社の統合が実現するとして，競争政策上の観点からはどう評価すべきか，米国当局（米国司法省反トラスト局あるいは連邦取引委員会），日本当局（公正取引委員会），それぞれの立場から議論せよ。米国内および日本国内での鉄鋼市場の競争状況を調べたうえで議論することを勧める。

■■■■■■■■■■■■■■■■■■■■■■■■■■■ 付録： 経済学用語解説

① 需要曲線・需要関数

　ある商品（財またはサービス）を考える。縦軸にその価格，横軸にその数量（単位は個や回，あるいはトン，メートルなど）をとり，それぞれの価格であるときに買い手はどれだけの数量を買おうとするかを示す曲線が需要曲線である。本文図1-1等に示したように，通常は右下がりである。すなわち，価格が高ければ需要量は少なく，価格が低ければ需要量は大きい。これは，(1)本文第1章で説明した例のように，価格が低くなれば，その商品から得られる満足度（効用という）の低い消費者も需要するようになる効果，(2)同じ1人の消費者が複数個消費する場合に，最初の1個に比べ，2個目の同一商品から得られる効用は低くなるため（以下の⑤で説明する限界効用が逓減するため），より低い価格でないと買おうとしない効果，そして(3)価格が低くなれば同じ予算でより多く購入できるようになる効果による。(3)の効果は，所得が増えたことによる効果と同じであり，所得効果という。(1)と(2)の効果は，いずれも，当該商品の価格が他商品の価格に比べ相対的に安くなったために，他商品に代えて当該商品を需要する効果なので，代替効果という。

　この関係を数学的に，需要量を価格の関数として表したものが需要関数である。その逆をとり，価格を需要量の関数として，ある需要量を確保するにはどれだけの価格でなければならないかを示す関数を逆需要関数という。

② 費用

　当該商品の生産に要する費用とは，その生産に投入されるすべての生産要素を調達するために要する費用の合計である。すべての生産要素である点に注意しよう。原材料や労働はもちろん，事業活動に必要な資金もまた生産要素である。この資金を銀行融資で調達すれば，利子支払額が費用である。一方，株主が払い込んだ資本金やこれまでの利益を積み立てた社内留保金で調達すれば費用はかからないように思うかも知れない。しかし，株主にとって

見れば，当社に投資したことによって，他に投資していたら得られたであろう収益を犠牲にしている。すなわち，他の収益獲得機会を逸しているという意味で費用がかかっている。これを機会費用という。

内部留保金も，配当せず社内に積み立てた資金であり，株主が配当収入を得る機会を犠牲にしているから，機会費用がかかっている。こうした費用も含めすべての費用を合計したものが経済学でいう費用である。すべての費用を合計したものであることを明確にするために総費用ともいう。

このため，経済学でいう費用（総費用）と会社の損益計算書で計上される営業費用（売上原価や販売費・一般管理費など）とは一致せず，後者は前者の一部でしかない。

③ 固定費用と可変費用，総費用と平均費用 ─────────

費用を，固定費用と可変費用に分ける。固定費用とは，生産量にかかわらずかかる費用である。生産に最小限必要な工場に要する費用はこの例である。可変費用とは，生産量に応じ変動する費用である。原材料費や労働費用がこの例である[1]。よって，

　　　総費用 ＝ 固定費用 ＋ 可変費用

の関係がある。総費用を生産量で割ったものが平均費用である。すなわち，

　　　平均費用 ＝ 総費用 ÷ 生産量

である。また，

　　　平均固定費用 ＝ 固定費用 ÷ 生産量

　　　平均可変費用 ＝ 可変費用 ÷ 生産量

と呼んで

　　　平均費用 ＝ 平均固定費用 ＋ 平均可変費用

と書くこともできる。

固定費用は生産量にかかわらず一定なので，平均固定費用は生産量が大き

1）現実には，労働費用のうち本社部門に関するものには生産量にかかわらず必要な部分がある。また，正規従業員を解雇することも容易ではない。このため労働費用には固定的要素があるが，以下ではこの点を捨象する。

くなれば小さくなる。これは、生産量が大きいほど平均費用が小さくなるという関係、すなわち規模の経済性を生み出す1つの理由である[2]。

一方、平均可変費用については、生産量が大きくなるほど大きくなる場合も、逆に小さくなる場合もある。労働者の分業と専門化がもたらす効率性の向上による分業の利益や、大量発注による原材料費の低下が可能であれば、平均可変費用は生産量にともない減少する。一方、生産規模の拡大により管理費用が増加したり、経験の浅い低技能の従業員を配置しなければならなくなったりすれば、平均可変費用は増加する。このため、平均可変費用と生産量の関係にはさまざまな可能性があり、平均固定費用を加えた平均費用についても同様に、生産量が増えるにつれ減少する場合も増加する場合もある。

多くの教科書では、当初は分業の利益などにより平均費用は生産量につれ減少するが、そのうち一定となり、さらに生産量を増やすと管理費用等が比例的以上に増加するため平均費用が増加するようになるとして、U字型の平均費用曲線が描かれている。しかし本文では、説明を簡単にするため、ほとんどの場合に平均費用は生産量にかかわらず一定であると仮定した。本文図1-1等で平均費用曲線を水平線で描いたのはこのためである。

4 利潤

価格と販売量を掛け合わせたものが収入（売上高）であるから、これから費用（総費用）を引いたものが利潤である。2で述べたように、経済学でいう費用は会計上の費用とは異なるから、利潤も会計上の利益（営業利益、経常利益、当期純利益）と異なる。このことを明確にする意味で、経済学では利益でなく利潤という言葉を用いるのが通例である（英語ではいずれもprofitである）。本書でもこれに従っている。

完全競争市場の均衡（以下の7を見よ）やコンテスタブル市場の均衡（定理3-1を見よ）では、価格と平均費用が等しいから利潤はゼロである。ただし、費用には株主にとっての機会費用も含まれているから（2を見よ）、利

2）公益事業の不可欠設備では固定費用が大きいため、規模の経済性が働きやすいことを第9章第1節で説明した。

付録：経済学用語解説　**265**

潤は投資家に対するいわば標準的な支払いがなされた後の残額であることに注意してほしい。このため，経済学でいう利潤を「超過利潤」と呼ぶこともある。この利潤がゼロであっても会計上の利益はプラスになることが多い。

⑤ 限界という概念

　経済学で広く使われるのが限界という概念である。これは，もう1単位追加的に何らかの行動（消費，生産など）をしたときに追加的に生じる値（効用，費用，収入など）をいう。すなわち限界効用とは，消費者が同じ財をもう1単位消費したときに得られる満足度（効用）の増分をいう。また限界費用とは財の生産量を1単位増やしたときに生じる費用の増分をいい，限界収入とはそのときの収入の増分をいう。数学的には，微分の概念にあたる。

　①で述べたように，消費者の限界効用は逓減する，すなわち消費量が増えるに従って減少すると考えられている。ケーキを1個持っているときにもう1個もらうと喜びは大きいが，すでにケーキを5個持っているときにもう1個もらってもあまり喜びが増えるわけではないからである。

　平均費用が生産量に対し一定であれば，限界費用も一定で平均費用に等しい。生産量にかかわらず1個あたり平均100円の費用であれば，もう1個生産量を増やしたときの費用の増加も同じ100円のはずだからである。本文図1-1等で平均費用と限界費用が等しい（よって平均費用曲線と限界費用曲線が同じ）としたのはこのためである。

　また，固定費用は生産量にかかわらずかかる費用であるから，生産量を増加させても変動しない。よって，限界費用とは無関係であり，限界費用はすべて可変費用の増分である。

⑥ 需要曲線の持つ意味

　限界効用の概念を用いて，需要曲線の持つ意味を再考しよう。

　本文図1-1の例では，価格が70円であれば，その財の価値を70円以上と評価する消費者が購入する。いいかえれば，価値が70円と考える消費者は価格70円で購入する最後の消費者である。これは，1人が1個ずつしか購入しない場合の例である。

逆に，1人の消費者が複数個を購入する場合を考えよう。この人は最初の1個については99円の価値があると考えている。効用という言葉を使えば，最初の1個から得られる効用を金銭評価したものが99円である。次にもう1個消費すれば効用は増えるが，限界効用逓減により，この増分は99円より小さい。例えば98円である。そうだとすると，価格が99円のままであれば，この消費者は2個目を買うことはない。2個目を買っても，効用の増加（＝限界効用）は費用の増加（＝価格）を下回るからである。価格が限界効用と等しいかそれより低い場合にのみ2個目を購入する。このことから，価格が限界効用より低い限り消費者は需要量を増やすので，価格が限界効用と等しくなる数量に需要量を決定することがわかる。この意味で，需要曲線の高さは限界効用を金銭評価したものに等しいということができる。

需要曲線の下の面積は，1個目からの限界効用（すなわち消費をゼロから1個に増やしたときの効用増），2個目からの限界効用（1個から2個に増やしたときの効用増）などを足し合わせたものになるから，総効用を表すことになる。上の例では，1個目からの限界効用が99円，2個目からの限界効用が98円であったので，2個消費することによる総効用は $99+98 = 197$ 円である。これから支払額（価格 × 消費量）を引いたものが，消費者が消費から得る効用の純増であり，消費者余剰（キーワード1-2）と呼ばれる。

⑦ 完全競争

完全競争とは，売り手が多数存在し，個々の売り手の供給量が市場全体に占める割合（マーケットシェア）は無視できるほど小さいような市場構造をいう。このとき，どの売り手も市場に対する影響力を持たず，市場価格はその行動によって影響されることがないと考えるので，売り手は，市場価格を与えられたものと想定する。これをプライステーカー（価格受容者）としての行動という。

完全競争市場の均衡では，各社は，価格が限界費用に等しくなる生産量で生産する。価格が限界費用を上回るのであれば，生産量を1単位増やすことにより追加的に得られる利潤（収入の増分である価格から費用の増分である限界費用を引いたもの）がプラスとなり，生産量を増やすことが有利だから

付録：経済学用語解説　267

である。逆であれば，生産量を減らすことが有利になる。よって，利潤が最大であるための条件，すなわち生産量を増減させてももはや利潤を増やすことが不可能なための条件は，価格と限界費用が等しいことである。

このため，各社の限界費用曲線は，それぞれの価格に応じて，各社がどれだけの量を生産し供給するかを示す曲線となる。これを生産している全社について水平に足し合わせたものは，それぞれの価格に応じて産業としてどれだけ供給されるかを示す曲線である。これが供給曲線である。後に示す図（付録-1）や多くの経済学の教科書で右上がりの曲線として示されるのはこの供給曲線である。すなわち，供給曲線は，それぞれの価格のときに産業が供給する量を示す曲線であるが，各社の限界費用曲線を水平に足し合わせたものである[3]。

そして，経済学の学習において最初に学ぶように，完全競争市場では，需要曲線と供給曲線との交点において均衡の価格と生産量（需要量であり供給量）が決定される。本文図1-1では，40円のレベルでの水平線が限界費用曲線であり，よって供給曲線でもある。それと需要曲線との交点であるE点が完全競争均衡を示している。

また，完全競争市場では参入障壁（キーワード3-3）がないと想定されているので，価格は平均費用にも等しくなければならない。価格が平均費用を上回れば（下回れば），利潤が正（負）であるため，新規企業の参入（既存企業の退出）を誘発するからである。

なお供給曲線は，それぞれの価格に応じて各社がどれだけ供給するかを示すので，プライステーカーとしての行動を前提としていることに注意してほしい。上に述べたように，企業は完全競争市場においては，そして完全競争市場のみにおいて，プライステーカーとして行動する。よって，完全競争以外の市場構造，すなわち独占や寡占ではプライステーカーではないため，供給曲線という概念自体が存在しない。独占・寡占市場で供給曲線を描いて分

3）限界費用曲線がU字型の場合には，その右上がりの部分のみを足し合わせたものである。右下がりの部分では，それから生産量を増やした方が価格＞限界費用となって利潤を増やすため，利潤最大化条件を満たさないからである。

析している例を見ることがあるが，誤りである[4]。

8 独占

　独占とは，売り手が1社のみである市場構造をいう。このとき，企業は価格を与えられるのではなく，市場需要曲線を与えられて価格を決定する。プライステーカーではなくプライスメーカー（価格決定者）である。

　右下がりの需要曲線に直面しているため，独占企業は，もう1単位多く販売するためには，需要量が1単位増えるように価格を下げる必要がある。このため，もう1単位多く販売することから得られる収入の増分（限界収入）は，その追加的1単位そのものから得られる収入（＝価格）から，それまで販売していた顧客にも新しいより低い価格で売らなければならなくなることから生じる収入減を引いたものとなり，価格を下回る。企業はこの限界収入（生産量増に伴う収入増）を限界費用（生産量増に伴う費用増）に等しいように生産量を決定することにより利潤を最大化させるので，価格 ＞ 限界収入 ＝ 限界費用の関係が生まれる。本文図1-1のM点のように，価格が限界費用を上回る点が独占均衡となるのはこのためである。

　なお，独占市場では参入障壁が十分に高いため，価格が平均費用を上回り利潤が大きくても，参入は起きず，独占的な地位が保たれると考えるのが通常である。これに対し，独占であっても参入障壁がなければコンテスタブル市場となって，均衡では価格と平均費用が等しくなることを定理3-1で述べた。

9 生産者余剰と厚生損失

　6で述べたように，需要曲線より下で価格以上の部分の面積を消費者余剰と呼ぶ。これと対照的に，完全競争の場合に，供給曲線より上で価格以下の部分の面積を生産者余剰と呼ぶ。これが生産者（企業）にとっての余剰であることは，消費者余剰の説明と同様に，生産者がその価格であれば当該生産

4）独占企業の限界費用曲線の意味で供給曲線と呼んでいる場合があるが，そうであれば，供給曲線と需要曲線の交点は均衡ではない（8参照）。

付録：経済学用語解説　269

量を供給しようとするその価格（供給曲線上の価格）を市場価格が上回れば，それは生産者にとって余剰とみなしうることから理解できよう。

より厳密にいえば，7で述べたように，完全競争企業は価格と限界費用が等しくなるように供給量を決定するから，供給曲線の高さは限界費用に等しい。需要曲線の高さが金銭評価した限界効用に等しく，このため，需要曲線の下の面積が総効用に等しくなることを6で説明したが，全く同じ理由で，供給曲線の下の面積は総費用に等しくなる。価格×生産量，すなわち売上収入からこの総費用を引いたものは利潤であるから，生産者余剰は利潤に等しい[5]。

独占の場合には，独占企業の限界費用を表す曲線を描けば，その下の面積が総費用に等しくなるから，これを売上収入から引いたものが利潤すなわち生産者余剰である。

生産者余剰と消費者余剰を合計したものを社会的余剰と呼び，社会全体の厚生レベルの指標とする。消費者に帰属するものであろうが，生産者（企業，究極的には株主その他の出資者）に帰属するものであろうが，社会に生まれた余剰としての価値を意味するからである。その市場において生み出しえたはずの最大の社会的余剰に比べて実現された社会的余剰が小さいとき，厚生損失（キーワード1-3）が発生したとみなすのはこのためである。

本文図1-1では，限界費用が一定で平均費用に等しい単純な場合について，独占による厚生損失を説明した。この場合には，完全競争均衡（E点）では価格と平均費用が等しいため，生産者余剰はゼロである。独占均衡（M点）では，長方形Aの面積が生産者余剰となり，これが利潤に等しいことは図1-1で説明したとおりである。

限界費用が生産量につれ逓増する場合，すなわち，限界費用曲線が右上がりである場合にも定理1-1や1-2が図1-1の場合と同様に成立することについ

5）本文では簡単化のため，固定費用がない場合について記した。固定費用がプラスなら，供給曲線の下の面積は総可変費用に等しいので，生産者余剰は利潤プラス固定費用に等しい。次のパラグラフにおける独占の場合も，厳密には，限界費用曲線の下の面積は総可変費用であり，これを売上収入から引いたものは利潤プラス固定費用である。なお，固定費用の有無は社会的に最適な生産量の決定には影響を与えない（社会的に最適な生産者数の決定には影響を与える）。

図 付録-1　限界費用曲線が右上がりのときの厚生損失

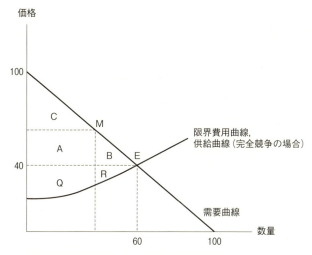

▶ 限界費用曲線が右上がりの場合を図に示す。これは，多くの教科書で説明されているケースである。

完全競争市場では限界費用曲線が供給曲線であり，それと需要曲線が交叉するE点が均衡となる。消費者余剰はA＋B＋C，生産者余剰はQ＋Rで，社会的余剰は両者をあわせたA＋B＋C＋Q＋Rである。つまりE点の左側の三角形全体の面積である（限界費用曲線が直線でなければ厳密な三角形ではないが，簡単化のため三角形と記す）。

生産量をE点より少なくすれば三角形の右端部分だけ面積が少なくなり，E点より多くすれば，（需要曲線が価格の下側になるため）E点の右側の三角形の部分の面積がマイナスとなって加わるため，いずれの場合も，社会的余剰は減少することが理解されよう。すなわち完全競争均衡は社会的余剰を最大にする。これが定理1-1（「見えざる手」の定理），定理1-2（厚生経済学の基本定理）の理由である。

一方，独占均衡は限界収入＝限界費用となる生産量で決まる（限界収入曲線は需要曲線の下に描かれるが，図では省略した）。M点がその均衡を示す。消費者余剰はCのみ，生産者余剰はA＋Qとなり，社会的余剰はC＋A＋Qである。完全競争均衡と比較すると，独占による厚生損失（デッドウェイトロス）はB＋Rであることがわかる。

なお，利潤は完全競争均衡では参入による競争のためゼロである。生産者余剰がプラスで利潤はゼロとなるが，この差は注5で述べた固定費用に等しい。独占の場合は，A＋Qから固定費用を引いたものが利潤で，これはプラスである（独占企業は完全競争企業（利潤ゼロ）より利潤が大きくなるように生産量を決めているはずのため，利潤プラスである）。

付録：経済学用語解説

ては，図 付録-1を見よ。

⑩ 寡占市場の均衡：クールノー・モデルとベルトラン・モデル ───

完全競争と独占の間にあるような市場構造，すなわち，売り手は複数存在するが少数であり，各社は，自社の行動が市場価格や他社の行動に与える影響を意識しているような市場構造を寡占という。

寡占市場におけるモデルとして，各社が他社の数量（生産量や販売量）を観察しつつ自社の数量を決める数量決定型モデルと，各社が他社の設定する価格を観察しつつ自社の価格を決める価格決定型モデルがある。数量決定型モデルの代表が，他社の数量を所与として（すなわち，自社の数量変更が他社の数量変更をもたらす効果を考えることなく），自社の数量を決定するというクールノー・モデルであり，そのもとで実現する均衡をクールノー均衡という。クールノー均衡では価格が限界費用を上回ることを示すことができる。

価格決定型モデルの代表は，他社の価格を所与として自社の価格を決定するというベルトラン・モデルであり，そのもとで実現する均衡をベルトラン均衡という。このとき，少しでも他社より低い価格で売ればすべての顧客を獲得することができるので，正の利潤がある限り他社の価格を下回ろうとする競争が生まれ，平均費用が一定で（よって，⑤で述べたように限界費用に等しく），企業間で等しいなら，ベルトラン均衡では価格は平均費用および限界費用と等しくなる。企業数が少数（2社以上）であるにもかかわらずベルトラン均衡は完全競争均衡と一致するため，ベルトラン・パラドックス（ベルトランの逆説）と呼ぶことがある。

ただし，以上の議論は企業間で製品差別化（キーワード5-4）がなく，買い手がそれら製品を全く同質のものと認識していることを前提にしている。もし製品差別化があれば，他社製品より価格が高くても購入してくれるいわゆる忠実な顧客がいるため，他社の値下げに追随するよりも，少数でも忠実な顧客に販売して利潤をあげる方が有利となる可能性があり，ベルトラン・パラドックスは発生しない。

またベルトラン・パラドックスでは，製品差別化がないので，他社より低

い価格を付けるとすべての顧客を獲得できるとする。この需要増に対応できるためには，仮に同規模の2社の寡占であれば，生産量が2倍にならなければならない。しかし生産能力に制約があって，こうした需要の急増に対応できないようであれば，ベルトラン・パラドックスは起きにくくなり，むしろ，クールノー均衡が成立しやすいことが知られている。また，生産能力の決定も考慮するなら，企業間で生産能力という数量について決定するモデルとなるため，均衡がクールノー均衡と一致することも知られている。こうした，クールノー・モデルとベルトラン・モデルの詳細については，筆者の『産業組織論』第3章，または『新しい産業組織論』第3，4章を参照してほしい。

11 再考──消費者余剰か社会的余剰か

　最後に，競争政策で追求すべき社会的目的について再考しよう。9で，経済学では，生産者余剰と消費者余剰の合計である社会的余剰を社会全体の厚生レベルの指標と考えることを述べた。ところが，競争政策の当局者や研究者の間では，消費者余剰のみを厚生レベルの指標とし，消費者余剰を損なう事業者の行動は問題とすべきだという意見も多い。これは，(1)競争政策の基本を消費者保護と考えるべきだとする意見（日本では公取委と消費者庁が分かれているが，海外の競争当局にはこうした意見から競争政策とともに消費者保護も担当するところが多い），(2)生産者余剰は株主に分配されるが，株主には富裕層が多いことから，消費者余剰が減って生産者余剰が増えることは所得分配の観点から許容されないとする意見，(3)（第13章の国際化の議論と関連するが）1国の競争政策はその国民の利益を考えるべきであり，消費者余剰はその国に居住する消費者に属するものと限定しやすいが，生産者余剰については，海外企業に帰属する場合もあり，また，日本企業であっても利潤の分配を受ける株主については今日では海外居住者が無視できない比率を占める（日本の上場企業平均で3割を超える）ため，自国の居住者の厚生レベルとして生産者余剰を含めることは不適当であるとする意見，などによる。第5章第4節で引用したように，企業結合ガイドラインが合併等の企業結合による効率性向上効果を考慮する場合にも，「効率性の向上により需要者の厚生が増大する」（傍点は筆者付記）としており，需要者すなわち

付録：経済学用語解説　**273**

買い手（消費財であれば消費者）の厚生のみを考慮しているが，これもこうした考え方に沿っているといえる。

　実際，ある企業の行為によって価格は上がり消費者余剰は損なわれるが，それを上回って利潤（生産者余剰）が増えるときに，多くの国民は，その行為を許容すべきとする意見に反発を感じるのではないだろうか。公取委を始めとする競争当局も，実務として，価格を上昇させる行為，あるいは価格上昇をもたらすおそれが強いと考えられる行為は，競争制限行為であって独占禁止法に違反すると判断していることが多いように思われる。この意味で，消費者余剰の保護・向上を目的としていると考えられる場合が多いといえそうである。ただし，公取委自体は（上記の企業結合ガイドラインなどの例を除き）このことを明示しているわけではない。

▪練▪習▪問▪題▪解▪答▪

[第1章]

1-1　需要曲線が右下がりであることから，生産量を減らせば価格を上げることができる。これによる利潤増加効果がある限り，独占・カルテルは生産量を減らそうとする。

1-2　キーワード1-3，図1-1およびその前後の説明を見よ。

1-3　キーワード1-3および注6を見よ。付録第9項（注5を含む），第11項も参照するとよい。

1-4　キーワード1-5およびそれに引き続く説明を見よ。

1-5　法律規定1-1に続く段落で列挙した(1)～(4)が，独占禁止法が禁止する4つの行為である。

[第2章]

2-1　定理2-1およびその前後の説明を見よ。

2-2　キーワード2-6およびそれに続く本文の説明を見よ。

2-3　第3節およびコラム2-1を見よ。

2-4　定理2-5を見よ。

2-5　第5節を見よ。課徴金減免制度により申告が活発化すればペナルティ賦課確率は高まるから，定理2-5により，課徴金や罰金による独占禁止法違反への抑制効果は強まると期待できる。

[第3章]

3-1　キーワード3-2およびその前後の説明を見よ。

3-2　定理3-1およびその前後の説明を見よ。

3-3　キーワード3-3，定理3-3およびその前後の説明を見よ。

3-4　定理3-2およびその前後の説明を見よ。機械を買ってしまったのと，入学金を払ってしまったのは，同様の結果をもたらす。

3-5　法律規定3-1および3-2，またその前後の説明を見よ。

[第4章]

4-1　キーワード4-1，4-2を見よ。本文第1節であげた例のように経済に100社あ

275

りいずれもすべての産業で事業をおこなっているのが一般集中は高いが市場集中は低いケース，同じく100社あり例えば1社ずつ異なる産業で独占しているのが一般集中も市場集中も高いケース，経済全体では多数の企業があり，しかもその中に圧倒的な大きさの企業はないときに，個々の市場では，企業数が小さいか特定企業にマーケットシェアの集中が起きていれば一般集中が低いが市場集中は高いケース，個々の市場でも多数の企業がマーケットシェアを分け合っていれば一般集中も市場集中も低いケースである。

4-2 キーワード4-3，定理4-1を見よ。

4-3 キーワード4-4およびそれに続く説明を見よ。

4-4 図4-2(1)およびそれに関する本文中の説明を見よ。

4-5 法律規定4-1と4-2を比較せよ。それぞれ市場集中度，一般集中度が高いときに当てはまりやすいので，問4-1での4つのケースのどの場合に，それぞれの法律規定が当てはまる可能性が生まれるか，検討するとよい。

[第5章]

5-1 定理5-1およびその前後の説明を見よ。

5-2 定理5-2を見よ。

5-3 第3節，特に定理5-3およびその前後の説明を見よ。

5-4 キーワード5-6およびその前後の説明を見よ。

5-5 第5節での議論を参考に，読者自ら考えてみてほしい。

[第6章]

6-1 キーワード6-4およびその後の説明を見よ。

6-2 定理6-1，6-2およびその前後の説明を見よ。

6-3 定理6-3およびその前後の説明を見よ。

6-4 キーワード6-5およびその前後の説明を見よ。

6-5 第4節を見よ。また，即席麺事件（コラム6-2）に即して検討せよ。

[第7章]

7-1 定理7-2および前後の説明を見よ。

7-2 キーワード7-3，定理7-3および前後の説明を見よ。

7-3 キーワード7-4，定理7-4および前後の説明を見よ。

7-4 補論を見よ。

7-5 第4節の説明を見よ。

[第8章]

8-1 キーワード8-1を見よ。自動車部品の例でいえば，あるメーカーの特定の車種にのみ使われる部品の設計のための開発投資（無形資産の例），その部品を作るための金型への投資（有形資産の例）が代表的である。

8-2 キーワード8-2を見よ。ホールドアップ問題は，関係特殊資産への投資が必要なときに起きやすい。優越的地位濫用規制との関係については，定理8-1およびその前後の説明を見よ。

8-3 キーワード8-3を見よ。それに続けて，評判効果が有効であるための2つの条件が記されている。

8-4 法律規定8-3およびそれに続く説明を見よ。ただし，コラム8-1の事例でわかるように，取引依存度が低くても優越的地位と判断されることがある。

8-5 第4節，特に最初の段落を見よ。事前規制では，どのような事業者・どのような取引形態が規制対象になるか，どのような行為が違反となるかが，法律や指針（ガイドライン）に明確に記されているため，規制当局と事業者の間で認識に差がないことが重要である。

[第9章]

9-1 キーワード9-1に記されているように，事業を営むにあたり不可欠な設備をいうが，さらにキーワード9-1に引き続いて記されているように，規模の経済性が大きいこと，設備建設の費用の多くがサンクコストとなることの2つの条件を満たすものとして不可欠設備の語を用いるのが普通である。

9-2 公益事業においてはいくつかのラインや結節点が必要となるが，このうち，規模の経済性が強く自然独占の性格を持つ真に不可欠な設備はどれなのかを確認することが必要である。そうした設備については独占が不可避であるが，参入企業も既存企業と同様に自由に利用できるようにする（オープン・アクセス）とともに，利用者に課すアクセスチャージについて，すべての企業が同一費用条件であるようにする（イコール・フッティング）ことが必要である。詳しくは，第2節参照。

9-3 キーワード9-4およびその前後の説明を見よ。それがもたらす弊害については，コラム9-2を読んで検討せよ。

9-4 キーワード9-5およびその前後の説明を見よ。

9-5 ユーザー（消費者）にサービス提供するコストが地域により異なるとき，効率性のためには，地域ごとの限界費用に等しく価格設定することが必要であるが，公平性のためには，地域間での価格格差は望ましくない。この相反をいう。

練習問題解答　277

詳しくは第4節参照。

[第10章]

10-1 キーワード10-1，10-2に示された2つのシュンペーター仮説につき，違いに注意しながら述べよ。それに引き続き，いわゆるシュンペーター仮説の根拠として4つの理由が挙げられていること，それらについては反対意見もあること，実証分析結果がシュンペーター仮説について明確な支持を与えていないことなどが議論されている。

10-2 定理10-1，図10-1およびその前後の説明を見よ。それに引き続き，革新的イノベーションと改良型イノベーションでの違いについても議論されている。

10-3 定理10-2およびその前後の説明を見よ。

10-4 第2節最後の2パラグラフ，および第3節でのキーワード10-4に続く部分を見よ。

10-5 キーワード10-6およびその前後の説明を見よ。

[第11章]

11-1 キーワード11-2を見よ。オフラインでは，通常の小売店での販売は卸モデル，旅行代理店でのJRや航空チケット販売は代理店モデル，オンラインでは，通常の通販サイトでは卸モデル，マーケットプレイス，フリマアプリや宿泊予約サイトは代理店モデルである。

11-2 キーワード11-3を見よ。また，それに続く部分でそのプラス効果，マイナス効果が説明されている。

11-3 第2節の後半を見よ。最恵待遇は売り手が買い手に対して約束するものであるのに対し，プラットフォーム間同等性条項はプラットフォーム事業者がサプライヤーに順守を要求するものである。

11-4 間接ネットワーク効果の定義はキーワード11-4を，マルチサイド市場でそれが重要な役割を果たすことについてはキーワード11-5およびその前後の説明を見よ。また，その時の最適価格構造については，定理11-1およびその前後の説明を見よ。

11-5 第4節を見よ。マルチサイド市場では，クリティカルマス（キーワード11-6）の問題が双方向で起きることが，参入をより難しくする。このため，既存事業者が参入事業者のクリティカルマス獲得を不当に難しくすることがないよう，監視する必要がある。

[第12章]

12-1 キーワード12-1および12-2，またその前後の説明を見よ。

12-2 キーワード12-3およびそれに続く説明を見よ。また価格体系については，前章の定理11-1も利用せよ。

12-3 キーワード12-4およびその前後の説明を見よ。

12-4 第4節に，第1から第5として，競争政策の適用困難性を挙げている。事前規制が従来の競争政策とどう異なるかについてはキーワード12-5およびそれに続く説明を見よ。

12-5 キーワード12-6およびそれに続く説明を見よ。

[第13章]

13-1 キーワード13-3を見よ。効果主義（キーワード13-2）の立場に立てば，国際カルテルの場合に域外適用が必然のものとなるのは，これらキーワードの前後の説明に記したとおりである。

13-2 日本市場への輸入や参入（潜在的なものを含む）を通じて日本市場に影響を与える可能性がある。第2節後半を見よ。

13-3 第2節後半，およびその実例であるマリンホース事件（コラム13-1）を見よ。

13-4 第3節およびコラム13-2を見てほしいが，管轄権や重複制裁の問題が生じうる。第1節で説明した属地主義と効果主義それぞれの立場から，この問題を考えてほしい。

13-5 第4節の前半（コラム13-3以前）を見よ。買収する海外企業が日本においてすでに何らかの事業をしている場合としていない場合に分けて考えるとよい。

練習問題解答　279

索　引

＊太字は，キーワード，定理，法律規定に用いられた語句を示す。

あ　行

アウトソーシング···················182
アクセスチャージ　→ 接続料金を見よ
アライアンス·····················87, 182
アルゴリズム·························29
安全港基準···························92
暗黙の協調········ **19, 27**, 59, 86, 115, 255
域外適用·················· **244**, 248, 255
イコール・フッティング···134, 167, 175
意思の連絡··················32, 33, 115
逸脱··················· **22**, 71, 115
一般集中····························· **58**
イノベーション··············136, 179
　改良型——·····················184
　革新的——·····················184
　漸進的——·····················184
　プロセス・——················183
　プロダクト・——··············182
イノベーションプラットフォーム···222
インクリメンタル・イノベーション
　································184
インクリメンタル・コスト··········135
インセンティブ・メカニズム
　·························· **35**, 36, 250
ウェルフェアロス·····················4
迂回発明················46, 187, 195
エージェンシー・モデル············· **204**
エコシステム·······201, 222, **228**, 229, 233
エッセンシャル・ファシリティ····· **162**
オークション·······················169
オープン・アクセス·············167, 175
卸モデル··························· **204**

か　行

外部効果··························9, 240
改良型イノベーション··············184

価格規制························45, 163
価格決定型モデル···················272
価格上昇圧力　→ GUPPI を見よ
学習効果··············88, **120**, 123, 132
革新的イノベーション··············184
確約··········15, 152, 153, 209, 236
囲い込み···········70, 72, 73, 229, 257
寡占·······························272
仮想的独占テスト················· **62**, 91
課徴金····7, 14, 35, 149, 151, 173, 248, 250,
　251, 252
　——減免制度············· **38**, 173, 249
合併による経営効率改善············· **86**
合併の制限························· **82**
株主代表訴訟························37
カルテル······1, 19, 59, 93, 103, 206, 257
　——逸脱のインセンティブ········· **25**
　——からの逸脱··················· **22**
　——の安定性··················· **25, 26**
　国際——······················246, 258
　市場分割——··············· **172**, 248
　地域分割——···········172, 248, 255
管轄権·····························243
関係特殊資産··················· **144**, 148
間接ネットワーク効果······55, 124, 208,
　211, 212, 213, 217, 219, **220**, 223, 232
完全競争··········3, 28, 43, 185, 267
カニバリゼーション効果··············182
機会費用···························264
企業結合·······80, 91, 194, 217, 233, 254
　国際——························254
　混合型——······················· **82**
　垂直型——······················· **82**
　水平型——··················· **82**, 254
企業の境界·························182
規制緩和···········45, 49, 164, 166, 169
規模の経済性···9, 120, 161, 162, 166, 172,

281

181, 221
救済合併·····99
競争政策·····**9**
競争戦略論·····50
競争法·····9
協調·····19
共通費用配賦方式（ABC 方式）
·····134, 135
共同研究·····87, 182
共謀·····**19**, 29
キラー買収·····**195**
金銭的価値の回復·····152, 154
クールノー均衡·····**84, 86**, 103, 272
クールノー・モデル·····59, 272
クリティカルマス·····**214**, 217
クロスライセンス·····188, 189
経営者資本主義モデル·····86
経験効果·····120
経験財·····**121**
契約の不完備性·····159
ゲートキーパー·····234
限界効用·····266
限界費用（MC）·····128, 138, 266
限界マージン率·····90
減額·····**156**
原価割れ販売·····119, **120, 121, 123**, 132, 215
現在価値·····24
原状回復·····154, 158
公益事業·····44, 161, 234
効果主義·····**244**, 248, 253
公共財·····108
交差弾力性·····**62**
厚生経済学の基本定理·····**6**
厚生損失·····**5**, 11, 186, 269
公正取引委員会·····14
構造的措置·····97, 235
拘束条件付取引
·····**54**, 55, 111, 209, 215, 217, 232
公平性·····157, 160, 174, 175, 234
効用·····263
　限界——·····266
効率性·····86, 93, 157, 159, 175, 186
合理の原則·····**111**
顧客奪取効果·····**84**, 91, 197

顧客閉鎖·····73
国際カルテル·····246, 258
国際企業結合·····254
国際分業·····251
告発·····15, 35, 257
固定費用·····47, 128, 264
混合型企業結合·····**82**
コンテスタビリティ·····43, 56, 214, 234
コンテスタブル市場·····43, 44, 49, 73, 92, 126, 163, 214, 255, 269
コンプライアンス·····34, 39, 245, 260

さ 行

最恵顧客待遇·····207
最恵国待遇·····206
最恵待遇·····**207**, 235
財閥·····60, 74, 77
再販売価格維持行為·····11, **102, 106**, 108, 205
再販売価格の拘束·····**110**
差止請求·····17, 191
産業経済学·····11
産業財産権·····185
産業組織論·····11
サンクコスト·····47, **48, 49**, 53, 126, 133, 134, 137, 144, 163, 174
参入·····**41**, 92, 126, 175, 210, 214, 254
　——障壁·····**47, 49**, 92, 98, 126, 136, 163, 164, 176, 194, 268, 269
　——阻止戦略·····**50**
死荷重損失·····4
事業者団体·····30, **31**
事業支配力の過度の集中·····**74**
事後規制·····155, **234**, 236
自社優遇·····235
死重的損失·····4
市場·····61, 233
　——画定·····61, 88, 91, 94, 98
　——構造·····12
　——行動·····12
　——集中·····45, **58**, 219
　——集中度·····64, 86, 185
　——成果·····12
　——占有率·····**58**
　——分割カルテル·····**172**, 248

——閉鎖················73, 83, 257
事前規制··········155, **234**, 236
事前相談制度······················30
自然独占·················9, **163**, 164
下請法··········154, 155, **156**, 234, 257
しっぺ返し戦略·····················**24**
私的独占······10, **51**, 53, 68, 169, 171, 174,
　191, 215, 226, 231
シナジー効果················**87**, 194
シャーマン法·········9, 32, 69, 70, 227
社会的余剰··············5, 245, 270
自由競争経済秩序·········245, 253
集積型技術···········88, **189**, 194
需要関数························263
需要曲線····················263, 266
シュンペーター，ヨーゼフ·······179
シュンペーター仮説··············**180**
上下分離························166
消費者余剰·······**5**, 254, 267, 269
商標·····················88, 185
情報遮断措置·····················96
所得効果························263
申告························14, 129
審判············34, 150, 151, 252
垂直型企業結合··················**82**
垂直合併························101
垂直的取引制限·············**101**, 110
垂直統合····················105, 165
垂直連鎖····················101, 165
水平型企業結合··············**82**, 254
水平合併の効果············**84**, **87**
数量決定型モデル··············272
スタートアップ企業···169, 182, 195, 221
スタンドアローン・コスト·······135
スニップテスト·····················63
スマホソフトウェア競争促進法·····236
スミス，アダム·····················5
生産者余剰················5, 269
製造委託························155
製品差別化··········**89**, 103, 272
セーフハーバー·······**92**, 98, 258
接続料金············168, 170, 176
セット割引························174
先行者の優位性·····················56
漸進的イノベーション···········184

創造的破壊························181
増分費用············134, 135, 137
属人主義························**244**
属地主義························**244**
損害賠償················17, 37, 154

た　行

代替効果························263
対面販売························113
代理店モデル····················**204**
ただ乗り問題·····103, **108**, 112, 139, 210
多面市場························212
談合············1, 19, 59, 93, 257
端緒···························14
地域分割カルテル·······172, 248, 255
置換効果····················**182**, 185
知的財産権···········88, 185, 194
著作権法····················187, 238
著作物····················117, 238
帝国建設の夢·····················86
データフィードバック··········**220**
データポータビリティ··········235
適用除外························117
デジタル市場法（DMA）········234
デッドウェイトロス·········**5**, 271
テリトリー制·······**102**, 109, 111
転換率··········**90**, 95, 232
同質的市場·····················**89**
当然違法························**111**
同等性条項··············208, 235
投入物閉鎖·········73, 256, 257
独占························269
——資本························57
——的状態·····················**68**
独占禁止法·····················9, 14
——第 1 条·············**10**, 245
独立型技術·····················195
独立採算費用············134, 135
特許········88, 96, 168, 185, **186**
共食い効果························182
トラスト·························10
トリガー戦略·····················**23**
取引依存度························149
取引型プラットフォーム·········203
取引妨害········**54**, 193, 194, 215, 226

トレードオフ………………… **186**

な 行

内部補助………………72, **133**, 174, 175
ナショナルブランド（NB）………… 155
二重の限界化…………**104**, **106**, 110
2部料金制……………………… 106
日本標準産業分類………………64
ニュースポータルサイト………237, **238**
鶏が先か卵が先か問題……………… 215
ネットワーク効果
　………… **122**, **123**, 132, 189, 208, 211

は 行

ハーフィンダール指数（HHI）
　…………………**58**, 64, 92, 98
排除行為……51, 53, 55, 56, 68, 73, 191, 215
排除措置命令……………………14
排他条件付取引………**54**, 68, 215, 217
発注書面……………………… 158
パテントプール………188, 189, 192, 194
パレート最適…………**6**, 103, 142, 186
範囲の経済性………………**172**, 174, 222
犯則調査……………………16
反トラスト法……9, 69, 198, 206, 227, 236
販売地域制限…………………… 102
比較優位…………………… 107
引取権………………………96
費用………………………… 263
標準化団体…………………… 189
標準規格…………………… 189
標準必須特許（SEP）………… **190**
評判効果…………………**146**, **147**
品質の不確実性…………………… 120
不可欠設備…………**162**, 166, 176
不公正な取引方法… 10, **54**, 55, 110, 128,
　142, 169, 191, 193, 209, 215, 217, 226,
　232
不正競争防止法………………… 193
不当な取引制限………10, **29**, 173, 239
不当利潤………………………**3**
不当廉売…………… 119, **128**, 174, 215
プライス・コスト・マージン（PCM）
　………………………90
プライステーカー………………28, 267

プライスメーカー……………… 269
プライスリーダーシップ・モデル
　…………………………**27**, 86
プライベートブランド（PB）……… 156
ブラウズ型プラットフォーム
　………………… 222, **223**, 224
プラットフォーム…………54, 124, 198
　——間同等性条項　→ 同等性条項も
　見よ………………… 208
ブランド………………46, 88, 112, 113
　——間競争……………**103**, 110
　——内競争……………………**103**
フリーライダー問題　→　ただ乗り問題
　を見よ
プロセス・イノベーション………… 183
プロダクト・イノベーション……… 182
平均回避可能費用（AAC）
　…………………129, 134, 137, 215
平均可変費用（AVC）………138, 144, 264
平均増分費用（AIC）………… 137
平均費用（AC）………128, 138, 144, 264
ベルトラン均衡…………3, 103, 272
ベルトラン・パラドックス………… 272
ベンチャー企業……………… 182
ベンチャー・キャピタル（VC）……… 181
変動費用……………………… 264
法令遵守　→ コンプライアンスを見よ
ホールセール・モデル………………**204**
ホールドアップ問題…**145**, **147**, 159, 190
補助金……………………… 258
ボトルネック設備……………… 162

ま 行

マーケットシェア………………**58**, 267
マージン・スクイーズ…………**168**, 169
埋没費用　→　サンクコストも見よ
　…………………………**47**
マッチング型プラットフォーム
　…………………………**203**, 222
マルチサイド市場…………**212**, 223
マルチマーケット・コンタクト理論
　…………………………71, 247
見えざる手の定理………**6**, 103, 119, 142
名声効果……………………… **146**
持株会社……………………60, 74

問題解消措置⋯⋯83, **95**, 98, 194, 234, 259

や　行

優越的地位⋯⋯⋯⋯⋯**141**, 148, **149**
　──の濫用⋯⋯101, **142**, 146, **147**, 159,
　257
有限回繰り返しゲームにおける最終期問
　題⋯⋯⋯⋯⋯⋯⋯⋯⋯⋯⋯147
ユニバーサル・サービス⋯⋯⋯161, 175
輸入⋯⋯⋯⋯⋯92, 96, 98, 247, 253, 255
余剰⋯⋯⋯⋯⋯⋯⋯⋯⋯⋯⋯⋯4

ら　行

ライセンス⋯⋯⋯⋯⋯⋯187, 190
ラスト・ワンマイル⋯⋯⋯⋯⋯166
螺旋効果⋯⋯⋯⋯⋯⋯⋯⋯**220**
ラディカル・イノベーション⋯⋯⋯184
リクープメント⋯⋯⋯⋯127, 133
利潤⋯⋯⋯⋯⋯⋯⋯⋯⋯⋯265
リスクプール⋯⋯⋯⋯⋯⋯181
リニエンシー制度⋯⋯⋯⋯⋯⋯**38**
略奪的価格戦略⋯⋯⋯70, **124**, **127**, 133
レメディ⋯⋯⋯⋯⋯⋯⋯⋯**95**

わ　行

割引⋯⋯⋯⋯⋯⋯⋯25, 43, 123

欧　字

AAC　→ 平均回避可能費用を見よ
ABC 方式⋯⋯⋯⋯⋯⋯134, 135
AC → 平均費用を見よ
AIC　→ 平均増分費用を見よ
APPA　→ プラットフォーム間同等性
　条項を見よ
AVC　→ 平均可変費用を見よ
B to C⋯⋯⋯⋯⋯⋯⋯⋯204
DMA　→ デジタル市場法を見よ
FRAND 条件⋯⋯⋯⋯⋯**191**, 192, 194
GAFAM⋯⋯⋯⋯⋯⋯198, 221
GUPPI⋯⋯⋯⋯⋯⋯**90**, **91**, 95
HHI　→ ハーフィンダール指数を見よ
ICN⋯⋯⋯⋯⋯⋯⋯⋯⋯258
IP⋯⋯⋯⋯⋯⋯⋯⋯⋯⋯185
MAAMA⋯⋯⋯⋯⋯⋯⋯221
M&A⋯⋯⋯⋯⋯⋯⋯79, 185

MC → 限界費用を見よ
MFN⋯⋯⋯⋯⋯⋯⋯206, **207**
NB⋯⋯⋯⋯⋯⋯⋯⋯⋯155
OECD⋯⋯⋯⋯⋯⋯⋯⋯258
PB⋯⋯⋯⋯⋯⋯⋯⋯⋯156
PCM⋯⋯⋯⋯⋯⋯⋯⋯90
SCP 分析⋯⋯⋯⋯⋯⋯⋯**11**
SEP　→ 標準必須特許を見よ
SSNIP⋯⋯⋯⋯⋯⋯⋯⋯63
VC　→　ベンチャー・キャピタルを見
　よ

索　引　285

事例索引

ワン・ブルー事件……………………192

アップル事件（電子書籍）…………206
アップル社アプリストア事件………231
アディダスジャパン事件……………115
アメリカ電話電信会社（AT&T）事件
………………………………………70
エディオン事件………………………151
NTT東日本事件………………………170
大分県大山農協事件……………………55
ガソリン給油所不当廉売事件………130
キリングループと協和発酵の統合…196
グーグル・ヤフー事件………………225
三愛リテールサービス………………131
山陽マルナカ事件……………………151
事業者団体による情報提供……………30
資生堂事件……………………………113
シンエネコーポレーション…………130
新日鐵住金による山陽特殊製鋼の買収
………………………………………98
スタンダード石油事件…………… 10, 70
スポンジチタン事件……………………31
ダイレックス事件……………………151
テレビ用ブラウン管事件……………252
電力カルテル事件…………………7, 173
トイザらス事件………………… 150, 151
東京インテリア家具事件……………153
東芝ケミカル事件………………………33
日清食品即席麺事件…………………116
バロン・パーク………………………131
東日本宇佐美……………………………130
日立金属による三徳の株式取得………75
ファミリーマート・ユニーグループ統合
………………………………………94
米国グーグル事件……………………227
マイクロソフトとアクティビジョン・ブ
　リザードの統合……………………256
マイナミ空港サービス事件……………52
前川石油………………………………131
マリンホース事件……………………249
ミタニ石油……………………………131
ヤマト運輸対日本郵政公社…… 134, 174
ユニクエスト事件……………………216
楽天トラベル事件……………………209
ラルズ事件……………………………151

286

著者紹介

小田切　宏之（おだぎり　ひろゆき）

1969年　京都大学経済学部卒業
1973年　大阪大学大学院修士課程経済学研究科修了（経済学修士）
1977年　米国ノースウェスタン大学大学院博士課程経済学専攻修了
　　　　（Ph.D. in Economics）

米国オバリン大学助教授（経済学部），筑波大学教授（社会工学系），一橋大学教授（経済学研究科），成城大学教授（社会イノベーション学部），公正取引委員会委員などを経て，現在，一橋大学名誉教授。

専攻：産業組織論，技術革新の経済学，企業経済学

主要著書：『新しい産業組織論』，『イノベーション時代の競争政策』，『産業組織論』（いずれも有斐閣），『日本の企業進化』，『企業経済学第2版』，『バイオテクノロジーの経済学』（いずれも東洋経済新報社）ほか。

きょうそうせいさくろん　だいさんぱん　　　どくせんきんしほうじれい　　　　　まな　さんぎょうそしきろん
競争政策論　第3版──独占禁止法事例とともに学ぶ産業組織論

2008年12月20日　初版第1刷発行
2017年9月10日　第2版第1刷発行
2025年2月25日　第3版第1刷発行

著　者　小田切宏之
発行所　株式会社日本評論社
　　　　〒170-8474　東京都豊島区南大塚3-12-4
　　　　電話　03-3987-8621（販売）　03-3987-8595（編集）
　　　　https://www.nippyo.co.jp/　振替　00100-3-16
印刷所　精文堂印刷株式会社
製本所　株式会社難波製本
装　幀　図工ファイブ

落丁・乱丁本はお取替えいたします。　　Printed in Japan
検印省略 © Hiroyuki Odagiri 2008, 2017, 2025　　ISBN978-4-535-54109-2

JCOPY 〈（社）出版者著作権管理機構　委託出版物〉
本書の無断複写は著作権法上での例外を除き禁じられています。複写される場合は，そのつど事前に，（社）出版者著作権管理機構（電話03-5244-5088, FAX03-5244-5089, e-mail：info@jcopy.or.jp）の許諾を得てください。また，本書を代行業者等の第三者に依頼してスキャニング等の行為によりデジタル化することは，個人の家庭内の利用であっても，一切認められておりません。

デジタル・エコシステムをめぐる法的視座　土田和博[編著]
独占禁止法・競争政策を中心に

デジタルプラットフォームの提起する法的問題を整理し経済法を中心に各法分野からのアプローチで妥当な法規制・規律を考察する。

◆A5判／408頁／定価7,150円（税込）

企業の経済学
産業組織論入門

ルイシュ・カブラル[著]　青木玲子・大橋 弘[監訳]

評価の高い、産業組織論の入門書（原著第2版）の翻訳。理論はもとより、豊富な事例と実証分析で、企業の行動原理を解明する。

◆A5判／560頁／定価5,720円（税込）

イノベーションと技術変化の経済学

岡田羊祐[著]

日本におけるイノベーションの特徴と実証分析の方法論、イノベーション・マネジメントの課題について、幅広く鳥瞰する。

◆A5判／320頁／定価3,080円（税込）

発明の経済学
イノベーションへの知識創造

長岡貞男[著]

発明の創造過程やその商業化過程で何が起きているのか。イノベーションへの知識創造を包括的データで分析し、発明の真の姿に迫る。[第65回日経・経済図書文化賞受賞]

◆A5判／344頁／定価6,160円（税込）

日本評論社
https://www.nippyo.co.jp/